"学创之星"系列教材

创业模拟经营演练

主　编◎刘大鹏　吴玉宁　王　娅

副主编◎陆　祥　陈舜丽　刘　晓

中国财经出版传媒集团

经济科学出版社

Economic Science Press

·北京·

图书在版编目（CIP）数据

创业模拟经营演练／刘大鹏，吴玉宁，王娅主编．
北京 ：经济科学出版社，2025.1. -- （"学创之星"系
列教材）. -- ISBN 978 - 7 - 5218 - 6631 - 5

Ⅰ. F272. 2

中国国家版本馆 CIP 数据核字第 2025QV2058 号

责任编辑：李晓杰
责任校对：李　建
责任印制：张佳裕

创业模拟经营演练

刘大鹏　吴玉宁　王　娅　主编
陆　祥　陈舜丽　刘　晓　副主编
经济科学出版社出版、发行　新华书店经销
社址：北京市海淀区阜成路甲 28 号　邮编：100142
教材分社电话：010 - 88191645　发行部电话：010 - 88191522
网址：www. esp. com. cn
电子邮箱：lxj8623160@ 163. com
天猫网店：经济科学出版社旗舰店
网址：http：//jjkxcbs. tmall. com
北京季蜂印刷有限公司印装
787 × 1092　16 开　17. 5 印张　360000 字
2025 年 1 月第 1 版　2025 年 1 月第 1 次印刷
ISBN 978 - 7 - 5218 - 6631 - 5　定价：60. 00 元
（图书出现印装问题，本社负责调换。电话：010 - 88191545）
（版权所有　侵权必究　打击盗版　举报热线：010 - 88191661
QQ：2242791300　营销中心电话：010 - 88191537
电子邮箱：dbts@ esp. com. cn）

前　言

　　在高等学校开展创新创业教育，是贯彻落实党的十七大提出的建设创新型国家的重大战略举措；是深化高等教育教学改革、培养学生创新精神和实践能力的重要途径；是落实以创业带动就业、促进高校毕业生充分就业的重要手段。创新创业教育作为适应经济社会和国家发展战略需要而产生的一种教学理念与模式，有助于高校将人才培养、科学研究和社会服务紧密地结合起来，实现从注重知识向更加重视学习能力、实践能力和创新能力的转变，教育学生学会知识技能，学会动手与动脑，学会做人与做事，促进学生主动适应社会，有助于激发大学生的学习兴趣和创业热情，有助于提高大学生服务国家和人民的社会责任感，树立创立事业、成就事业，服务于社会主义现代化建设的人生观和价值观。

　　创新创业教育本质上是素质教育。发展素质教育，全面贯彻党的教育方针，落实立德树人根本任务，把社会主义核心价值观融入教材、课堂和头脑，发挥"铸魂育人"的作用，提升高校创业教育质量，使学生"具备创新意识，创造就业机会"，已成为大学教育的重要组成部分。通过开设创业模拟经营课程，引导和帮助学生参与创业学习，更能够有效地唤醒创业意识，培育创新精神，提升创业能力。

背景及团队

　　创新创业课程教学应持续关注并及时反映创新创业教育理论和实践的最新变化与进展。为了更好地体现时代特色，同时作为省级一流课程和省级精品资源共享课的配套教材，在前期自编教材的基础上，现经修订推出了第2版。本教材在内容、体系方法和教学手段等方面进行了一系列的改进与创新，运用杭州贝腾科技公司《创业之星》软件平台全面模拟创业过程。在此软件平台上，每年吸引超过1500余所院校、百万师生开展创新创业教育、经管实践教学以及各类型创新创业大赛和学科竞赛。在创业模拟过程中，学生承担不同的角色，尤其是领导角色，培养学生领导力、决策力和责任感，为未来的职业发展做好准备。通过实验，学生可以锻炼面对压力和挑战的心理素质，提高抗压能力和韧性，不断反思自己的决策和行为，从中吸取教训和经验，促进自我成长和进步。

　　教材编写团队由来自云南不同高校的教师和企业专家共同组成，其中不乏指导"互联网＋"大学生创新创业大赛中获得国家级金奖、中国国际大学生创新创业大赛获得国家级银奖、铜奖、"学创杯"全国大学生创业综合模拟大赛获得国家级特等奖、全国电子商务大学生"创新创意创业"挑战赛获得国家级银奖的指导教师。团队充分利用多方的优势资源，旨在帮助学生从创业实践中总结适应信息社会的竞争优势来源和管理创新经验。

本教材由刘大鹏教授、吴玉宁教授、王娅副教授担任主编，主持编写工作及审定全部书稿，陆祥老师、陈舜丽副教授、刘晓老师担任副主编，成员均为多年承担本科生课程的骨干教师，对于课程和教材建设发挥了重要作用，充分体现了教师们积极探索的成果。参加教材编写及修订的教师具体分工如下：第一章和第二章，吴玉宁；第三章和第四章，王娅；第五章和第六章，陈舜丽；第七章和第八章，陆祥；第九章和第十章，刘晓；第十一章，刘大鹏。

内容及特色

本教材力求处理好知识、能力和素质三者辩证统一的关系，以高素质教育为核心组织教材的内容，也更多关注创业认知研究。全书分为三个部分——创业启航篇、创业准备篇和创业实验篇，循序渐进引导学生深入了解创业的各个方面。从创业的基本概念和过程，到创业计划的撰写，再到创业团队的组建与管理，特别关注创业过程中的数据分析与决策制定，通过对企业盈利能力、营运能力、偿债能力的财务分析，学生可以深入了解如何利用报表进行企业健康状况的评估这种科学的数据分析方法，如此不仅可以帮助创业者在创业初期合理规划资源，还可以培养和强化分析与解决问题的能力。

这本产教融合教材在满足教育教学需要的同时，紧密贴合产业发展的实际需求，培养更加符合市场需求的应用型人才。教材主要特点包括：

（1）实践导向。强调实践技能的培养，内容设置上更注重实际应用，每一章都通过"引例"开篇，介绍一个真实或模拟的创业案例，使读者能够快速陷入困境，理解创业过程中可能面临的各种复杂情况。此外，还收集了各类型实践练习，如"创业团队组建""创意评价""撰写创业计划摘要"等，都是真实地基于创业困境设计，具有重要的实践指导意义。

（2）前沿性。内容紧跟产业发展的最新动态，涵盖新技术、新规范，确保学生能够学习到最新的行业知识和公司治理结构、知识产权保护、合同管理等新修订法律法规，可以有效规避创业过程中的法律风险，确保企业处于安全创业框架内。

（3）综合性。注重多学科知识的融合，帮助学生建立跨学科的知识体系，从企业团队的组建到市场开发与产品创新，从财务报表的编制到竞争规则的掌握，在一个动态模拟的环境中真实感受创业，助力培养解决复杂问题的能力。

（4）实践平台结合。配合校企合作的实践平台，提供相应的实习机会，使学生在真实的工作环境中得到更多锻炼。

适用范围

本教材作为一流课程和省级精品资源共享课的配套教材，适用对象为经济管理类各专业的本科生以及创新创业教育的在校大学生。同时，由于采用系统、实用和互动的教学方式，本教材能够帮助读者在理论与实践中找到平衡，逻辑体系简洁，可读性强，因此，也适合作为 MBA、EMBA 学员及各类管理人员的培训教材，帮助您在职业生涯的每一个阶段中更加自信地迈步前行。

致谢

本教材在编写过程中参阅了大量国内外文献，我们在教材的最后提供了参考文献，在此向文献的作者表示衷心感谢。

教材建设是一项需要长期关注、积累并不断完善的工作，我们将不断吸收国内外的最新理论研究成果，一如既往地关注全球环境及企业实践的变化，借鉴优秀教材的编写内容和方法，对本教材不断改进和提高。我们期待着理论界同行和广大读者对本书存在的疏漏和不足之处提出宝贵意见。

编　者

2024 年 12 月

目 录

创业启航篇

创业准备篇

创业实验篇

创业启航篇

第一章 创业与创业精神

引例

王兴简史：连续创业

在创业之前，王兴一直是一个标准的好学生典范。1997 年，他从福建省龙岩一中毕业，被保送到清华大学电子工程系无线电专业，2001 年他从清华大学毕业获得奖学金前往美国读书。

2003 年冬天，在美国特拉华大学电子与计算机工程系攻读博士的王兴，感受到社交网站在美国的兴起，并敏锐地预见到中国互联网社交领域同样存在创业机会，于是他选择放弃博士学业，回国创业。2004 年年初，王兴联系他的大学舍友王慧文和中学同学赖斌强，在清华大学附近的海丰园租了一套 130 平方米的居民楼房，开启了颇多曲折但又波澜壮阔的创业之路。在近两年的摸索之后，2005 年秋天，受 Facebook 在美国崛起的启发，王兴与团队选择聚焦大学校园市场，开发出了校内网。校内网上线后，用户增长迅速，但由于当时校内网还没有成熟的商业变现模式，缺乏资金增加支撑用户增长所需要的服务器与带宽，迫不得已，2016 年王兴咬牙以 200 万美元的价格将校内网卖给陈一舟。2007 年 5 月，离开校内网的王兴创办轻博客网站饭否网，饭否网与 Twitter 类似，被视为中国微博的"鼻祖"，一经上线就受到广大年轻用户的追捧。

在互联网社交领域屡屡受挫后，受美国团购网站 Groupon 启发，王兴萌发了创建一个团购网站的想法。2010 年 3 月 4 日，王兴与团队正式上线美团网。但从 2010 年年初国内第一家团购网站出现到 2011 年 8 月，中国相继出现了超过 5000 家团购网站，这段时间，各大团购网站都在进行疯狂融资、巨额补贴与大肆扩张，开始了极为混乱的千团大战。而王兴这时却表现出一个成熟创业者的冷静，他没有。带领美团急于扩张，而是囤积粮草，积蓄实力。当 2011 年年底，各团购网站都将资源消耗殆尽时，王兴开始率领美团大举反攻，在 2012 年年底最终从千团大战中胜出。在以团购切入本地电商之后，美团开始尝试其他新产品探索。王兴在 2013 年上半年尝试了很多种新业务之后，于 2013 年 11 月上线美团外卖，决定专注外卖业务。2015 年 10 月 8 日，美团与大众点评合并为美团点评。2015 ~ 2017 年，美团点评分别实现了 40 亿元、130 亿元与 339 亿元的营业收入。在美团点评的业务布局中，餐饮外卖业务超越到店服务成为第一业务，2017年度交易金额达到1710亿元，占美团点评年度总交易金额的47.9%，营收占美团点评总营收的62%。2017年度的到店、酒店及旅游业务交易金额为1580亿元，占美团点评年度总交易金额的44.26%，营收占美团点评总营收的32%。

2017年2月14日，美团点评率先在南京推出"美团打车"服务，进军网约车领域。2018年3月21日，美团打车正式登陆上海，在之后三天时间里，美团打车很快就拿到当地网约车市场1/3的份额。2018年4月，美团点评收购中国著名共享单车企业摩拜单车。

资料来源：王兴"简史"：从饭否到美团，他如何走到今天 ［J］. 砺石商业评论 ［EB/OL］. ［2020 - 01 - 13］. https：//tech. sina. com. cn/csi/2018 - 06 - 29/doc - iheqpwqy8554809. shtml.

第一节　创业活动及其本质

德鲁克（P. F. Dmcker, 1954）认为，创业是一种行为，其主要任务就是变革。蒂蒙斯（Jeffiry A. Timmons, 1999）认为，创业是一种思考、推理和行动的方式，它为机会所驱动，需要在方法上全盘考虑并拥有和谐的领导能力。巴隆和谢恩（Robert A. Baron & Scott Shane, 2006）认为，创业是一个随着时间而展开的动态过程，包括以下几个阶段：机会的识别、决定开发机会并整合必要资源、开办一个新企业、创立成功、收获回报。创业的本质是创造或认识新事物的商业用途，并积极采取行动将机会转变成可行的、有利可图的企业。"创业"有广义和狭义之分。广义地说，人们在下列三种情况下都可称为创业：（1）强调开端和初创的艰辛与困难；（2）突出过程的开拓和创新的意义；（3）侧重于在前人的基础上有新的成就和贡献。狭义的创业，就是对"创业"最直接、最普遍的理解，即"创办自己的企业""自己当老板"。也就是说，创业首先是与为别人打工相对的概念，即自我雇佣。

"创业"常用的定义是采用希斯瑞克（RD. Hisrieh, 2000）的观点，他认为，创业是一个发现和捕获机会并由此创造出新颖的产品、服务或实现其潜在价值的过程。创业必须贡献出时间和付出努力（心理与生理），承担相应的财务、精神和社会的风险，并获得金钱的回报、个人的满足和独立自主。定义主要强调了创业活动的以下特征：

（1）创业创造出某种有价值的新事物。这是一个创造的过程，创造的是社会需要的某种产品或服务，以及承载、运作它们必需的组织实体——企业。

（2）创业活动最显著的特点为机会导向。创业活动的开展往往是因为创业者发现了有价值的机会。简单地说，创业活动实质上就是识别机会、开发和利用机会并实现机会价值的过程。

（3）创业需要贡献出必要的时间，付出极大的努力。要完成整个创业过程，就要创造新的有价值的事物，需要大量的时间，而要获得成功，没有极大的努力是不可能的。

（4）承担必然存在的风险。创业的风险可能有多种形式，但是通常来说，风险存在于财务、精神以及社会等方面。

（5）给予创业者创业报酬（收获）。作为一个创业者，最重要的回报可能是其由此获得的独立自主，以及随之而来的个人满足。对于追求利润的创业者，金钱的回报无疑是最重要的。对很多创业者乃至旁观者，其实都把金钱的回报视为成功与否的一种尺度。

第二节　创业的类型

创业可以按照不同的标准分成不同的类型。我们可以从动机、渠道、主体和项目等不同的角度进行分类。

从动机角度，创业可分为机会型创业与生存型创业。

机会型创业

机会型创业的出发点并非谋生，而是为了抓住并利用市场机遇。它以新市场、大市场为目标，因此能创造出新的需要，或满足潜在的需求。机会型创业会带动新的产业发展，而不是加剧市场竞争。世界各国的创业活动多以机会型创业为主，但中国的机会型创业数量较少。

生存型创业

生存型创业，又叫就业型创业，其目的在于谋生，为了谋生而自觉地或被迫地走上创业之路。这类创业大都属于尾随型和模仿型，规模较小，项目多集中在服务业，并没有创造新需求，而是在现有的市场上寻找创业机会。由于创业动机仅仅是谋生，因此往往小富则安，极难做大做强。

上述两种创业类型与主观选择相关，但并非完全由主观决定。创业者所处的环境及其所具备的能力对于创业动机类型的选择有决定性作用。因此，创造良好的创业环境，通过教育和培训来提高人的创业能力，就会增加机会型创业的数量，不断增加新的市场，促进经济发展和生活改善，减少企业之间的低水平竞争。

按照新企业建立的渠道，可以将创业分为自主型创业和企业内创业。

自主型创业

自主型创业是指创业者个人或团队白手起家进行创业。自主创业的目的并非以挣钱为主，而是不愿替人打工，受制于人，是要干自己想干的事，体现自我人生价值。自主型创业充满挑战和刺激，个人的想象力、创造力可得到最大限度的发挥，不必再忍受单位官僚主义的压制和庸俗的人际关系的制约；有一个新的舞台可供表现和实现自我；可多方面接触社会、各种类型的人和事，摆脱日复一日的单调乏味的重复性劳动；可以在短时期内积累财富，奠定人生的物质基础，为攀登新的人生巅峰做准备。然而，自主型创业的风险和难度也很大，创业者往往缺乏足够的资源、经验和支持。

自主型创业有许多种方式，但是，大体上可以归纳为如下几种方式：

（1）创新型创业。创新型创业是指创业者通过提供有创造性的产品或服务，填补市场空白。

（2）从属型创业。从属型创业大致有两种情况：一是创办小型企业，与大型企业进行协作，在企业整个价值链中，做一个环节或者承揽大企业的外包业务。这种方式能降低交易成本，减少单打独斗的风险，提升市场竞争力，且有助于形成产业的整体竞争优势。二是加盟连锁、特许经营，利用品牌优势和成熟的经营管理模式，减少经营风险。

（3）模仿型创业。这是指根据自身条件，选择一个合适的地点，进入壁垒低的行业，学着别人开办企业。这类企业投入少，并无创新，在市场上拾遗补阙，但逐步积累也会有机会跻身于强者行列，创立自己的品牌。

国家和社会十分重视对自主创业行为的扶持，采取了许多激励措施，如SYB培训项目就是一例。

企业内创业

企业内创业是进入成熟期的企业为了获得持续的增长和长久的竞争优势，为了倡导创新并使其研发成果商品化，通过授权和资源保障等支持的企业内创业。每一种产品都有生命周期，一个企业在不断变化的环境中，只有不断创新，不断将创新的成果推向市场，不断推出新的产品和服务，才能跳出产品生命周期的怪圈，不断延伸企业的生命周期。成熟企业的成长同样需要创业的理念、文化，需要企业内部创业者利用和整合企业内部资源创业。

企业内创业是动态的，正是通过二次创业、三次创业乃至连续不断地创业，企业的生命周期才能不断地在循环中延伸。

按创业主体分类，创业可以分为大学生创业、失业者创业和兼职者创业。

大学生创业

大学生创业是指在大学期间，学生通过自己的创新思维、资源整合和市场调研，创建并经营自己的商业项目或公司。在这个过程中，大学生可以通过实践提升商业思维和管理能力，同时利用学校和社会资源解决面临的困难和不确定性。对于很多大学生来说，创业是实现个人梦想、拓展能力以及为未来职业人生积累经验的一条路径。

失业者创业

失业者创业是指那些因失业或离开原有工作岗位而选择自主创业的人群。失业者往往具备一定的工作经验和社会资源，这会成为创业的优势。如果能够合理规划、充分利用社会资源、不断提升自身能力，失业者完全有可能通过创业实现经济独立和自我成长。同时，政府和社会各界的支持也能够为失业者提供更多的帮助和机会。

兼职者创业

兼职者创业指的是那些在兼职工作或其他收入来源之外，利用闲暇时间进行创业的个体。与全职创业不同，兼职者创业的特点是创业者并不完全依赖于自己创业的收入，通常在开始阶段会继续保留其他稳定的工作或收入来源，创业项目可能会被视为副业或长期规划的一部分。兼职者创业是一种稳定可靠、低风险的创业方式，适合那些在创业中无法完全放弃稳定收入的个体。它给予了创业者更多的时间去验证商业模式、积累经验，并逐步发展自己的事业。

按创业成员数量，创业可以分为独立创业与合伙创业。

独立创业

独立创业是指创业者独立创办自己的企业。个人独立创业也已成为一种很普遍的现象。独立创业的特点在于产权是创业者个人独有的，相对独立，而且产权清晰，企业利润归创业者独有。企业由创业者自由掌控，创业者按自己的思路来经营和发展自己的企业，无须迎合其他持股者的利益要求及对企业经营的干预。但是，独创企业需要创业者面临独自承担风险、创业资金筹备等比较困难、财务压力大和个人才能的限制等约束。

合伙创业产出

合伙创业是指与他人共同创办企业。与独创企业相比，合伙创业有以下几个优势：一是共担风险；二是融资这一问题得到缓解；三是有利于优势互补，形成一定的团队优势。不利因素有：一是易产生利益冲突；二是易出现中途退场者；三是企业内部管理费用较高；四是对企业发展目标可能有分歧。

按创业项目分类，创业大致可以分为传统技能型、高新技术型和知识服务型三种。

传统技能型

选择传统技能项目创业将具有永恒的生命力，因为使用传统技术、工艺的创业项目，如独特的技艺或配方，都会拥有市场优势。尤其是在酿酒业、饮料业、中药业、工艺美术业、服装与食品加工业、修理业等与人们日常生活紧密相关的行业中，独特的传统技能项目表现出了经久不衰的竞争力，许多现代技术都无法与之竞争。不仅中国如此，外国也如此。有不少传统的手工生产方式在发达国家至今尚保留着。

高新技术型

高新技术项目就是人们常说的知识经济项目、高科技项目。其知识密集度高，带有前沿性、研究开发性质。1991年，国家科委将中国高新技术分为11类：微电子和电子信息技术、空间科学和航空技术、光电子和机电一体化技术、生命科学和生物工程技术、材料科学和新材料技术、能源科学和新能源技术、生态科学和环境保护技术、地球科学和海洋工程技术、医药科学和生物医学工程技术、精细化工等传统产业新工艺新技术、基本物质科学辐射技术。高新技术企业的标准有四条：一是知识密集、技术密集；二是大专学历人员占职工总数的30%以上，且研究开发人员占10%；三是高新技术产品研究开发费用占总收入的3%以上；四是技术性收入与高科技产品产值总和占企业总收入的50%以上。

知识服务型

当今社会，信息量越来越大，知识更新越来越快。为了满足人们节省精力、提高效率的需求，各类知识性咨询服务的机构也在不断细化和增加，如律师事务所、会计师事务所、管理咨询公司、广告公司等。知识服务型项目是一种投资少、见效快的创业选择。剪报创业就是一种知识服务型创业。北京有人创办剪报公司，专门为企业剪报，把每天主要媒体上与该企业有关的信息全部收集、复印、装订起来，有的年收入达100万元，且市场十分稳定。

第三节　创业的一般过程

创业过程一般包括四个阶段：识别与评估市场机会；准备并撰写创业计划；获取创业所需资源；管理新创企业。具体过程如表1-1所示。

表 1 - 1   创业的一般过程

第一阶段 识别与评估市场机会	第二阶段 准备并撰写创业计划	第三阶段 获取创业所需资源	第四阶段 管理新创企业

1. 创新性
2. 机会的估计与实际的价值
3. 机会的风险与回报
4. 机会、个人技能与目标
5. 竞争状态
	1. 创业环境分析
	2. 创业团队准备
	3. 创业心理准备
	4. 撰写创业计划
	  ·营销计划
	  ·财务计划
	  ·生产计划
	  ·组织计划
	  ·运营计划
		1. 创业者现有资源
		2. 资源缺口与目前可获得的资源供给
		3. 通过一定渠道获得其他所需资源
			1. 管理方式
			2. 企业文化
			3. 发展战略
			4. 商业模式
			5. 新创企业管理
			  ·组织与人事管理
			  ·技术与产品管理
			  ·市场营销管理
			  ·财务管理

对创业四个阶段的描述虽然能够把创业的过程表示出来，但还不能清晰地展示创业过程的全貌，我们可以根据创业经历并结合他人的创业过程，以制造业为例提出一个通用性的创业过程模式，如图 1 - 1 所示。

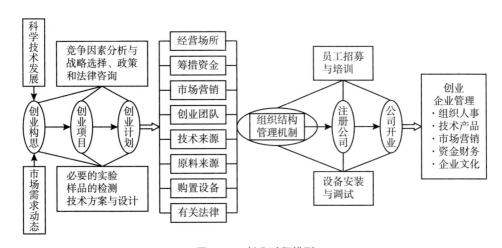

图 1 - 1 创业过程模型

创业的基本过程如下：

（1）由技术与市场两个主要方面来形成创业构思。一般来说，创业构思可能有多个，需要进行认真筛选。

（2）进行竞争因素分析并作出战略选择，同时，要对技术进行必要的研究、实验或补充实验，以及进行工业化初步设计等。当确定创业并已经形成创业构思后，创业者需要一小笔创业启动资金（或称之为公司开办费），主要用于必要的研究与开发、工艺与设备设计、技术与市场调研、可行性研究及创业计划撰写、市场营销策划、公关策划及广告策划等。

（3）由创业者组织形成小组，进行项目可行性研究，进一步形成创业计划。如果创业者自己不能完成或没有时间，就可以外请咨询公司来帮助完成创业计划。

（4）在创业计划完成后或制订的同时，需要进行创业前的准备，比如确定公司形式、创业团队、经营班子、营销策划、销售方式与销售渠道、技术来源、经营场所选择、原材料来源落实、设备选型或购置与加工、有关法律批文等。最为重要的是落实创业资本，并尽快到位。

（5）一切准备好后，开始注册公司、领取营业执照、银行开户、办理税务登记等。主要管理人员应到位，并着手建立健全公司的各种规章制度。

（6）进行员工招募与员工培训，同时，进行设备安装、技术与工艺调试。生产出工业产品，作为工业品大样送检，或送到用户手中进行检测与确认。

（7）签订销售合同，购入原材料，按计划进行生产，完善质量管理系统。

（8）举办开业典礼。

（9）对新创企业进行管理。

以上是一般企业创办的过程脉络，其顺序并非 1～2 的串行方式，大多应该采取并行方式。

第四节　创业者与创业精神

从创业的本质特征来看，企业家和创业者属于同一个概念，企业家本质上也是创业者，是现有企业中具有创新精神和创业行为的领导者，而不是执行日常管理职能的经理人员。但在特定的研究环境下，当着重研究新创企业或新业务的发动者时，更多使用"创业者"这一术语；当泛指具有创新精神和创业行为的商业行为者时一般用"企业家"这一词。对于一个新创企业，伴随着企业的成长，创业者所扮演的角色毫无疑问会发生巨大转变，创业者会逐步发展成为企业家。

小链接 1－1

企业创始人普查

2009 年，在卡夫曼基金会的支持下，哈佛大学法学院高级研究员、杜克大学研究中心主任维韦克·瓦德瓦（Vivek Wadhwa）等针对 549 个成功的高成长创业企业的创始人做了一次普查，得到了一些非常有趣的发现。

·90%的成功创业者来自中产或低产中偏上阶层家庭。

这与刻板印象中成功创业者来自贫穷家庭有很大的不同，原因可能是媒体更喜欢渲染贫苦出身创业者的背景，中产出身者的家庭就比较没有新闻性。

·95%的人大学毕业，47%的人有硕士以上学历。这与学创业的成功者印象相违背。即使在学制开放的美国，95%的创业者还是完成了大学学业。

·75%的人说他们的高中在校成绩位居前30%，52%的人则是位居前10%，67%的人说他们的大学在校成绩位居前30%，37%的人则是位居前10%。多数创业者非常聪明，喜欢读书。他的功课也不是真的很差，有2/3的人，他大学成绩可以挤进前30%。

·他们第一次创业的平均年龄是40岁，70%的人创业时已经结婚，60%的人已经有子女，又与刻板印象中那些20岁出头的年轻小伙子有很大的不同，创业者是要颠覆一个产业，所以产业洞察与成功还是有很强的正相关。另外，结婚可以让创业者比较专注在事业之上，而子女更会让创业者关心他们长大后的社会，想要留给他一个更好的生活环境，这些都是很重要的动力来源。

资料来源：Wadhwav. Aggarwalr, Holly K. Salkever A. The Anatomy of an Entrepreneur：Family Background and Motivation ［R］. The Ewing Marion Kauffman Foundation, July, 2009.

一、创业者的特征

（一）蒂蒙斯对创业者特征的研究

蒂蒙斯（J. Timmons, 1999）认为成功的创业者具有一些共同的态度和行为。他通过对哈佛商学院杰出创业者学会的第一批21位学员的跟踪研究总结出：成功的创业者表现出了一些共同的创业特质。他把这些创业特质归纳为六大特质和五种天赋。其中，六大特质是"可取并可学到的态度和行为"，五种天赋是"其他人向往的，但不一定学得到的态度和行为"。

1. 六大特质

责任感和决心。这一点比其他任何一项因素都重要。有了责任感和决心，创业者就可克服不可想象的障碍，并弥补其他缺点。

领导力。成功的创业者是富有耐心的领导者，他们能够勾勒出组织的愿景，并根据长远目标进行管理。他们无须凭借正式的权力就能向别人施加影响，并能很好地协调企业内部和企业与顾客、供应商、债权人、合伙人的关系，与他们友好相处并分享财富和成功。

执着于商机。创业者受到的困扰是陷入商机里不能自拔，意识到商机的存在可以引导创业者抓住重要问题来处理。

对风险模糊性和不确定性的容忍度。高速变化、高度风险、模糊性和不确定性几乎是不可避免的，但成功的创业者们能容忍它们，并善于处理悖论和矛盾。

创造性、自立与适应能力。成功的创业者相信自己的能力，他们不怕失败，并且善于从失败中学习。

超越别人的动力。成功的创业者受胜出别人的动力驱使。他们受到内心强烈愿望的驱动，希望和自己定下的标准竞争，追寻并达到富有挑战性的目标。

这里需要说明的是，并非必须具备这些特质才可以创业，或只要具备了这些特质就一定能够创业成功，其实拥有这些特质并不是成为创业者的必要条件。如果缺乏上面的某些态度和行为，是可以通过经验和学习来习得、开发、实践或历练出来的。

2. 五种天赋

蒂蒙斯将下面五种态度和行为描述为一个特殊企业家天生的才能，它们是令人向往但不一定学得到的。事实上，蒂蒙斯通过研究发现，一些相当成功的企业家，他们缺少其中几项特征，或每种特征都不突出，并且，几乎没有哪个企业家拥有下面所有方面的特殊才能。但是，如果企业家拥有了这些天生的才能，那么无疑会大大增加创业成功的可能性。

精力、健康和情绪稳定。企业家面临特殊的工作压力和极高的工作要求，这使他们的精力、身体和心理健康变得十分重要。他们虽然可以通过运动、注意饮食习惯和休息来稍作调整，但每一项都和遗传有很强的相关性。

创造力和革新精神。创造力一度被认为是只有通过遗传才可获得的能力，而且大多数人认定它本质上是遗传而来的。但新的研究表明，创造力、革新精神与制度、文化有很大的关系。它们只可诱发不能模仿。

才智、智慧和概念化。没有哪一家成功的或具有高发展潜力的企业的创始人是不具备才智或只有中等才智，这些才智包括高度灵敏的嗅觉、企业家的直觉及机会把握能力。这种才智犹如艺术家和作家的才情、灵性，十分稀缺和珍贵。

激励的能力。远见是一种天生的领导素质，它具有超凡的魅力。没有人认为这种特殊的品质是后天培养而成的。所有伟大的领导者都是通过这种能力传递他们的影响力的。而成功的企业家则通过这种能力激发灵感，激励他的员工为他设下的目标团结奋斗。

价值观。企业家个人的价值观和伦理价值由其生活的环境和背景决定，它在人生的早期就形成了。这些价值观构成了个人不可分割的部分，进而影响他的企业及企业的价值。

（二）创业者的几个重要特征

蒂蒙斯、史蒂文森、加特纳、霍纳代、戴维等学者先后提出了创业者多方面的特征。综合起来，有以下几个方面。

1. 不断创新

创业可以理解为开创前所未有的事业，恰似走一条前人没有走过的路。创新是创业的灵魂。创新是一种对旧事物和旧秩序的破坏，也是一种对新事物和新秩序的创造。创新是创业得以成长、发展、延续的动力，包括产品和服务的创新、管理创新、科技创新和经营理念的创新。曾任英特尔公司副总裁的达维多认为，一家企业要想在市场中占据主导地位，那么就要做到第一个开发出新一代产品，第一个淘汰自己的产品。

2. 善于学习

创业需要面对一个多变的环境和激烈的竞争，这使创业者需要考虑的问题很多，如资金、技术、管理及与相关企业和政府部门的关系等。这就要求创业者自己通过不断的学习和经验的积累来解决创业中随时遇到的各种问题。如果创业者及其团队善于学习，就能掌握要领，迅速把握创业机会。

3. 充满激情

成功创业者共有的一个特征是拥有创业激情，这种激情来自创业者对其企业将发挥积极的影响的坚定信念。这种激情解释了人们为什么舍弃安定的工作而去创建自己的企业，也解释了许多亿万富翁诸如比尔·盖茨、甲骨文公司的拉里·埃里森等，为什么有了财务保障后还在不停工作。

4. 勇于冒险

创业者需要勇于冒险的精神，要敢于"第一个吃螃蟹"。机遇与风险经常是相伴而行的，风险与利润总是一致的。对于创业者来说，敢于承担风险就意味着有可能把握机遇。创业者的冒险精神有时候甚至可以表现为一种野心，追求成功的野心。拿破仑说过，不想当将军的士兵不是好士兵。霍英东认为，尽管每一个人只要具备开办公司的条件，就可以领取营业执照，可能一夜之间就成为"老板"，但是，没有一点豪气，没有敢冒险的精神，就不能行"天下先"之事，当然也就不能成为真正的创业者或真正意义上的老板。

高风险伴随着高收益，这是经济生活中的一条公理。只要创业者正确认识到风险的存在，合理地管理创业风险，就能在获取高收益的同时把风险降到最低限度。创业者应正确认识商场中的风险，而不是极力逃避风险。创业者都需要承担一定风险，但只有具备风险意识，才能够在创业初始就合理地规避风险，并把握创业过程中核心要素管理；也只有具有一定的风险意识，才能够使新产品、新技术或新的服务走向实际化运作，才能够使新创企业度过艰难的创业过程而迅速成长，走向创业成功。

风险的魅力在于风险报酬的存在。风险报酬是指冒险家因冒险而得到的额外收益。人们迎向风险，并不是喜欢看到自己的损失，而是希望看到成功后的风险报酬。风险报酬与风险程度是同向递增关系。这就是为什么要发扬冒险精神的意义所在。

5. 勤奋苦干

辛勤付出,是获得成功的必经道路。任何创业成功的背后,都是创业者们用辛苦的汗水和刻苦的努力换来的。创业的成功需要坚韧不拔之志、顽强的毅力、吃苦耐劳的执着精神、忘我的热情、甘于奉献的献身精神。几乎每一个创业者都是工作狂。正像爱迪生所说:"创办一家成功的企业所需要的远不止是好的主意、市场和资金,新创企业所需要的是那一种一旦公司诞生就能够夜不能寐的产品斗士。"

6. 把握机会

机会对创业者来说,无疑是最重要的外部因素。由于机会具有很大的偶然性和不确定性,所以机会也成为创业者最关注的要素之一,而成功的创业者大多能够正确地认识和把握住稍纵即逝的机会。比尔·盖茨的成功在很大程度上取决于他对机会的成功把握,他准确地预见了计算机软件的巨大前途。而麦克尔·戴尔的成功也归功于他对"直销"这种商业模式的成功把握。现在有很多人经常会怨天尤人,总哀叹上天不眷顾自己,幸运女神不垂青自己。其实,仔细分析一下,就会发现这里存在两个问题。其一,机会其实是无处不在的,但要懂得认识机会和把握机会。比尔·盖茨和戴尔在发现巨大商机后果断抓住机会、辍学经商,成就了今天的伟业。如果在机会面前犹豫不决、停步不前,那是肯定没有收获的。其二,不能光看到比尔·盖茨和戴尔的辍学,他们在学校里都是优秀的学生,勤奋好学,并且对计算机都有着浓厚的、忘我的兴趣。这也正验证了那句古话,"机会总是垂青那些有所准备的人"。所以,在机会来临之前,要做好充分的准备,努力提升自己的能力,去迎接幸运女神的垂青。

(三) 创业者的成长背景

尽管现在很多研究结果表明,人的气质与遗传相关,但是创业者的成长之路是与其成长的背景紧密相连的,也就是说,创业者是可以培养出来的。

1. 家庭背景

总体来说,一个人的家庭出身,父母的职业、观念与性格,父母对孩子的管理风格,以及个人与父母的关系,在很大程度上决定了他们是否会走上独立创业之路,是否能够创造机会、把握机会并坚持下去走向成功。一般来说,如果父母有过自己的创业经历或经营着自己的小企业,就会影响子女立志创业。家庭和谐、父母支持与鼓励子女创业,有利于子女的创业信念的树立。家庭的变故或亲人的早逝,过早挑起生计,也是催发创业的一个常见背景。也有研究认为,长子或长女更有创业的信念,长女或者是独生子女往往会得到特殊的照顾,从而培养出更强的自信心。

2. 教育背景

对于高新技术企业来说,其创办者往往具有相应的教育背景。如惠普公司的创始人比尔·休利特（Bill Hewlett）和戴维·帕卡德（David Packard）在斯坦福大学就读时，就对电子学有很浓厚的兴趣。休利特在中学时，就很喜欢化学和物理学。教育对创业者的创业及创业成功是非常重要的。但受教育程度与是否独自创业和能否创业成功又不是完全成正比的。上海歌诗玛化妆品有限公司董事长田千里在《老板论》中写道："从正常情况看，老板受教育曲线是两头大，中间小（见图1-2）。即高中以下文化程度，创业比重较高，但因缺乏基础教育，失败的可能性较大，特别是公司进入较大规模后，失败的可能性更大。而硕士以上，特别是到了博士，创业的激励因素大大降低，冒险性与实干能力下降，加上已有的社会地位，所以这些人创业的机会很小。但这些人一旦创业，成功的比例则相对较高。"[①] 当然，田千里的统计具有一定的时代性。随着市场竞争的加剧和科技的发展，在21世纪的中国创业者中，已经有大批的高学历者。除国外留学回来的硕士、博士外，很多国内的硕士、博士也纷纷走向创业之路。创业教育的广泛与深入发展，将极大地激励更多的学子走上自主创业之路，将有更多的学出来的创业者。

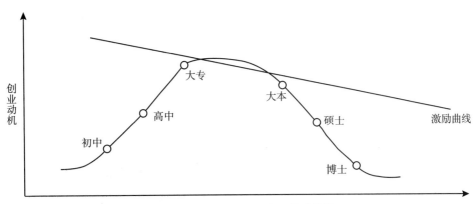

图1-2 创业者学历曲线和激励曲线

3. 社会经验和人际关系

成功的创业者往往具有丰富的经验，他们积累了十年或更长时间的丰富经验，建立了人际关系，拥有实践知识，并在其行业、市场和技术方面作出了业绩，最终建立了自己的企业。具有适合某个特定行业的相关经验、实践知识、态度、行为和技巧，可以大大提高成功的机会。如果创业者不具备这些条件，那他必须在创办和发展企业时学习这些，而且这种学习的学费十分昂贵。很多创业者是受到有创业历史的家庭的熏陶，或受到与他们有密切联系的创业者和其他相关人士的影响和培养而发展起来的。

需要说明的是，成功的创业者还可能有其他的特质。不同的创业者或许有不同的个

[①] 田千里. 老板论［M］. 北京：经济科学出版社，2000：18-19.

性特征，不能说具备了这些特征就能成为成功的创业者或者说不具备这些特征就不能创业成功。创业成功的因素是复杂的，它取决于个体因素，同时还受群体因素和其他社会因素的影响。但是，具备一些必要的特质或通过创业实践培养这些特质，对于创业成功来说又是必需和有益的。

（四）创业者必备的素养

创业者是创业活动的组织者，也是创业风险的直接承担者。要顺利闯关夺隘，就必须具备或培育基本的创业素养。创业素养是创业者进行创业所必需的素质和修养，包括创业知识素养、创业人格品质素养和创业技能素养。

1. 创业知识素养

创业知识是进行创业的基本要素。创业需要专业技术知识、经营管理知识和综合性知识三类知识。创业实践证明，良好的知识结构对于成功创业具有决定性的作用，创业者不仅要具备必要的专业知识，更要掌握必备的现代科学、文学、哲学、伦理学、经济学、社会学、心理学、法学等综合性知识和管理科学知识。

2. 创业人格品质素养

创业人格品质是创业行为的原动力和精神内核。在创业人格品质中，使命责任、创新冒险、坚韧执着、正直诚信等意识品质与创业成败息息相关。创业是开创性的事业，尤其在困难和不利的情况下，人格品质魅力在关键时刻往往具有决定性的作用。

使命责任。使命感和责任心是驱动创业者勇往直前的力量之源。成功的创业者具有高度的使命感和强烈的责任意识，"修、齐、治、平"是成功人士的共同价值标准和行为准则。创业活动是社会性活动，是各种利益相关者协同运作的系统。唯有对自己、对家庭、对员工、对顾客、对供应商以及对社会拥有高度使命感和负责精神的创业者，才可能赢得人们的信任、尊重和支持。

创新冒险。创新是创业精神的核心要素，创新意识和冒险精神是进行创业的内在要求。创业机会的发现和创意的形成需要进行创造性思维，发挥创造力。同样，机会的开发、资源的整合、商业模式的设计更是创新能力的集中体现。创业的开创性需要有冒险精神，需要有胆识和胆略。同时，在创业实践中也要有风险意识，要注意冒险精神与风险意识的平衡，保持理性思维，降低风险损失。

坚韧执着。创业是对人的意志力的挑战。面对险境、身处逆境，能否坚持信念、承受压力、坚持到底常常决定创业的成败，最后的成功往往就在于再坚持一下的努力之中。

正直诚信。正直诚信是创业者的必备品质，它体现了成功创业者的人格魅力。讲信誉，守承诺，言行一致，身体力行，胸襟广阔，敢于承担责任，尊重人才，以人为本，倡导团队合作和学习，帮助团队成员获得成就感，坚持顾客价值、公司价值和社会价值的创造。具有良好口碑的人格魅力可以帮助创业者凝聚人心，鼓舞士气，赢得更多的合作者的信任和支持。

3. 创业技能素养

成功的创业者不仅要具备良好的知识结构和优良的人格品质，还必须掌握应对和处理创业现实问题的基本技能。一般来说，成功的创业者应具备以下基本能力。

决策学习能力——驾驭全局，修正错误。正确决策是保证创业活动顺利进行的前提。尤其是有关创业机会的识别和选择、创业团队的组建、创业资金的融通、企业发展战略及商业模式的设计等重大决策，直接关系着对创业全局的驾驭和创业的成败。要决策正确，就要求创业者具有较强的信息获取和处理能力，能敏锐地洞察环境变动中所产生的商机和挑战，形成有价值的创意并付诸创业行动。特别是要随时了解同行业的经营状况及市场的变化，了解竞争对手的情况，做到知己知彼，以便适时调整创业中的竞争策略，使所创之业拥有并保持竞争优势。同时，创业者还需通过不断地进行创新思维和创新实践，进行反思学习，总结创新经验，吸取失败教训，及时修正偏差和错误，来进一步提高决策能力，促进企业健康成长。

沟通协调能力——建立信任，管理冲突。创业团队成员之间以及创业者与其他利益相关者之间建立信任是进行有效合作的基础，有效沟通是产生信任，凝聚共识，消除误解的重要手段。尤其对企业内部的有效协调，能及时化解冲突，明确责任，协调行动。良好的沟通协调能力及说服影响力是形成共同愿景，集中意志，保持步调一致的重要保证，也即上下同欲者胜。

组织执行能力——整合资源，实现目标。组织执行能力是指创业者为了有效地实现企业目标，整合各种资源，把企业生产经营活动的各个要素、各个环节，从纵横交错的相互关系上，从时间和空间的相互衔接上，高效地、科学地组织起来并使之开动运行的能力。创业需要有策划创意，创意的实施和战略意图的实现更需要行动力。创业者这种组织执行能力的发挥，可以使企业围绕总体目标的实现形成一个有机整体，并保证其高效率地运转。

组建团队的能力——形成协同优势。正在出现的创业时代是一个人类开始合作共存的时代。一项针对创业者能力的研究报告指出，组成团队与管理团队是成功创业者需要具备的主要能力之一。一个企业需要细致的"内管家"、活跃的"外交家"、战略的"设计师"、执行的"工程师"、发散思维的"开拓者"、内敛倾向的"保守派"；需要技术研发、市场开拓和财务管理等方方面面的人才。工作分工不同，需要不同个性的人。创业者既要能够把不同专长、不同个性的人凝聚到一起，更要能够让他们在一起融洽地、愉快地工作，组成优势互补的创业团队，形成协同优势。

（五）创业者素养提升的方法

要全面提高个人的创业知识、素质和能力，潜在创业者可以采用以下几种方法。

（1）多与创业人士交流或请教，多阅读成功创业者的故事和经历，向成功的创业者学习。

（2）做一个成功企业人士的助手或学徒，可以尝试加入一两个创业团队，这是一个宝贵的学习锻炼的机会。

（3）参加一个创业培训班或学习班，接受培训（如国家人力资源和社会保障部主办的 SIYB"创办并改善你的企业"培训）。大学生可选修有关创业的课程。

（4）阅读一些可以帮助你提高经营技巧的书籍，尤其是营销、励志类的读物。

（5）制订未来的创业计划，增强你的创业动机。大学生可以通过积极参加创业计划书竞赛来锻炼自己的能力。

（6）提高思考问题、评价问题以及应对风险的能力；积极参加创业团队的集体讨论，如"头脑风暴"产生创意的过程。

（7）对别人的观点和新的想法要多多接受。正所谓"兼听则明、偏信则暗"，一味固执己见，是难以产生创意和获得团队的支持的。

（8）遇到问题时，要分析问题的前因后果，并提高自己从错误中吸取教训的能力。创业的道路不会总是一帆风顺，吃一堑长一智，在哪里跌倒就从哪里站起来，这才是创业者所应具备的。

二、创业精神

在不同的历史时期，人们赋予企业家不同的内涵，对创业精神也就有不同的理解。18 世纪，法国经济学家理查德·坎特龙（Richard Cantillon，1734），认为，企业家履行了重要的经济职能，他们在不知道消费者是否愿意为其最终产品付出多少钱的情况下就承诺购买生产要素进行生产，因而承担了因不确定性带来的风险。相应地，创业精神突出表现为因不确定性而带来的风险承担精神。

19 世纪早期，法国政治经济学家让·巴普蒂斯特·萨伊（Jean Baptiste Say，1803）认为，企业家运用土地、劳动力和资本等生产要素并将其结合起来，在"不同生产者阶层""生产者与消费者"之间，充当"沟通纽带"。根据萨伊的观点，风险不再是创业的核心问题，管理技能和其他道德品质，如判断力和毅力等成为创业精神的主要方面。

一些"奥地利学派"的经济学家却赋予企业家套利者的角色。比如，伊雷尔·柯兹纳（Israel Kirzner，1973）认为，真正的企业家总是能捕捉到高卖低买的机会。他们认为，由于人们知识的缺乏和信息的不对称，市场远离"均衡"，而通过辨识套利机会并按其行动，企业家可以将市场从非均衡推向均衡。另一些"奥地利学派"的学者则把企业家看作打破现有秩序和市场的创建者。比如，著名经济学家约瑟夫·熊彼特认为，企业家是"新组合"的执行者，新组合是对旧秩序的"创造性破坏"。熊彼特并不认为企业家是创新风险的承担者，风险应该落在"生产工具所有者或为企业家付钱的货币资本家所有者身上"。德鲁克继承和发展了创新的观点。他认为，企业家是创新者，是勇于承担风险，有目的地寻找革新源泉，善于捕捉变化，并把变化作为可供开发利用机会的人。因此，创新成为创业精神的主要内容。

从学者们对于企业家的研究轨迹可以看出，企业家所承担的角色，从投机套利、冒风险到创新，是一个不断发展和丰富的过程。与此对应，创业精神不单是投机与冒风险，更重要的是把握机会和不断创新，通过企业家的创业和创新活动，推动社会和经济不断发展。

对于创业精神，目前人们还没有统一的定义，学者们各执一词。人们用不同的词语描绘创业精神：创新精神、合作精神、冒险精神、敬业精神、自强不息、百折不挠等。在新时代，又加进了时代精神、社会责任感、奉献、事业荣誉感、二次创业的勇气、艰苦奋斗的作风、至诚至信、开放的心态、宽容的胸怀等词汇。

一般认为，创业精神的本质是一种创新活动的行为过程，而非指企业家的人格特质。创业精神的主要含义为创新，也就是创业者通过创新的手段，将资源更为有效地利用，为市场创造出新的价值。虽然创业常常是以开创新公司的方式产生，但创业精神不一定只存在于新事业中。一些成熟的组织，只要创新活动仍然旺盛，这个组织就依然具备创业精神。创业精神的特征集中体现在以下两点：其一，创业精神在精神层面是一种思维方式，这种思维方式的基础是创新。可以说，企业家精神首先而且主要是一种对事物的观念，一种持续和一致地看待世界的方法，是一种特殊的思维倾向，这种思维倾向鼓励创新和改革、改变游戏规则，并且标新立异。简单地说，这种思维方式就是不满足于现状，改变旧有的条件，寻求处理问题的新途径。由于个人的条件和所处的环境不同，不可能人人都创办公司、做生意，不可能人人都从事创建新企业的活动。但创业思维不可没有，无论做什么事情，每个人都要以创业思维与企业家精神思维去思考，并将其作为思维模式和行为准则。其二，创业精神的实质在于发现和把握机会，并且创造价值。创业精神并不能仅仅停留在精神层面，创业观念和思维必须付诸行动。也就是说，创业精神必须将创业观念和思维与实践结合起来，才会产生结果、绩效和价值。因此，可以认为，创业精神是指在创业者的主观世界中，那些具有开创性的思想、观念、个性、意志、作风和品质等。创业精神所关注的在于"是否创造新的价值"，而不在于设立新公司，创业管理的关键在于创业过程能否"将新事物带入现存的市场活动中"，包括新产品或服务、新的管理制度、新的流程等。创业精神指的是一种追求机会的行为，这些机会还未存在于目前资源应用的范围，但未来有可能创造资源应用的新价值。因此，可以说，创业精神是促成新企业形成、发展和成长的原动力。

小链接 1-2

基因多大程度上影响创业能力

美国凯斯西储大学（Case Westerm Reserve University）教授、创业研究学者斯科特·谢恩，以同卵和异卵双胞胎间的比较分析了基因与创业之间的关系。这两类双胞胎基本上都同时由相同的父母养育。同卵双胞胎几乎有着完全相同的遗传密码，与众多兄弟姐妹一样，异卵双胞胎只携带 50% 这样的遗传密码。通过比较两类双胞胎的情形，人们不难找出遗传和环境、天生和后天形成的关系。谢恩通过研究发现，一个人是否有意识到新商业机会的能力，有 45% 来自遗传。想体验新奇经历的强烈欲望，有 50% ~ 60% 来自遗传。谢恩通过对双胞胎的研究得出结论：环境和遗传因素对人迎接新挑战的影响比例分别为 45% 和 61%。研究结果还表明，在对外部环境的兴趣上，遗传影响最多只有 66%。

不仅研究基因和遗传，人们还利用神经科学仪器和方法研究创业者的决策机制，尝试寻找决定创业者行为的深层次原因，识别那些更加稳定的因素，如生理因素就比心理因素稳定得多。此外，还有不少人从比较的视角研究创业者的独特性，将创业者和打工者、管理者、职业经理人、领导者进行多方位比较，对了解创业者群体有帮助。我们承认创业者自身的独特性和对创业活动的直接影响，但不能抛开环境因素单独分析创业者的特质，毕竟创业活动的成败受多方面因素影响，同时，创业者的心理和性格特征也在不断地变化。

资料来源：斯科特·谢恩. 你无法逃脱的基因密码［M］. 彭新松，凌志强，译. 北京：北京联合出版公司，2012.

第五节 创业逻辑与创业思维

一、创业逻辑

研究和学习创业，就是要在不确定时代理解创业逻辑，保持创业精神，训练和形成创业思维，把创业精神和技能运用到各自的工作实践中去。如果说泰罗的科学管理理论标志着管理学的诞生，那么，西蒙的决策理论则显著推进了管理学研究科学化的进程。作为西蒙的学生萨阿斯（Saras D. Sarasvathy）邀请了 27 个研究对象，他们是美国 1960 ~ 1985 年最成功的创业者及年度国家创业奖的获得者，分别对他们进行为期 2 小时的实验和访谈。结果发现企业家并不按照教科书式的方式进行创业，他们一般不会进行市场调查，也没有明确的企业目标，他们总是立足现实，利用现有资源，抓住身边的每一个机会。在充满不确定性并难以预测的环境中，具体任务目标无法明确，但创业者具备的资源或拥有的手段是已知的，他们只能通过现有手段的组合创造可能的结果。

绝大部分的教科书都建议人们采用因果逻辑开展创业：首先，开展市场研究调查和竞争分析，找到目标细分市场；其次，制定营销战略，计算边际成本、价格、制定财务规划；最后，撰写商业计划书、整合资源、组建团队并创办新企业。

而效果逻辑支持的做法是：首先，从你是谁、你知道什么以及你认识谁起步，尽可能利用少量资源开始做可以做的事情，其次，要与大量潜在利益相关人进行交互并谈判实际的投入，根据实际投入重塑创业的具体目标；最后，重复上述过程，直到利益相关人和资源投入链条收敛到了一个可行的新创企业。

显然，效果逻辑与因果逻辑互相对应。因果逻辑强调必须依靠精确的预测和清晰的目标，所以也称为预测逻辑；效果逻辑依靠利益相关者并且是手段导向的，所以也称为非预测逻辑。创业活动的两种逻辑见表1－2。

表1－2 创业活动的两种逻辑

项目	因果逻辑	效果逻辑
对未来的认知	预测：把未来看作是过去的延续，可以进行有效预测	创造：未来是人们主动行动的某种偶然结果，预测是不重要的，人们要做的是如何去创造未来
行为的原因	应该：以利益最大化为标准，通过分析决定应该做什么	能够：做你能够做的，而不是根据预测的结果去做你应该做的
采取行动的出发点	目标：从总目标开始，总目标定下子目标，子目标决定了要采取哪些行动	手段：从现有的手段开始，设想能够利用这些手段采取什么行动，实现什么目标，这些子目标最终结合起来构成总目标
行动路径的选择	既定承诺：根据对既定目标的承诺来选择行动的路径	偶然性：选择现在的路径是为了使以后能出现更多、更好的途径，因此，路径可能随时变更
对风险的态度	预期的回报：更关心预期回报的大小，寻求能使利益最大化的机会，而不是降低风险	伙伴：强调合作，与顾客、供应商甚至潜在的竞争者共同创造未来的市场

资料来源：Read, S., Sarasvathy, S. D. Knowing What to Do and Doing What You Know；Effectuation as a Form of Entrepreneurial Expertise［J］. Journal of Private Equity, 2005（9）.

当然，不论是因果逻辑还是效果逻辑，都要求创业者理解基本的商业技能，如企业运营环境的合法性问题以及财务和人员管理的机制等。

二、创业思维

所谓创业思维，是指如何利用不确定的环境，创造商机的思考方法。效果逻辑衍生出来的创业思维是一种行动导向的方法，体现了实用主义，对于创业者具有重要的指导作用。什么样的思维才有助于创业成功呢？当然不存在唯一答案，但可以从创业活动的特点和本质分析。创业的本质是创新，敢于挑战、逆向思维等创新性的思维就会变得重要和必需，创业要应对不确定性，执着与灵活性并重也很有必要，创业要借助资源整合应对资源约束，合作共赢、予取先与、取舍有度自然也成为决策的依据。

（一）创业思维特征

创业思维具有以下特征。

1. 创业思维具有成本意识、成本思维

成本意识是指节约成本与控制成本的观念。形成成本思维即是形成基于成本概念的科学决策思维。成功的企业家都有强烈的成本意识，因为他们知道一分一毫都是来之不易的，而且市场环境变幻莫测，未来道路充满了风险与艰险，需要为企业的生存与发展奠定更加坚实的基础。

2. 创业思维具有风险意识

风险，本质上是指不确定性。不确定性可能带来收益也可能造成损失。大学生创业首先需要认识和理解风险。风险一般可以从两个维度来描述：一是事件发展偏离预期目标的程度，也称烈度或损失程度；二是事件发生某种偏离程度的可能性。综合起来，风险可以用烈度和可能性两种因素乘积的结果来决定，其中，烈度和可能性充满着不确定性，这也是风险分析的难点所在。

3. 创业思维具有创新意识

创新创业的本质是创业者通过自身的创新意识，充分利用资源，打造创新型的产品或服务，或开创创新的商业模式，为市场创造新的"蛋糕"的过程。创新精神是商业模式有效发展的基础。

4. 创业思维具有契约精神

契约精神本质上就是一种诚信精神。契约精神一方面要防止公权的侵蚀，保证合同自由，另一方面也要防止私权之间的相互倾轧，保主体平等。"守信"是契约精神的核心，也是契约从习惯上升为精神的伦理基础。创业者一旦失信，不遵守基本的契约精神，那么即使短时间可以积累财富，长期也很难在商界继续发展。

如何培养和强化创业思维，锻炼创造性思考、批判性思考、系统性思考，方式很重要。创造性思考强调把看似无关的事务联系起来，产生新的发现。关于批判性思考，李开复这样解释：多问"how"，不要只学知识，要知道如何实践应用；多问"why"，突破死背的知识，理解"为什么是这样"之后才认为学会了；多问"why not"，试着去反驳任何一个想法，无论你真正如何认为；多和别人交流讨论，理解不同的思维和观点。把创新性思维与经济管理相关知识结合起来，有助于提升创业能力。

（二）创业思维培育

对于个人而言，培养创业思维可以提升自己的竞争力，并拓宽个人职业发展的道路；对于社会而言，培养创业思维有助于推动创新型经济的发展，促进社会的繁荣与进步。那么，如何培养创业思维呢？

1. 广泛获取知识和信息

培养创业思维的首要条件是拥有丰富的知识储备和广泛的信息渠道。创业者需要具备多学科和多领域的知识背景，这样才能作出全面的判断和决策。因此，我们应该积极主动地获取知识，不断学习、阅读、研究，从各种渠道获取新的信息，掌握时事动态和行业动态，以及相关领域的前沿知识。

2. 培养主动探索的态度

创业思维需要具备主动性和探索精神。我们应该打破传统的思维定式，敢于尝试新的方法和途径。只有敢于冒险和创新，才能找到更多可能的出路和机会。因此，我们要培养勇于探索、善于思考的能力，不断尝试新的事物和理念，从而开阔视野和思维空间。

3. 发展创新能力和解决问题的能力

创业思维与创新能力是紧密相关的。创业者需要具备创新思维和创新意识，善于发现问题并提出解决方案。因此，我们应该注重培养解决问题的能力，通过思考、分析和实践，找到解决问题的有效方法，并不断改进和创新。同时，我们也要培养具备批判性思维和创造性思维的能力，通过思考和思辨，寻找问题背后的本质和根源。

4. 积极参与实践和创造机会

培养创业思维需要通过实践来不断提升。我们应该积极参与各种实践活动，例如创业竞赛、项目实践等，通过实际操作和实践经验，加深对创业的理解和认识。同时，我们还可以主动创造机会，通过自己的努力和行动，发掘和创造创业的机会，并勇于面对挑战和困难。

5. 建立合作和沟通的能力

创业思维需要具备团队合作和沟通协作的能力。创业者往往需要和不同领域、不同专业的人进行合作，共同完成创业项目。因此，我们应该注重培养团队合作和沟通交流的能力，学会有效地与他人合作和沟通，共同寻找解决问题的方法和途径，实现共赢。

小链接 1 - 3

创业思维应用

创业思维促使人们从传统的线性思维转变为更加灵活和多元的思考方式。

在传统的酒店业中，住宿选择通常是固定的、单一的，消费者只能选择酒店。然而，Airbnb 的创始人 Brian Chesky 和 Joe Gebbia 看到了一个机会：人们在旅行时更愿意住在别人家中，体验当地文化。他们并没有按照传统的思维模式去思考，而是从用户需求出发，创造了一个全新的商业模式。通过将空闲房间和游客连接起来，Airbnb 不仅提供了更多样化的住宿选择，还降低了旅行成本，满足了不同消费者的需求。这种灵活的思维方式使得他们能够快速适应市场变化，并在短时间内扩展到全球范围。此外，Airbnb 在面临法律和监管挑战时，依然保持灵活性，通过与各地政府合作和调整策略，继续推进业务。这种多元思考和应变能力，使得 Airbnb 成为一个成功的全球品牌，颠覆了传统酒店行业。Airbnb 的案例展示了创业思维如何促进人们跳出传统框架，灵活应对变化，实现创新和增长。

资料来源：杰弗里·蒂蒙斯，小斯蒂芬·斯皮内利. 创业学［M］. 周伟民，吕长春，译. 北京：人民邮电出版社，2005.

本 章 要 点

创业是长期且普遍存在的社会现象。创业是不拘泥于当前资源条件的限制而追寻梦想，组合不同的资源以利用并创造价值的过程。与创新相比，创业更加明确地强调顾客、强调创造价值和财富。创业活动实质上就是识别机会，开发和利用机会，实现机会价值的过程。创业是富有创业精神的创业者与机会结合并创造价值的活动，是创造。关注创业过程中的活动和行为，有助于揭示创业活动的规律，从中可以识别到创业者的创业精神和技能。对创业活动进行分类有助于了解创业活动的特殊性，总结和提炼关键要素，把握创业的本质。

创业思维，是指如何利用不确定的环境创造商机的思考方式。在面对高度不确定性时，你是不可能构思出一条准确通向未来的道路的，唯一可采取的举措就是开展行动，通过行动不断发现有关未来的现实。

复 习 思 考 题

1. 为什么要研究和学习创业？

2. 创业与创新的关系是什么？

3. 创业过程包括哪些活动？

4. 创业过程包括不少具体的活动，但创业者从识别创业机会到创建新企业的时间一般都很短，这是为什么？

5. 试述基于互联网技术形成的网络平台对创业活动可能产生的影响。

6. 为什么要对创业活动进行分类？

7. 结合本章介绍的创业分类，你还可以说出哪些创业类型？在众多的创业活动中，你喜欢哪种或哪些类型的创业，为什么？

8. 你如何理解因果逻辑和效果逻辑？这两种逻辑的适用情境分别是什么？

9. 如何培养自己的创业思维？

实践练习　创业心理素质的测试

创业心理素质的测试围绕创业者在创业过程中可能面临的各种心理和行为特征进行，目标是评估创业者是否具备成功创业所需的心理素质。以下创业者心理素质的自我评估测试问卷旨在帮助学生了解自身在创业过程中的心理特质和行为倾向。这份问卷包括多个维度，每个维度包含若干问题，使用五级 Likert 量表（1 = 非常不同意，5 = 非常同意）进行自我评分。

创业心理素质自我评估问卷

请根据自己的真实情况，对以下陈述进行评分：

1 = 非常不同意

2 = 不同意

3 = 中立

4 = 同意

5 = 非常同意

测试问卷

一、抗压能力

我能够在面对重大压力时保持冷静。

评分：_____

当面对挫折或失败时，我能迅速调整心态，继续前进。

评分：_____

我不容易被负面情绪左右，即使遇到重大挑战。

评分：_____

二、决策能力

在作决策时，我能够快速分析问题，并作出有效决策。

评分：_____

即使在不确定的情况下，我也能够果断作出决策。

评分：_____

我习惯于权衡多种选择，以确保作出最佳决策。

评分：_____

三、创新精神

我经常会想出一些与众不同的想法或解决方案。

评分：_____

我乐于尝试新的事物，即使它们充满未知。

评分：_____

我相信不断创新是取得成功的关键。

评分：_____

四、风险承受力

我愿意在风险较高的情况下采取行动。

评分：_____

我能够接受可能失败的后果，并从中学习。

评分：_____

我认为高风险往往带来高回报，因此不害怕冒险。

评分：_____

五、领导力

我能够激励和引导团队成员朝着共同的目标努力。

评分：_____

在团队中，我能够清晰地传达我的想法和计划。

评分：_____

我善于解决团队内的冲突，并推动合作。

评分：_____

六、自我驱动力

我对自己的目标有明确的规划，并坚持不懈地去实现。

评分：_____

我能够自我激励，保持高昂的工作热情。

评分：_____

我会主动寻求学习和成长的机会，不断提升自己。

评分：＿＿＿＿＿

总分计算

每个维度的得分 = 各题评分之和

总分 = 所有维度得分之和

结果分析

总分 81~90：您的心理素质非常优秀，具备极高的创业潜力。

总分 61~80：您的心理素质良好，适合创业，但仍有提升空间。

总分 41~60：您的心理素质较为一般，建议加强相关能力的训练。

总分 20~40：您的心理素质较弱，可能需要进行系统的心理素质提升。

建议

根据得分结果，您可以针对较弱的维度进行专门的训练和提升，以增强自身的创业心理素质。

本章知识拓展

平台创业的多元化发展

随着互联网和数字技术的发展，平台创业正在改变传统创业模式。数字平台通过降低创业门槛，提供了更广泛的市场接触和创新机会。平台创业通过构建多边市场（如用户、服务提供者、广告商等多方角色）来促进价值交换。这种多边市场的构建使得平台可以利用网络效应迅速扩张，并形成自身的生态系统，增强用户黏性和市场影响力。例如，电商平台将消费者与商家连接起来，内容平台将创作者与观众连接起来，这些平台通过规模化和数据积累实现持续增长。

随着区块链和 Web3.0 的发展，去中心化的平台创业正在成为新趋势。去中心化的理念打破了传统中心化平台的垄断，将控制权还给用户和参与者。去中心化的自治组织（DAO）、去中心化金融（DeFi）、NFT 市场等都在颠覆传统的商业逻辑，使得创业者能够在一个更加开放和透明的环境中运营。平台企业正在从单一服务转向"超级应用"（Super App）的模式，将多种服务整合到一个平台中。通过提供一站式服务，超级应用吸引用户在平台内完成多种需求，形成更紧密的用户黏性和更高的用户转化率。例如，微信和支付宝就是典型的超级应用，它们将社交、支付、购物、理财等功能集成在一起，形成了一个完整的生态闭环。

人工智能（AI）与平台创业的深度融合正在改变平台的运营方式和用户体验。AI 技术在个性化推荐、用户行为预测、自动化服务等方面的应用极大地提升了平台的效率和用户满意度。例如，内容平台利用 AI 算法进行精准推荐，电商平台通过数据分析优化库存和定价策略，这些都大大增强了平台的竞争力。平台功能实现模块化，以服务的形式提供给其他企业或创业者。这种模式降低了进入壁垒，让中小企业也能利用大平台的技术和资源。SaaS 平台不仅可以为客户提供软件解决方案，还可以根据用户需求提供定制化服务，灵活性和可扩展性显著提高。平台通过提供持续的服务或内容，吸引用户长期订阅，形成稳定的现金流。例如，视频平台（如 Netflix）、音乐平台（如 Spotify）通过订阅模式不断优化内容，提高用户体验，增强用户黏性。

这些新趋势反映了平台创业的多元化发展方向，也为创业者提供了丰富的创新空间。随着技术的不断进步和市场需求的变化，平台创业将继续在全球经济中发挥重要作用。

第二章 创业机会的识别与评价

朱啸虎：如何判断机会有没有价值

判断一个机会值不值得创业、投资，可以参考以下三个标准：①市场规模是否足够大；②是否可以高速扩张；③是否可防御。但很多人理解得不够透彻。

首先，市场规模。我碰到一个创业者，他做停车 App，在上海一天可能就有 100 万停车次数，他觉得自己的市场规模挺大。但为什么我们不愿意投资？因为这 100 万停车次数，就算数字正确，但其中 90% 都有固定地点停车，根本不需要停车 App。大部分人只看到市场很大，但要想清楚跟你有关系的部分有多少。

其次，高速扩张。互联网公司打赢传统企业最大的优势是非线性扩张。房地产是典型的线性扩张，造第一幢房子要 1000 万元，造第二幢房子还要 1000 万元。而互联网是非线性的，建一个平台开始的投入非常大，可能需要几千万元甚至上亿元，但建完这个平台再赚第二个 1000 万元就很容易。

最后，很重要的一点就是可防御。互联网公司往往看不到对手在哪儿，但对方可能用半年就能把你"灭掉"，所以一定要想清楚这个战场是不是可防御的。怎么考量是否可防御呢？可以从几个方面来看：一是依赖度，如果你需要依赖一个大平台去获取用户，那基本上很难守住，所有人都可以花钱从百度买流量，拼钱你拼不过大公司；二是你有没有控制力，对比家政服务和打车服务，家政服务的消费者和阿姨非常容易达成长期关系，那么这个平台就没有价值了，但一个司机不可能长期服务于一个消费者，那这个平台就有价值；三是管理难度，如果你的管理难度很高，同样有防御力。

资料来源：朱啸虎. 所有人都认为是风口的东西，最后都很难成为风口 [EB/OL]. [2016－11－01]. https：//www. yicai. com/news/5147355. html.

第一节 创业机会的内涵

创业因机会而存在。机会是具有时效性的有利情况，是未明确的市场需求或未充分使用的资源或能力。

一、创业机会的内涵

创业机会是指个体或组织发现并利用市场中未被满足的需求或未被解决的问题，从而创造新产品、新服务或新商业模式，以获取经济收益的可能性和潜在价值。创业机会的内涵包括以下几个方面。

（1）市场需求：创业机会通常来源于市场需求的未满足部分，即消费者或客户有需求但市场现有产品或服务无法完全满足。

（2）创新与独特性：创业机会往往伴随着创新的思想或独特的解决方案，这种创新可以是技术创新、产品创新、服务模式创新或商业模式创新。

（3）资源整合：发现创业机会不仅需要识别需求，还需要整合各种资源（如资金、技术、人力、信息等）来实现机会的转换。

（4）风险与回报：创业机会内含不确定性和风险，但也伴随着高回报的可能性。成功的创业需要在风险控制与机会把握之间取得平衡。

（5）时间与时机：创业机会具有时效性，能够及时抓住市场窗口是成功的关键。错失时机可能导致机会的消失或竞争加剧。

（6）竞争优势：一个好的创业机会能够为企业带来持续的竞争优势，通过差异化战略、成本优势或市场定位可以占据市场份额。

二、创业机会的类型

创业机会的类型可以根据不同的视角进行分类，以下是几种常见的分类方式。

1. 按市场需求分类

需求导向型机会：源于市场中未满足的需求，企业通过发现这些需求并开发相应的产品或服务来满足客户。例如，新型健康食品满足人们对健康饮食的需求。

供给导向型机会：基于已有资源、技术或能力，找到新的应用场景或市场。例如，通过技术改进提升传统产品的功能和效率。

2. 按创新程度分类

突破性创新机会：涉及颠覆现有市场格局的创新，如新技术的发明或全新的商业模式。例如，智能手机的出现改变了通信和娱乐市场。

渐进式创新机会：在现有产品或服务基础上的改进和优化，以增强用户体验或降低成本。例如，升级版的家用电器或优化后的物流服务。

3. 按资源整合方式分类

资源型机会：利用闲置、低效或未充分利用的资源来创造价值，例如共享经济模式（如 Airbnb、Uber）通过整合个人闲置资源创造商机。

知识型机会：通过技术、专利、经验或专业知识来创造机会，例如新药研发公司利用最新科研成果开发治疗方法。

4. 按风险承受能力分类

高风险高回报型机会：通常涉及新技术、新市场或未成熟的商业模式，具有高风险但也可能带来高收益。例如，新能源产业或生物技术初创公司。

低风险低回报型机会：在成熟市场或已有产品上进行小幅度创新或模仿，风险相对较低，回报也较为稳定。例如，开设传统餐饮连锁店。

5. 按商业模式分类

平台型机会：通过建立一个连接供需双方的平台来创造价值，例如电商平台、社交媒体平台。

服务型机会：为特定客户群体提供专业化或个性化服务，例如咨询服务、教育培训等。

6. 按市场规模分类

细分市场机会：针对特定人群或小众市场的需求进行开发，例如高端定制服装、极限运动装备。

大众市场机会：面向广泛市场，满足大众化需求，如快速消费品、基础生活服务等。

小链接 2-1

"产品创新竞赛" 小游戏

参与人数：3~4人/组，至少4组。

材料：纸张、彩笔、剪刀、胶水、杂志剪贴（用于拼贴产品宣传册）。

游戏规则

选择主题：每组选择一个主题，如环保、科技、健康等。

头脑风暴：每组有5分钟进行头脑风暴，讨论出至少三个与主题相关的创新产品或服务构想。

选定产品：在讨论后，选择一个最具创意和市场潜力的产品进行深入开发。

创建宣传册：每组用提供的材料制作一个产品宣传册，包含产品名称、特点、目标客户、市场定位和营销策略。

展示与反馈：每组有3分钟时间展示产品宣传册。其他组和评审提供反馈和建议。

评选获胜者：根据创意、可行性、市场需求和展示效果进行投票，选出最佳产品。

专家点评：邀请相关领域的专家对展示进行点评，提供更深入的市场分析。

第二节　创业机会的识别

一、创业机会的来源

创业机会主要来源于以下五种情境。

1. 问题

创业的根本目的是满足顾客需求。而顾客需求在没有满足前就是问题。寻找创业机会的一个重要途径是善于去发现和体会自己和他人在需求方面的问题或生活中的难处。比如，上海有一位大学毕业生发现远在郊区的本校师生往返市区交通十分不便，于是创办了一家客运公司，就是把问题转化为创业机会的成功案例。

2. 变化

创业的机会大都产生于不断变化的市场环境，环境变化了，市场需求、市场结构必然发生变化。著名管理大师彼得·德鲁克将创业者定义为那些能"寻找变化，并积极反应，把它当作机会充分利用起来的人"。这种变化主要来自产业结构的变动、消费结构升级、城市化加速、人口思想观念的变化、政府政策的变化、人口结构的变化、居民收入水平提高、全球化趋势等诸方面。比如居民收入水平提高，私人轿车的拥有量将不断增加，这就会派生出汽车销售、修理、配件、清洁、装潢、二手车交易、陪驾等诸多创业机会。

3. 创造发明

创造发明提供了新产品、新服务，更好地满足了顾客需求，同时也带来了创业机会。比如随着电脑的诞生，电脑维修、软件开发、电脑操作的培训、图文制作、信息服务、网上开店等创业机会随之而来，即使你不发明新的东西，你也能成为销售和推广新产品的人，从而给你带来商机。

4. 竞争

如果你能弥补竞争对手的缺陷和不足，这也将成为你的创业机会。看看你周围的公司，你能比他们更快、更可靠、更便宜地提供产品或服务吗？你能做得更好吗？若能，你也许就找到了机会。

5. 新知识、新技术的产生

例如，随着健康知识的普及和技术的进步，围绕"水"就带来了许多创业机会，上海就有不少创业者加盟"都市清泉"而走上了创业之路。

二、创业机会的识别过程

创业者从成千上万繁杂的创意中选择了他心目中的创业机会，随之不断持续开发这一机会，使之成为真正的企业，直至最终收获成功。这一过程中，机会的潜在预期价值以及创业者的自身能力受到反复的权衡，创业者对创业机会的战略定位也越来越明确。不同的创业者可能愿意关注不同的创业机会，即使是同一个创业机会，不同的人，对其评价也往往不同。

影响机会识别的因素可以分为两个方面，即机会本身的属性和创业者的个人特性。首先，机会的本身特征是影响人们是否对之进行评价的基本因素。创业者选择这项机会是因为相信其能够产生足够的价值来弥补投入的成本，创业机会的自然属性很大程度上决定了创业者对其未来价值的预期，因而会对创业者的机会评价产生重大影响。筛选商机的指标，可以包括市场需求、市场结构和规模以及市场利润指标，每一指标下还各设若干分指标用于机会评价。其次，是创业者的个人特征。对于机会识别来说，更重要的因素应当来自创业者的个人因素，这是因为从本质上说，机会识别是一种主观色彩相当浓厚的行为。事实上，即使某一机会已经表现出较好的预期价值，但是并非每个人都能把握住这一机会，并且坚持到最后的成功，因此创业者的先前经验、认知状况、社会关系网络及创业者的创造性对于机会识别来说更为重要。

依据希尔斯、施拉德和兰普肯（Hills，Shrader and Lumpkin）提出的多维度机会识别过程，将机会识别分为以下五个阶段：（1）准备阶段，指知识和技能的准备，这些知识和技能可能来自创业者的个人背景、工作或学习经历、爱好以及社会网络；（2）沉思阶段，指创业者的创新构思活动，这一过程并非有意识地解决问题或系统分析，而是对各种可能和选择的无意识考虑；（3）洞察阶段，指创意从潜意识中迸发出来，或经他人提点，被创业者所意识到，这类似于问题解决的领悟阶段，可以用"豁然开朗"来形容；（4）评价阶段，即有意识地对创意的价值和可行性进行评定和判断，评价的方式包括初步的市场调查、与他人进行交流以及对商业前景的考察；（5）阐述阶段，是指对创意进行进一步细化和精确，使创意变为有价值的东西，如新产品、新服务等，甚至形成能够实现的商业模式。

三、创业机会识别的方法

较为常用的创业机会识别的方法有以下五种。

1. 新眼光调查

注重二级调查：阅读某人的发现和出版的作品、利用互联网搜索数据、浏览寻找包含你所需要信息的报纸文章等都是二级调查的形式。开展初级调查：通过与顾客、供应商、销售商交谈和采访他们，直接与这个世界互动，了解正在发生什么以及将要发生什么。

2. 通过系统分析发现机会

绝大多数的机会都可以通过系统分析得以发现。人们可以从企业的宏观环境（政治、法律、技术、人口等）和微观环境（顾客、竞争对手、供应商等）的变化中发现机会。借助市场调研，从环境变化中发现机会，是机会发现的一般规律。

3. 通过问题分析和顾客建议发现机会

问题分析从一开始就要找出个人或组织的需求和他们面临的问题，这些需求和问题可能很明确，也可能很含蓄。一个有效并有回报的解决方法对创业者来说是识别机会的基础。这个分析需要全面了解顾客的需求，以及可能用来满足这些需求的手段。

4. 从顾客那里征求想法

一个新的机会可能会由顾客识别出来，因为他们知道自己究竟需要什么。所以，顾客会为创业者提供机会。顾客的建议多种多样，最简单的是提出一些诸如"如果那样的话不是会很棒吗"这样的非正式建议，留意这些，有助于你发现创业机会。

5. 通过创造获得机会

这种方法在新技术行业中最为常见，它可能始于明确拟满足的市场需求，从而积极探索相应的新技术和新知识，也可能始于一项新技术发明，进而积极探索新技术的商业价值。通过创造获得机会比其他任何方式的难度都大，风险也更高。同时，如果能够成功，那么其回报也更大。这种情况下所产生的创新在人类所具有重大影响的创新中，居于压倒性的主导地位。

小链接 2–2

德鲁克提出的机会的七种来源

（1）意外之事。一是意外的成功。没有哪一种来源比意外的成功能提供更多的成功创新的机遇，而且，它所提供的创新机遇风险最小，求索的过程也最不艰辛。但是，意外的成功几乎完全受到忽视，更糟糕的是，管理人员往往积极地将其拒之门外。二是意外的失败。与成功不同的是，失败不能够被拒绝，而且几乎不可能不受注意，但是它们很少被看作机遇的征兆。当然，许多失败都是失误，是贪婪、愚昧、盲目追求或是设计或执行不得力的结果。但是，如果经过精心设计、规划及小心执行后仍然失败，那么这种失败常常反映了隐藏的变化，以及随变化而来的机遇。

（2）不协调。所谓"不协调"，指事物的状态与事物"应该"的状态之间，或者事物的状态与人们假想的状态之间的不一致、不合拍。也许我们并不了解其中的原因，事实上，我们经常说不出个所以然来。但是，不协调是创新机遇的一个征兆。引用地质学的术语来说，它表示两者间有一个"断层"，这样的断层提供了创新的机遇。它产生了一种不稳定性，四两可拨千斤，稍做努力即可促成经济或社会形态的重构。

（3）程序需要。与意外事件或不协调一样，它也存在于一家企业、一个产业或一个服务领域的程序之中。程序需要与其他创新来源不同，它并不始于环境中（无论内部还是外部）的某一件事，而是始于需要完成的某项工作。它以任务为中心，而不是以状况为中心。它是完善一个业已存在的程序替换薄弱的环节，用新知识重新设计一个旧程序，等等。

（4）产业和市场结构。产业和市场结构有时可持续很多年，从表面上看非常稳定。但实际上，产业和市场结构相当脆弱，受一点点冲击，它们就会瓦解，而且速度很快。产业和市场结构的变化同样也是一个重要的创新机遇。

（5）人口变化。在所有外部变化中，人口变化被定义为人口、人口规模、年龄结构、人口组合、就业情况、教育情况以及收入的变化等，最为一目了然。它们毫不含混，并且能够得出最可预测的结果。

（6）认知、意义和情绪上的变化。从数学上说，"杯子是半满的"和"杯子是半空的"没有任何区别，但是这两句话的意义在商业上完全不同，造成的结果也不一样，如果一般的认知从看见杯子是"半满"的改变为看见杯子是"半空"的，那么这里就可能存在着重大的创新机遇。

（7）新知识。基于知识的创新是企业家精神的"超级巨星"。它可以得到关注，获得钱财，它是人们通常所指的创新。当然，并不是所有基于知识的创新都非常重要。有些的确微不足道。但是在创造历史的创新中，基于知识的创新占有很重要的分量。然而，知识并不一定是科技方面的，基于知识的社会创新甚至更重要。

资料来源：彼得·德鲁克. 创新与企业家精神［M］. 蔡文燕，译. 北京：机械工业出版社，2007.

第三节 创业机会的评价

蒂蒙斯（Timmons，1999）在《21世纪创业》中提出了由8个一级指标、53个二级指标构成的评价指标体系，涵括了其他理论所涉及的指标体系（见表2-1），是最全面的创业机会评价的量化指标体系，可以作为创业机会评价指标库。蒂蒙斯提出的八大类评估标准是比较全面的，几乎涵盖了其他一些理论所涉及的全面内容。这八大类包括：行业和市场、经济性、收获、竞争优势、管理团队、致命缺陷问题、个人标准、战略差异。将每个指标的吸引力分为最高潜力和最低潜力，并对最高潜力和最低潜力进行描述。

表 2－1 蒂蒙斯创业机会评价指标框架

评价方面	评价指标
行业和市场	·市场容易识别，可以带来持续收入 ·顾客可以接受产品或服务，愿意为此付费 ·产品的附加价值高 ·产品对市场的影响力高 ·将要开发的产品生命长久 ·项目所在的行业是新兴行业，竞争不激烈 ·市场规模大，销售潜力达到千万到亿 ·市场成长率为 1 甚至更高 ·现有厂商的生产能力几乎完全饱和 ·在五年内能占据市场的领导地位 ·拥有低成本的供货商，具有成本优势
经济因素	·达到盈亏平衡点所需要的时间在两年以下 ·盈亏平衡点不会逐渐提高 ·投资回报率在 25% 以上 ·项目对资金的要求不是很大，能够获得融资 ·销售额的年增长率高于 15% ·有良好的现金流量，能占到销售额的 20% 以上 ·能获得持久的毛利，毛利率达到 40% 以上 ·能获得持久的税后利润，税后利润率超过 10% ·资产集中程度低 ·运营资金不多，需求量是逐渐增加的 ·研究开发工作对资金的要求不高
收获条件	·项目带来的附加价值具有较高的战略意义 ·存在现有的或可预料的退出方式 ·资本市场环境有利，可以实现资本的流动
竞争优势	·固定成本和可变成本低 ·对成本、价格和销售的控制较高 ·已经获得或可以获得对专利所有权的保护 ·竞争对手尚未觉醒，竞争较弱 ·拥有专利或具有某种独占性 ·拥有发展良好的网络关系，容易获得合同 ·拥有杰出的关键人员和管理团队
管理团队	·创业者团队是一个优秀管理者的组合 ·行业和技术经验达到了本行业内的最高水平 ·管理团队的正直廉洁程度能达到最高水准 ·管理团队知道自己缺乏哪方面的知识

续表

评价方面	评价指标
致命缺陷问题	·不存在任何致命缺陷
个人标准	·个人目标与创业活动相符合 ·创业家可以做到在有限的风险下实现成功 ·创业家能接受薪水减少等损失 ·创业家渴望进行创业这种生活方式，而不只是为了赚大钱 ·创业家可以承受适当的风险 ·创业家在压力下状态依然良好
理想与现实的战略差异	·理想与现实情况相吻合 ·管理团队已经是最好的 ·在客户服务管理方面有很好的服务理念 ·所创办的事业顺应时代潮流 ·所采取的技术具有突破性，不存在许多替代品或竞争对手 ·具备灵活的适应能力，能快速地进行取舍 ·始终在寻找新的机会 ·定价与市场领先者几乎持平 ·能够获得销售渠道，或已经拥有现成的网络 ·能够允许失败

资料来源：杰弗里·蒂蒙斯. 创业学［M］. 北京：人民邮电出版社，2005.

创业机会的定性评价，则需要回答五个问题：（1）机会的大小、存在的时间跨度和随时间成长的速度；（2）潜在的利润是否足够弥补资本、时间和机会成本，继而带来令人满意的收益；（3）机会是否开辟了额外的扩张、多样化或综合的商业机会；（4）在可能的障碍面前，收益是否会持久；（5）产品或服务是否真正满足了真实的需求。

定性评价创业机会依据五项基本标准：第一，对产品有明确界定的市场需求，推出的时机也是恰当的。第二，投资的项目必须能够维持持久的竞争优势。第三，投资必须具有高回报率，从而允许一些投资中的失误。第四，创业者和机会之间必须互相合适。第五，机会中不存在致命的缺陷。

本 章 要 点

机会是未明确的市场需求或未充分使用的资源或能力。创业机会并不是一般意义上的商业机会，而是对目的—手段关系的全盘甚至是颠覆性变化，是一种独特的商业机会。变化是机会的重要来源，没有变化，就没有创业机会。先前经验、社会关系网络、认知因素和创造性等影响着个体识别创业机会的可能性。

识别创业机会本质上是获取、加工并处理信息的过程，关键在于获取别人难以接触到的有价值信息，并利用优越的信息处理能力去挖掘信息背后的商业和含义，从而发现创业机会。识别创业机会只是创业活动的起点，如果要理性创业，就必须进行创业机会评价，这种评价过程的结果是作出是否创业的决策。创业者可以发现创业机会，也能够把握住创业机会。

复习思考题

1. 识别机会是一个过程吗？为什么？
2. 识别创业机会受哪些因素影响？
3. 有价值的创业机会有哪些特征？
4. 哪些机会适合于新创企业？有哪些机会适合于现存企业？
5. 为什么有的人看到创业机会，而另一些人则看不到？
6. 如何评价创业机会？

实践练习 创意评价

创意评价通常包含对创意的创新性、实用性、可行性和市场潜力等方面的分析和评价。以下是创意评价的一些常见维度。

创新性：创意的独特性和创新程度是评价的关键。创新性高的创意通常能解决当前未解决的问题或开创新的市场机会。

实用性：创意是否切实可行且能为目标用户解决问题。实用性好的创意不仅要理论上可行，还要能够在实际中有效应用。

可行性：创意的实现难度和所需资源的评估。包括技术实现的难易程度、所需资金、团队能力、时间成本等因素的分析。

市场潜力：创意在市场中的接受度和竞争力。包括市场需求分析、目标用户群体的定位、市场竞争情况和商业化的可能性。

用户体验：创意为用户带来的体验是否良好，是否能满足用户的需求并提供愉悦的使用感受。

可持续性：创意在长期发展中的可持续性，是否具备不断改进和扩展的潜力。

风险评估：对创意可能面临的风险进行评估，包括技术风险、市场风险、法律风险等，并提出相应的应对措施。

根据以上维度，评价一款新型环保智能水瓶的创意：

这款智能水瓶使用可回收材料制成，内置传感器能够实时监测用户的饮水量和水质，并通过手机 App 提醒用户及时饮水。瓶身可以自带水质过滤功能，并配备太阳能充电板，为瓶子的智能功能提供电力支持。

本章知识拓展

当前适合创业的领域

适合创业的机会通常来自未被满足的市场需求、新兴的技术趋势、政策推动和社会发展变化等因素。以下是一些当前适合创业的机会和领域。

1. 可持续发展与环保科技

全球对环境保护和可持续发展的重视日益增加，政府政策支持环保科技创新，消费者对绿色产品的需求上升。创业方向：开发环保材料、绿色包装、碳减排技术、废物循环利用、智能节能设备等创新解决方案。

2. 人工智能与数据分析

企业对数据驱动决策的需求日益增长，人工智能和机器学习技术的成熟带来新的商业模式和服务。创业方向：智能客服、数据分析平台、预测性维护、个性化推荐系统、自动驾驶和工业机器人等应用。

3. 健康与医养结合

老龄化社会带来医疗和养老需求的爆发，健康管理和医疗科技成为关注重点。创业方向：远程医疗、个性化健康管理、老年人智能设备、康复辅助设备、数字医疗平台等。

4. 教育科技（EdTech）

在线教育需求激增，尤其在疫情期间，教育模式逐渐向线上和混合式学习转变。创业方向：AI个性化学习平台、在线职业教育、沉浸式学习（VR/AR）、教育机器人、学习管理系统。

5. 金融科技（FinTech）

传统金融行业数字化转型的需求，以及用户对便捷支付、个人理财、线上信贷的需求增加。创业方向：区块链支付、数字银行、保险科技、智能投顾、个人信用管理工具、跨境支付解决方案。

6. 智能家居与物联网（IoT）

智能设备普及，消费者追求便捷、安全和高效的生活方式，物联网技术日趋成熟。创业方向：智能安防、家电自动化控制系统、智慧社区解决方案、家庭健康监测设备。

7. 个性化消费与DTC品牌

消费者追求个性化、高质量、独特体验的产品，而数字营销的崛起降低了品牌推广成本。创业方向：个性化护肤、定制服装、手工艺品、健康食品等，尤其是通过DTC（Direct-to-Consumer）模式直面客户。

8. 共享经济与灵活用工

共享经济模式的普及和灵活用工需求增加，为创业者提供了进入门槛较低的市场机会。创业方向：共享办公、共享出行、自由职业者平台、短租服务、技能分享社区。

9. 元宇宙与虚拟现实

元宇宙概念的兴起和虚拟现实技术的发展，改变了人们的社交、娱乐、工作和购物方式。创业方向：虚拟社交平台、虚拟购物体验、沉浸式游戏、数字资产交易平台、VR 内容制作。

10. 乡村振兴与农业科技

政策支持下的乡村振兴战略和农业现代化需求，为农业科技和农村产业发展带来新的机遇。创业方向：智能农业设备、农产品电商、乡村旅游、绿色农业、农村物流解决方案。

第三章 设计商业模式

引例

商业模式是一个活动体系

商业模式是同时能为企业的利益相关者创造价值的、相互依存的、各种活动构成的体系。举例来说，以前，苹果公司只是设计硬件，之后把用这些硬件生产和组装完成后形成的产品卖出。所以，它们的价值等式就是硬件的销售。iPod 的推出大大改变了苹果公司的商业模式，因为公司认识到，自己不只是通过销售设计精良的电子设备为利益相关者创造价值，而且还能通过人们对这些设备的使用为利益相关者创造价值。通过与音乐产业建立关系，苹果公司 iPod 的推出显著改变了商业模式，音乐产业是各类歌曲作品的知识产权所有者，苹果公司让这些唱片公司确信，它们可以销售歌曲，而不只是销售 CD。随后，苹果公司通过一个电子商店 iTunes 让人们下载自己选中的音乐作品。人们每下载一首歌曲，苹果公司就能从中获得一些收益，因此该公司既为顾客创造了价值，也为公司的利益相关者创造了价值，很显然，也为公司员工创造了价值。

商业模式是企业如何开展业务的方略，它是一个各种活动的体系。当苹果公司推出 iPod 时，新的商业活动就此出现，通过改进的商业模式创造出的价值也得到了提升，因为（在这个场境中）有了新利益相关者。需要注意的是，利益相关者群体跨越了企业和产业的边界。谁会想到一家计算机公司会进入音乐产业领域呢？可突然之间，苹果公司就进入了音乐产业领域。

资料来源：沃顿知识在线对沃顿商学院管理学教授拉菲·阿密特（Raffi Amit）的访谈，最近的创新：重新设计商业模式 . 2014.12.2.

第一节　商　业　模　式

在现实中我们发现，尽管大量创业者识别到绝好的市场机会，形成了新颖的创业思路，组建了才干超群的创业团队，但是仍然很难得到投资者的认可，或者成长乏力或者快速失败。其中一个重要的原因就是没有建立起驱动企业健康成长的正确商业模式。因此，探索并建立与机会相适配的商业模式是创业者的首要任务。

一、商业模式的含义

关于商业模式的讨论很多，许多学者尝试对商业模式作出定义和解释，表3-1列出了一些代表性的观点。

表3-1　　　　　　　　　　　　商业模式的定义

学者（时间）	定义或解释
提姆斯 （Timmers，1998）	商业模式是产品、服务和信息流的一个体系架构，包括说明各种不同的参与者的角色定位、潜在利益以及企业收入的来源
阿米特和佐特 （Amit & Zott，2001）	商业模式描述了交易的内容、结构和规制，用以通过开发商业机会创造价值
琼·玛格丽塔 （Joan Magretta，2002）	商业模式是用以说明企业如何运营一组故事的概念，它必须回答管理者关心的一些基本问题：谁是顾客，顾客价值何在，如何在这个领域中获得收入以及如何以合适的成本为顾客提供价值
维佩洛 （Sven. C. Voelpel.，2004）	商业模式表现为一定的业务领域中顾客核心价值主张和价值网络配置，包括企业的战略能力和价值网络其他成员（战略联盟及合作者）能力以及对这些能力的领导和管理，以持续不断地改造自己来满足包括股东在内的各种利益相关者的多重需求
塞登和路易斯 （Seddon & Lewis，2004）	商业模式是对一组活动在组织单位中的配置，这些单位通过企业内部和外部的活动在特定的产品—市场上创造价值
奥斯特瓦德等 （Osterwalder et al.，2005）	商业模式是一个概念性工具，它借助一组要素以及要素之间的联系，用以说明一个企业的商业逻辑。它描述了企业向一个或多个顾客群提供的价值，企业为产生持续的盈利性收入所建立的架构以及移交价值所运用的合作网络与关系资本

资料来源：王迎军．新创企业成长过程中商业模式的构建研究［J］．科学学科与科学技术管理，2011（32）．

关于商业模式的定义仍然没有一个权威的版本。目前相对比较贴切的定义是：商业模式是一种包含了一系列要素及其关系的概念性工具，用以阐明某个特定实体的商业逻辑。它描述了公司所能为客户提供的价值以及公司的内部结构、合作伙伴网络和关系资本等借以实现（创造、推销和交付）这一价值并产生可持续盈利收入的要素。

商业模式涉及三个基本问题：如何为顾客创造价值？如何为企业创造价值？如何将价值在企业和顾客之间进行传递？

1. 如何为顾客创造价值？

这里谈的实际上是顾客价值主张问题。即在一个既定价格水平上向其顾客提供能够帮助其完成任务的产品或服务。所有的企业得以运行都有自己的商业模式，哪怕是一家街头小店。当建立这样一家小店时，你首先要回答的问题是：顾客为什么偏偏进我的而不是别人的店。如果街上只有你这一家店（这种情况几乎不可能），问题的答案就很简单，如果街上已经有了很多店（实际情况常常是这样），问题的答案就不那么简单了。提供与众不同的产品或服务当然是一种答案，但这个答案常常不那么管用，因为在技术更新呈加速度发展的时候，产品或服务货品化和同质化的速度越来越快。这时，你有什么理由让人偏偏买你的而不是别人的产品？你必须向顾客提供同类产品难以模仿的价值，增加顾客的转换成本，让顾客对你的产品形成"成瘾性依赖"。遗憾的是，通过法律保护、技术和设计能力设置的模仿障碍在今天变得越来越脆弱。

于是，就有了商业模式的创新。众多在产品上具有创新能力的创业者誓言要超越甚至颠覆 iPod，但他们很快就发现 iPod 早已不是一种产品，而是一种商业模式。iPod 的背后，是苹果公司建立的网上音像商店 iTunes。购买一个 iPod，等于买下一家奇大无比的音像商店（现在从 iTunes 购买下载的数字音乐和电影的数量已经超出亚马逊书店）。iPod 有点类似于洛克菲勒的公司在卖煤油时免费送出的油灯（只不过 iPod 并非免费的油灯，而且比同类的油灯贵得多），有了这盏"油灯"，你就会从 iTunes 那里不停地购买"油"（数字音像）。因为乔布斯深知，顾客购买播放器的真正目的是听音乐和看电影，而其他公司以为顾客购买的是播放器本身。一种购买行为的背后，隐藏着另一种购买需求，甚至这种隐藏的购买需求背后还潜藏着一种或多种更隐秘的需求。平庸的企业往往只能看到显而易见的需求，并且把全部精力用来满足这种浅层的需求，而卓越的企业之所以卓越，就在于它们具有对顾客需求的还原能力。苹果公司目前所取得的一切业绩都始于这家公司对顾客需求超强的还原能力，这种被充分还原的需求，就是"顾客价值主张"。没有它，任何商业模式都无法成立。

2. 如何为企业创造价值？

这里谈的实际上是企业价值主张问题，即在为顾客提供价值的同时又为自己创造价值。企业要想从创造的价值中获得价值，就必须考虑以下问题。

（1）收益模式：营业收入 = 价格 × 数量，数量可以是市场规模、交易规模、购买频率、附加性产品的销量。

（2）成本结构：成本是如何分配的，包括主要工资的成本、直接与间接成本、规模经济等。成本结构主要取决于商业模式所需要的关键资源的成本。

（3）利润模式：为实现预期利润、每笔交易所应产生的净利。

（4）资源利用速度：为了完成目标数量，该以多快的速度来利用企业的资源？这涉及库存周转率、固定资产及其他资产的周转率，并且要从整体上考虑如何利用好资源。

但必须明确，商业模式不同于盈利模式。事实上，商业模式虽然包含盈利模式，但盈利模式只是商业模式的其中一小部分。基本上，商业模式是你的企业在市场上创造并留下价值的方式。举例来说，如果你开的是早餐店，把原来价值 10 元的面包、火腿、鸡蛋做成一个可以卖 50 元的三明治，那你主要创造价值的方式就是"把食材变成食品"的这个过程。至于三明治做好之后，你是想要一个卖 50 元还是要采取会员制，每个月支付 1000 元，可以每天早上吃到新鲜的三明治，或者是吃白面包不用钱，但是想要加火腿、鸡蛋，每多一项食材收 20 元，抑或是通通不要钱，但是你必须一边吃早餐，一边看广告，这些才是所谓的盈利模式。

3. 如何将价值在企业和顾客之间进行传递？

假设你为顾客和企业都设计了良好的价值，但这种价值如何进行传递呢？从逻辑上讲，只有拥有了独特的顾客价值主张和企业价值主张，才可能去谋求实现这种价值主张的资源和能力。初始创业往往无视自身资源与能力的局限，它可能确实包含着机会，但也很可能是别人（具有与之相匹配的资源和能力的人）的机会。顾客价值主张和企业价值主张如果没有相应的资源（顾客资源、产品渠道）与能力作为支撑，就难以形成商业模式，尤其是难以实现可持续、可盈利的收入流。

从上述三个基本问题可以看出，商业模式本质上是要回答彼得·德鲁克早就提出的一些问题：谁是你的顾客？顾客看重什么？它同时还回答了每个创业者都会问及的一些基本问题：从业务中如何赚钱？潜在的经济逻辑是什么？就是如何以合理的价格为顾客提供价值。

二、传统商业模式

传统商业模式一般采用生产制造和物流配送，企业通过解决生产、销售、物流等环节的问题来盈利。以产品和服务为主要焦点，企业侧重于不断改善产品和服务，通过差异化来获取市场份额。运营成本以固定成本为主，包括生产成本、人工成本、库存成本、物流成本等。采用广告、促销等传统的营销方式，透过品牌宣传来建立口碑和客户群体。通过垂直产业链的方式实现企业规模化的生产制造和组织结构化的运作，企业自己负责从原料到产品的整个供应链。常见的传统商业模式见表 3-2。

表 3-2 常见的几种传统商业模式

名称	饵勾的商业模式	金字塔的产业模式	软件服务模式	分销/代理模式	地产模式	贴牌代工
简介	结构性非常强的一种"搭售"模式，在这种模式里，基本产品的出售价格极低，通常处于亏损状态；而与之相关的消耗品或是服务的价格则十分昂贵。以基本产品为饵，以搭售产品为钩，可以通过饵的投入，吸引住客户，形成长期消费的钩	按照用户人群的身份、品位、生活方式、审美风格的不同进行市场细分，针对不同的市场提供不同的品牌和产品，避免互相混淆、自我内耗式竞争	通过软件的大量复制，从而带来巨额的收益	绝大多数制造业商品通过这种方式交付到零售终端，由他们面向客户，自己并不直接进行直面消费者的销售	保持对土地较大年限的持有，然后吸引其他地产设施的进驻，使得周边逐渐繁荣，进而拉高租金，形成巨额的地产回报率	以代工的方式外包生产和组装的环节

资料来源：张璐. 基于价值主张演变下商业模式创新路径研究［J］. 南开管理评论，2022（10）.

第二节　商业模式的设计框架

一、商业模式的设计要素

若要很好回答商业模式涉及的基本问题，那么可以把商业模式分为9个关键要素：顾客细分、价值主张、渠道通路、顾客关系、收入来源、核心资源、关键业务、重要伙伴以及成本结构（见图3-1），参照这九大要素就可以描绘、分析企业的商业模式。

价值主张：即公司通过其产品和服务所能向消费者提供的价值。价值主张确认公司对消费者的实用意义。顾客细分：即公司所瞄准的消费者群体。这些群体具有某些共性，从而使公司能够（针对这些共性）创造价值。顾客细分的过程也是目标消费者群体寻找的过程。渠道通路：即公司用来接触消费者的各种途径。这里阐述了公司如何开拓市场。它涉及公司的市场和分销策略。顾客关系：即公司同其消费者群体之间所建立的联系。通常所说的顾客关系管理即与此相关。关键业务：即资源和活动的配置活动。核心资源：即公司执行其商业模式所需的能力和资格。重要伙伴：即公司同其他公司之间为有效地提供价值并实现其商业化而形成合作关系网络。这也描述了公司的商业联盟范围。成本结构：即所使用的工具和方法的货币描述。收入来源：即公司通过各种收入流来创造财富的途径。

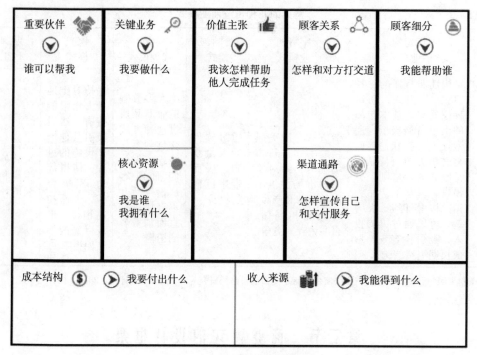

图 3 – 1　商业模式设计要素

二、商业模式设计的要点

商业模式是一个企业创造价值的核心逻辑，价值的内涵不仅仅是创造利润，还包括为客户、员工、合作伙伴、股东提供的价值，在此基础上形成的企业竞争力与持续发展力。商业模式的设计就是建立企业赢利的一整套方法，将战略、策略、战术打包成能够赢利的一整套方法。设计核心就是实现资源的有效整合。

商业模式设计遵循的核心包括五个方面——以价值创新为灵魂，以占领客户为中心，以经济联盟为载体，以应变能力为关键，以信息网络为平台。

（一）以价值创新为灵魂

商业模式的灵魂在于价值创新，企业经营的核心是市场价值的实现，必须借助商业模式进行价值创造、价值营销和价值提供，从而实现企业价值最大化。商业模式应该回答一系列的问题：向什么顾客提供价值，向顾客提供什么样的价值，怎么样为顾客提供价值等。所谓轻资产经营，是在资源有限的基础上科学配置各种资源，以最少投入的商业模式实现企业价值最大化。

1. 注重虚拟（轻）资产经营

有效率的知识型员工组合成高绩效的工作小组，整合顾客与供应商等企业资源，利用网络技术进行有效的沟通和协调，提供有价值的生产和服务。轻资产经营的行为主体是企业价值链上的所有利益共同体，它包括企业的员工、企业的供应商、企业的客户等。轻资产经营不仅要有战略规划、流程优化，更重要的是要有一种与轻资产经营相适应的企业文化，用相应的激励措施保证轻资产经营创造最大的价值。

2. 加强企业市值管理

尊重价值规律，做好股票价格与价值的有效匹配。影响股票价格有两大因素：一是内因，即股票的内在价值；二是外因，即市场对股票内在价值的发现和认同。

3. 构造企业价值网

随着竞争的不断加剧，企业联盟的建立和发展，今后的竞争不再是企业与企业之间的竞争，也不是单一线性价值链之间的竞争，企业正从独立创造价值走向合作创造价值，由多条价值链构成企业价值网。在价值网中，企业可将众多的合作商连在一起，通过有效的资源整合，构造快速、可靠、便利的系统，以适应不断变化的市场环境。

4. 为广义的客户创造价值

能够为顾客提供一流的产品和服务，努力为顾客创造价值；能够为股东提供持续、稳定、高水平的价值回报；能够为员工创造良好的成长和发展空间，让员工与企业共同成长；能够努力回报社会，为社会发展作出积极贡献。

（二）以占领客户为中心

商业模式创新必须以客户为中心，由企业本位转向客户本位，由占领市场转向占领客户，必须立足以客户为中心，为客户创造价值。从消费者的角度出发，认真考虑顾客所期望获得的利益，只有把竞争的视角深入为用户创造价值的层面中，才能进入游刃有余的竞争空间。

（三）以经济联盟为载体

当今科技高速发展，产品日益复杂化，无论企业实力多么雄厚，单独控制所有产品和所有技术的时代都已一去不复返。而传统的价值链中可挖掘的潜力已越来越少，向组织内部寻找有效的生产力提高的来源也越来越难。

（四）以应变能力为关键

如果说商业模式决定了企业的成败，那么应变能力则是商业模式成败的关键。应变能力是企业面对复杂多变市场的适应能力和应变策略，是竞争力的基础。

（五）以信息网络为平台

随着互联网的迅速崛起，全球经济网络化、数字化已成为时代主旋律，网络经济正以经济全球化为背景，以现代信息技术为手段，深刻地影响着人类经济和社会的发展。新的商业模式必须重视信息网络的力量，而如果脱离信息网络平台，企业将无竞争力可言。

小链接 3-1

生鲜超市商业模式设计

新零售生鲜超市商业模式下的企业关键流程是基于"餐饮＋超市＋O2O"模式，通过线上线下协同，实现价值创造的过程。盒马鲜生的业务流程是，基于消费者线下购物体验为起点，消费者通过安装盒马 App 线上下单，再使用支付宝结算，盒马鲜生在以门店为中心的 3 公里范围内 30 分钟内快速送达，未来中心仓配货，最后以门店和盒马鲜生 App 为核心。建立起会员网络获取消费者数据，实现大数据 C2B 管理。永辉超级物种的业务流程在线上下单、支付、配货和物流配送方面更多样化。消费者不仅可以通过永辉生活 App 下单，还可以通过微信小程序和饿了么 App 下单。支付方式不仅可以通过支付宝，也可以通过微信和银行卡结算。结算之后，提供两种消费方式——到店自提和门店快速配送，永辉超级物种可以从大仓库配货以及从附近永辉精标店调货。为了提高配送品质，永辉自建社区合伙人团队同时接入饿了么平台，提供 30 分钟快速送达的精准配送。最后永辉通过利用大数据深挖顾客需求，并根据顾客需求研发和设计全新的产品实施商品定制，实现 C2B＋OEM 管理。美团掌鱼生鲜业务流程也遵循新零售生鲜超市的一般业务流程，但智能化程度低于盒马鲜生。与盒马鲜生拥有悬挂链系统不同，美团大多数是人工对接标记和配送，但美团掌鱼生鲜的优势在于拥有专业的美团外卖团队。

资料来源：王凤霞，等."新零售"背景下生鲜超市商业模式研究［J］.商业经济研究，2018（22）.

第三节　商业模式创新

每个创业者都想为自己的企业设计一个独特、全新的商业模式来颠覆产业内现有的企业，但商业模式创新是一件非常困难的事情。实际上，很多企业都是在模仿、改进现有商业模式的基础上收获了巨大的成功，比如腾讯、百度。即便你已经设计了一个独特的商业模式，也会面临其他企业的快速模仿并利用相似的商业模式与你开展竞争，因此，在竞争中设计商业模式显得极为重要。

一、在模仿中创新商业模式

在竞争激烈的商业环境中，模仿是一种快速学习和进入市场的方式。一般来说，模仿其他企业的商业模式的方法可以归纳为全盘复制和借鉴提升两类。

（一）全盘复制

全盘复制商业模式的方法比较简单，即对优秀企业的商业模式进行直接复制，将较为优秀的商业模式全盘拿来为我所用，当然有时也需要为适合企业情况略加修正。全盘复制的方法主要适用于行业内的企业，特别是同属一个细分市场或拥有相同产品的企业，更包括直接竞争对手之间商业模式的互相复制。

全盘复制优秀企业的商业模式有两个注意点：一是需要快速捕捉到商业模式包含的信息，谁先复制就可能具备先发优势；二是主要进行细节调整，复制不等于生搬硬套，需要针对本细分市场或企业情况进行适应性调整。

（二）借鉴提升

1. 引用创新点

通过学习和研究优秀商业模式，对商业模式中核心内容或创新概念予以适当提炼与节选，通过对这些创新点的学习，比照本企业的相关内容，找到本企业商业模式与这些创新点的不足，如果这些创新点能够比本企业现阶段商业模式中的相关内容更符合企业发展需要，企业就应结合实际需要将这些创新概念应用于本企业并发挥价值。引用创新点学习优秀商业模式的方法适用范围最为广泛，不同行业、不同竞争定位的企业都适用。

虽然引用商业模式中的盈利模式对企业效益的提升较为明显，但是产品模式运营模式、业务模式的引用也可为企业带来明显的价值，并提升企业的核心竞争能力和支撑盈利模式实施的能力。所以企业也需不断加强对产品模式、运营模式和业务模式的学习与优化。

2. 延伸扩展

具体做法是，通过对最新商业模式的了解，寻找使用这种商业模式的企业所在行业及细分市场，通过穷尽分析和专业分析找到同一行业内尚未开发的其他细分市场，将该种商业模式的主体框架率先运用在同一行业的不同细分市场，使商业模式的应用范围不断扩展到其他细分市场，当然，商业模式在实际运用中需要针对细分市场进行优化和调整。这种学习方法的优点是借助商业模式的研究，寻找到尚未开发的其他有效细分市场，并有机会构建先发竞争优势，且使用范围也更为广泛，适用于行业内所有的企业。行业外的企业如果想多元化发展，寻找新的业务发展机会，也可以直接复制或学习这种商业模式，使其顺利进入该行业。延伸拓展具体实施时有两个难点：一是在于对细分市场的寻找和分析，如何能够找到尚未开发的细分市场；二是原则上进入同一市场内部不同细分市场的商业模式无须做较大的调整，但是如何依据细分市场特点做针对性调整和优化则是关键。

小链接 3 - 2

拓展延伸的思维开发新市场

互联网产业开始时只有获取信息的功能，门户网站当时就满足了大众对于信息获取的需要，互联网后来又延伸出了人际沟通、休闲娱乐、电子商务等几大类其他市场。如果在门户网站盛行之时，将门户网站较为成熟的商业模式复制到其他几大类市场，就有可能构筑先发优势，也可避免 2000 年门户网站的寒冬。当然，延伸拓展的思路还可以在互联网行业几大类市场内不断地细化：如电子商务在后来又被 B2B、B2C、C2C、行业电子商务等市场超越，如果我们在首先出现 B2B 的商业模式后，就通过拓展延伸的思维优先进入 B2C、C2C 等其他细分市场，同样能够取得先发优势。当时只需将 B2B 的商业主体框架略加调整，就极有可能获得成功，这就是淘宝网没有进入 B2B 市场和阿里巴巴直接进行竞争的高明之处，淘宝网优先进入了 B2C 市场化，阿里巴巴想进入 B2C 市场时，也只能被迫收购淘宝网。

资料来源：付志勇. 商业新秀借商业模式突围制胜 [J]. 销售与管理，2011（11）.

3. 逆向思维

通过对行业领导者商业模式或行业内主流商业模式的研究学习，模仿者有意识实施反向学习，即市场领导者商业模式或行业内主流商业模式如何做，模仿者则反向设计商业模式，直接切割对市场领导者或行业内主流商业模式不满意的市场份额，并为他们打造相匹配的商业模式。采取逆向思维的方式学习商业模式时有三个关键点：一是找到行业领导者或行业主流商业模式的核心点，并依据此制定逆向商业模式；二是企业在制定逆向商业模式时不能简单追求反向，需确保能够为消费者提供更高的价值，并能够塑造新的商业模式；三是防范行业领导者的报复行动，评估领导者可能的反制举措，并制定相应的措施。

在模仿中创新不仅仅是简单的复制，而是需要深刻理解原有模式的优劣，结合市场需求、技术发展和文化特征，进行有针对性的优化和改造。通过不断探索和调整，企业可以在模仿中找到创新的突破口，形成自身独特的商业模式。

小链接 3 - 3

通过逆向思维打造商业模式

互联网行业领导者微软公司的商业模式比较传统，主要是卖软件、产品以及许可证的传统商业模式，通过提供产品和技术赚钱。微软的主要竞争对手依据逆向思维的办法制定相反的商业模式，并借此打击微软的垄断定位，比如谷歌等有实力的企业已经开始尝试在软件业对软件实施开源，即消费者不再掏钱购买软件，让消费者免费享受软件，打造另一种商业模式，并且在商业软件领域已经取得进展。与此相类似的是中国360杀毒软件也在近期采用了开源模式，且消费者开始可以免费使用杀毒产品，而360的商业模式转向为顾客增值的个性化服务。

资料来源：付志勇. 商业新秀借商业模式突围制胜［J］. 销售与管理，2011（10）.

二、在竞争中创新商业模式

当企业采取不同的商业模式进行竞争时，结果往往很难预料。如果在孤立的情况下进行分析，那么会发现某个商业模式或许会显得优于其他商业模式，但是当把互动和协同影响考虑在内时，它创造的价值反而又不如其他商业模式。

企业通过商业模式开展竞争的方式有三种。

1. 强化自身的良性循环

企业可以通过调整商业模式来打造新的关键要素间的良性循环，从而让自己更有效地与对手展开竞争。这些循环常常会强化商业模式中的其他循环。例如，空中客车采用的商业模式导致其起先一直处于下风，因为波音公司可以把波音747创造的利润进行再投资，而波音747在超大型商用客机领域长期占据着垄断地位。2007年，空客公司研发出空客380，在超大型商用客机市场挑战了波音747的垄断地位，不仅帮助空客公司维持了在小型和中型飞机领域的良性循环，而且对波音公司的良性循环形成了有效遏制，改变了自己相对波音公司的长期劣势。

2. 削弱竞争对手的良性循环

一项新技术或新产品能否颠覆行业规则不仅取决于该技术的内在优势，也取决于它与其他竞争对手之间的互动。比如从理论上说，Linux的价值创造潜力或许比Windows更大，但是微软利用与代工生产商的合作关系，在个人台式机和手提电脑上预装了Windows操作系统，从而阻止了Linx拓展顾客基础，成功地遏制了Linux的关键良性循环。

3. 变竞争为互补

拥有不同商业模式的竞争对手也可以成为价值创造的合作伙伴。比如英国在线博彩交易所必发公司创新了博彩方式，允许彩民匿名相互下注，由此与传统博彩公司展开了较量。必发公司从整体上调整了赔率，让玩家得以少输一些钱，这样，玩家会更多地下注，从而形成一个良性循环。这极大地拓展了英国的博彩市场，竞争对手也渐渐地越来越包容它的存在了。

三、在试错中创新商业模式

商业模式设计通常意味着基于现实对各构成要素及其子要素进行分析和检验需要，对企业所依赖的关键性假设提出一些"如果……会怎么样"的问题。一旦企业开始运作，其商业模式中隐含的那些既与需求有关，又与经济效益有关的种种假设，就都要在市场上不断经受检验。

商业模式的成功往往有赖于创业者是否有能力在模式实施中对其进行调整，或进行全面改革。如果创业者有意识地遵循能促进整个企业系统顺利运作的模式来工作，那么每一项决策、每一个举措以及每一次测评都会提供有价值的反馈。利润的重要性不仅在于其本身，还在于能证明商业模式是否行得通。如果没有达到预期目标，就应该重新检验商业模式。

从某种意义上说，商业模式的创造过程无非是科学方法在管理上的应用，即从一个假设开始，在实施过程中检验，并在必要时加以修订。商业模式行不通，要么是因为没有通过数字检验，要么是因为没有通过叙述检验（如故事没有意义，或者说不符合经济逻辑，业务本身不能为顾客创造价值）。因此，商业模式设计框架并不是让你写下一个无敌的商业模式，它的用途是帮助你追踪目前为止的所有"创业假设"。例如：我认为18~30岁的年轻宠物主（目标顾客）应该会喜欢购买宠物衣服打扮自己的宠物（价值主张），接着你开始试着执行这样的计划，在最低成本的状态下想办法验证这些假设。如果事实证明年轻宠物主的确喜欢购买漂亮的宠物衣服精心装扮宠物，你就可以接着尝试不同的销售渠道、不同的顾客关系等。如果发现他们不喜欢，那你就要改变目标顾客，或是改变价值主张——60岁以上年龄的宠物主呢？每尝试一次，就能让你得到更多关于市场的信息，然后再回来调整你的商业模式，这样一直不断地循环下去，永远没有停下来的一天。

因此，重点不是在会议室里头脑风暴，"想"出最棒的商业模式，而是在真实的世界中不断地实验，然后不断试出符合市场现实的商业模式，如此无止境地追寻下去。其实，商业模式就是企业如何赚钱的故事。与所有经典故事一样，商业模式的有效设计和运行需要人物、场景、动机、地点和情节。为了使商业模式的情节令人信服，人物必须被准确安排，人物的动机必须清晰，最重要的是情节必须充分展示新产品或服务如何为顾客带来了价值和利益，同时又如何为企业创造了利润。

需要注意的是，商业模式并不是企业的全部，商业模式描述的是企业的各个部分怎样组合在一起构成一个系统。但是，商业模式没有把影响业绩的一个重要因素"竞争"纳入考虑。每一家企业都会遇到竞争对手，这只是早晚的问题（经常是早遇到），而应对竞争则是"战略"的任务。竞争战略说明的是，如何比竞争对手做得更好。战略的全部内容就是如何通过与众不同来做得更好。因此，创业者不能认为有了商业模式就万事大吉，它充其量只是创业成功的一部分而已。此外，还有人混淆商业模式与盈利模式，其实，二者之间的差异很大。

在试错中创新商业模式需要快速反应、敏捷执行和开放思维。通过小步快跑、数据驱动、用户反馈、开放合作等多种策略，企业可以在不断试错中找到最优的创新路径，形成自身的竞争优势。关键在于快速验证假设、灵活调整策略，从失败中学习并不断优化。

本 章 要 点

商业模式创造价值的逻辑性主要表现在层层递进的三个方面：价值发现、价值匹配、价值获取。任何新型的商业模式都不过是9个要素按不同逻辑的排列组合而已。每个人的定位、兴趣点和视角都不一样，向各个要素中添加的内容当然也就不一样，于是就有了不同的商业模式。商业模式设计过程并不是线性的，可能经历各种反复。即便你已经设计了一个独特的商业模式，也会面临其他企业的快速模仿并利用相似的商业模式与你开展竞争，因此，在竞争中设计商业模式则显得极为重要。商业模式的成功往往有赖于创业者是否有能力在模式实施中对其进行调整，并进行全面改革。

复 习 思 考 题

1. 商业模式所要解决的核心问题是什么？
2. 商业模式的逻辑是什么？
3. 商业模式的关键构成要素是什么？
4. 商业模式的要素如何配置为一个系统？
5. 如何通过模仿设计商业模式？
6. 如何通过竞争设计商业模式？
7. 如何在试错的过程中调整商业模式？

实践练习　商圈和店铺选址

商圈和店铺选址是商业决策中至关重要的环节，影响着店铺的客流量、销售额和长期经营的成功。以下是进行商圈和店铺选址的步骤和方法。

1. 确定目标市场和客户群体

确定店铺的目标客户，如年龄、性别、收入水平、消费习惯等，了解目标客户的需求、购买能力和偏好，确定选址的基本方向。

2. 商圈分析

商圈指的是店铺在地理位置上能够吸引到的潜在顾客的范围。根据辐射范围可以分为核心商圈、次级商圈和边缘商圈。了解商圈内的人流量及其流动规律，包括工作日与周末、白天与晚上的差异。评估商圈内的竞争对手数量、类型及经营情况，分析是否存在过度竞争或市场空缺。考察商圈的商业氛围、交通便捷度、周边设施（如停车场、地铁站）等。

3. 选址因素评估

确保选址地点易于到达，包括步行、开车、公共交通等。人流密集度直接影响客流量，优先考虑人流大的街区、购物中心等。安全的环境有助于吸引更多顾客，尤其是夜间营业的店铺。周围是否有合适的停车场、公共设施、绿化等配套资源。

4. 店铺位置选择

选择适合的街道类型，如商业街、购物中心、社区街等，不同类型的街道吸引的顾客类型不同。评测楼层位置、临街与否、是否在显眼位置等都会影响店铺的曝光率和顾客访问便利性。结合店铺经营预算，平衡租金成本与店铺潜力，避免高租金压力影响经营。

5. 数据分析和预测

结合市场调查数据进行选址决策，如客流量数据、区域消费水平、潜在市场份额等，结合选址数据进行销售预测，评估在该位置开店的盈利潜力。

本章知识拓展

商业模式与盈利模式的异同点

商业模式和盈利模式是企业运营中两个相关但又不同的概念。

一、相同点

目的相同：两者都旨在确保企业的可持续性发展和盈利能力。

相互依存：商业模式和盈利模式紧密相关，良好的商业模式通常是实现盈利模式的基础，盈利模式则是商业模式中的关键组成部分。

战略重要性：两者都是企业制定战略时需要考虑的核心内容，有助于企业识别和把握市场机会。

二、不同点

商业模式是企业如何创造、传递和获取价值的整体框架，涉及产品或服务的定位、客户细分、渠道策略、关键资源、成本结构等内容。它回答了"企业如何运作"这一问题。盈利模式更广泛，包含了企业的核心逻辑和所有运作环节，从产品设计到市场推广，再到售后服务。

商业模式是指企业通过何种方式赚取收入和实现利润，关注收入来源、收费方式、价格策略、成本控制等问题。它回答了"企业如何赚钱"这一问题。盈利模式更具体，专注于如何将商业模式中的活动转化为实际收益。

商业模式关注企业如何为客户创造价值、如何与合作伙伴协同、如何保持竞争优势。盈利模式关注企业的收入结构、利润来源和成本效益，强调如何最大化利润。例如：商业模式可以是平台型（如阿里巴巴）、订阅型（如 Netflix）、直销型（如特斯拉）等。盈利模式可分为广告收费（如 Google）、会员费（如 Amazon Prime）、产品销售（如苹果）等。

总之，商业模式决定了企业运作的方式和价值创造的路径，是整体战略的框架；而盈利模式则是商业模式中的关键环节，具体体现了企业如何从中获利。理解两者的异同可以帮助企业在制定战略时更加清晰地定义运营方向和盈利手段。

第四章 撰写创业计划书

引例

创业计划书是创业者叩响投资者大门的敲门砖

创业计划书是创业者叩响投资者大门的敲门砖，也是一把通往成功的金钥匙，又是创业者计划创立的业务的书面摘要，一份优秀的创业计划书往往会使创业者达到事半功倍的效果。

创业计划书往往以独立的技术人员或是资源渠道掌握者为主作为使用对象，又因为是处于创业的初级阶段，因此，创业计划书尽管是融资的需要，但这个时候往往融资数额非常的小，实践中，多数是一亿元以下。创业计划书的作用包括但不限于是一份全方位的商业计划，其主要用途是递交给投资人，以便于他们能对项目作出评判，从而使项目获得相关投资。创业计划书的好坏，往往是决定投资成败的关键所在，当确立了创业目标后，在资金、人脉、市场等各方面的条件都已准备妥当或已经累积了相当实力，这时候，就必须提供一份完整的创业计划书，创业计划书是整个创业过程的灵魂。

创业计划书的起草与创业本身一样是一个复杂的系统工程，不但要对行业、市场进行充分的研究，而且还要有很好的文字功底。对于一个发展中的企业，专业的创业计划书既是寻找投资的必备材料，也是企业对自身的现状及未来发展战略全面思索和重新定位的过程。

创业计划书是将有关创业的想法，以书面的方式向投资人展示，创业计划书的质量，往往会直接影响创业发起人能否找到合作伙伴、获得资金及其他政策的支持。撰写创业计划书应当突出的特色创业方案是一个展望项目未来前景，细致探索其中的合理思路，确认实施项目所需的各种必要资源，再寻求所需支持的过程。创业内容不同，创业计划书的写作内容也不尽相同，只能根据创业项目自身的性质和特点，根据创业项目的受众特点，以及创业团队的独立判断来设计方案内容和结构。

资料来源：孙陶然. 创业36条军规 [M]. 北京：中信出版社，2015.

第一节　创业计划书的概念与作用

创业计划书在创业过程中起着举足轻重的作用。它就像是一座灯塔，为创业者在茫茫商海中指引方向。通过详细的市场调研和分析，创业计划书能帮助创业者清晰地了解市场需求和竞争态势，从而找准自身的定位和优势。同时，它也是对创业项目全面而系统的规划，涵盖了产品或服务、营销策略、财务预算等诸多关键方面，为未来的运营提供了明确的路线图。此外，一份优秀的创业计划书能够吸引投资者的目光，展示项目的潜力和可行性，为企业获取资金支持打开大门。更重要的是，在编写创业计划书的过程中，创业者能够不断反思和完善自己的商业构想，提高应对各种挑战的能力，从而大大增加创业成功的概率。

一、创业计划书的概念

创业计划书，又叫商业计划书，是创业者或创业团队为全面阐述其创业项目而精心编写的书面文档。这份文档不仅包含了项目的核心理念、市场分析、产品或服务的详细介绍，还涵盖了营销策略、运营计划、组织架构、团队介绍以及财务预测等多个关键方面。创业计划书是创业者对未来企业运营和发展的系统性规划，它不仅为创业者自己提供了清晰的行动指南，也是向潜在投资者、合作伙伴及金融机构展示项目潜力和可行性，争取资金支持与合作机会的重要工具。

通过创业计划书，创业者能够系统地分析市场需求、评估竞争态势、规划商业模式、预测财务状况，并制定出切实可行的实施方案，为企业的成功奠定坚实基础。

二、创业计划书的作用

（一）对创业者而言

明确目标与方向：创业计划书帮助创业者清晰地定义企业的愿景、使命、长期目标和短期里程碑。它为创业者提供了一个系统的思考框架，使创业者能够全面审视和规划自己的创业项目。

市场分析与评估：通过市场调研和分析，创业计划书揭示了目标市场的需求、趋势、竞争格局以及潜在的机会和威胁，这有助于创业者更好地理解市场，制定精准的市场定位和营销策略。

资源整合与规划：创业计划书详细列出了项目所需的各种资源，包括人力、物力、财力和时间等。它帮助创业者评估自身资源的现状，并规划如何有效地获取、配置和整合这些资源，以支持项目的顺利实施。

风险评估与应对：在编写创业计划书的过程中，创业者需要全面审视项目的各个方面，识别可能存在的风险和挑战，并制定相应的应对策略和预案，这有助于创业者提前做好准备，降低创业失败的风险。

增强信心与执行力：一份完善的创业计划书能够为创业者提供全面的项目概览和明确的行动计划，从而增强创业者的信心和执行力。它使创业者能够有条不紊地推进项目，克服创业过程中的各种困难和挑战。

（二）对投资者而言

评估投资价值：投资者通过阅读创业计划书来了解项目的商业模式、市场前景、财务状况等关键信息，从而评估项目的投资价值和潜力。一份优秀的创业计划书能够吸引投资者的关注，增加项目获得投资的机会。

决策依据：创业计划书为投资者提供了决策的依据。投资者可以通过对计划书的分析和评估，决定是否对项目进行投资，以及投资的金额和条件等。

沟通与信任建立：创业计划书也是创业者与投资者之间沟通和建立信任的重要工具。通过展示项目的详细情况和创业者的专业能力、管理能力，创业者能够增强投资者对项目的信心和信任。

（三）对合作伙伴而言

了解项目情况：合作伙伴通过阅读创业计划书可以了解项目的具体情况，包括项目的背景、目标、市场定位、商业模式等，这有助于合作伙伴更好地评估项目的可行性和潜在的合作机会。

确定合作意愿：基于对创业计划书的了解和分析，合作伙伴可以决定是否与创业者进行合作，并确定合作的方式和条件等。

协同规划：创业计划书还为合作伙伴提供了协同规划的基础。在了解项目情况的基础上，合作伙伴可以与创业者共同制定合作计划和发展战略，实现双方的互利共赢。

创业计划书在创业过程中对不同群体具有不同的作用。它不仅可以帮助创业者明确目标和方向、评估市场和风险、整合资源和规划行动；还可以为投资者提供决策依据、建立信任关系；同时也可以为合作伙伴提供了了解项目情况和确定合作意愿的基础。因此，在创业过程中，创业者应该认真编写和完善创业计划书，以充分发挥其在不同群体中的重要作用。

小链接 4 - 1

大学生创新创业训练计划项目

　　根据《教育部　财政部关于"十二五"期间实施"高等学校本科教学质量与教学改革工程"的意见》（教高〔2011〕6 号）和《教育部关于批准实施"十二五"期间"高等学校本科教学质量与教学改革工程" 2012 年建设项目的通知》（教高函〔2012〕2 号），教育部决定在"十二五"期间实施国家级大学生创新创业训练计划。实践创新能力培养是国家实施"高等学校本科教学质量与教学改革工程"的主要建设内容之一。"大学生创新创业训练计划"则是开展"实践创新能力培养"建设内容的具体项目之一，即由国家级、省级、校级联合或分别发放资金，用来资助大学生开展创新创业训练，旨在增强高校学生的创新能力和在创新基础上的创业能力，培养适应创新型国家建设需要的高水平创新人才。大学生创新创业训练计划分为创新训练项目、创业训练项目及创业实践项目，由 3～5 名学生组成，项目负责人原则上须为全日制普通本科二年级学生，参与创新性实验计划项目的学生要对社会实践、科学研究和发明创造有浓厚兴趣，在教师指导下自主设计和完成实践（实验）过程。原则上，项目团队需自行寻求对口专业教师指导，指导教师最多可以有三名，并至少有一名具有高级专业技术职称人员或博士学位获得者。

　　资料来源：大学生创新创业训练计划：科技创新新动力〔EB/OL〕.〔2023 - 09 - 30〕. https：//www. sohu. com/a/737976170_120087303.

第二节　创业计划书的基本要求与核心内容

一、创业计划书基本要求

　　（1）明确性与具体性：创业计划书应清晰、具体地描述项目的各个方面，避免模糊和泛泛而谈。确保每一个部分都有明确的解释和具体的数字支持。

　　（2）逻辑性与连贯性：整个计划书应逻辑严密、条理清晰，各部分内容相互关联、衔接自然。确保读者能够顺畅地理解项目的整体框架和实施步骤。

　　（3）真实性与可信度：计划书中的数据和预测应基于充分的市场调研和合理的假设，确保信息的真实性和可信度。同时，应诚实地披露项目的潜在风险和挑战。

　　（4）吸引力与说服力：创业计划书应具有一定的吸引力，能够引起投资者的兴趣。同时，通过详细的分析和规划，展现项目的可行性和前景，增强说服力。

二、创业计划书核心内容

创业计划书的基本要求包括明确性、逻辑性、真实性和吸引力等方面，而核心内容则涵盖了项目概况、市场分析、产品与服务、商业模式、营销策略、组织架构、资金需求、风险评估和实施计划等多个方面。通过全面、详细地撰写创业计划书，创业者可以更好地规划项目、吸引投资并成功实施创业计划（见表4-1）。

表4-1　　　　　　　　　　　创业计划书核心内容

序号		核心内容		是否必要	是否重点
1	项目概况	背景与愿景	介绍项目的产生背景、核心理念、发展愿景和目标	√	√
		定位与优势	明确项目的市场定位、竞争优势和独特卖点	√	√
2	市场分析	市场规模与趋势	分析目标市场的规模、增长趋势和潜力	√	√
		目标客户	详细描述目标客户的需求、偏好和行为特征	√	√
		竞争格局	评估竞争对手的优势和劣势，分析自身在市场中的位置	√	
3	产品与服务	产品描述	详细介绍产品或服务的特点、功能、优势和应用场景	√	√
		研发计划	阐述产品研发的进度、未来规划和成本预算		
4	商业模式与盈利计划	商业模式	说明项目的盈利模式和收入来源	√	√
		财务预测	提供详细的财务预测和盈亏平衡分析	√	
5	营销策略与推广计划	市场策略	制订针对目标市场的营销策略和推广计划	√	√
		销售渠道	明确产品销售的渠道和分销策略	√	
6	组织架构与团队管理	组织结构	介绍公司的组织结构、部门设置和人员配置		
		管理团队	详细介绍核心团队成员的背景、经验和能力	√	√
7	资金需求与融资计划	资金需求	列出项目所需资金的总额和具体用途		
		融资计划	说明融资方式、融资额度和融资时间表	√	√
8	风险评估与应对措施	风险识别	全面识别项目可能面临的风险和挑战		
		应对措施	制定相应的风险控制和应对措施，降低风险对项目的影响	√	√
9	实施计划与时间表	阶段目标	设定项目的短期、中期和长期目标		
		时间表	制订详细的实施计划和时间表，确保项目按计划推进		

小链接 4 - 2

2022 年大学生微创业行动项目分析报告

2022 年，中国青年报社 KAB 全国推广办公室联合广发证券等多家机构举办了 2022 年广发证券大学生微创业行动，上百所高校参与协办并推荐微创业项目，进入专题展示环节的项目涉及 284 所高校、1081 个微创业项目。通过对这些微创业项目的文本数据进行词频分析发现，"技术""服务""消费者""数字化"等词汇成为体现项目创新性的关键因素；同时，这些大学生创业者有着较为敏锐的创业洞察力，能较好地把握时代潮流，主动对接国家重大战略和重大任务，选择合适的、有发展潜力的创业领域。更难能可贵的是，这些微创业项目不仅有很好的技术能力，更体现了当代青年学生对社会的关照，充满了青春的"温度"。

在 1081 个参与项目中，与"数字科技""电商经济"相关的作品数量最多，分别占到了总数的 22.39% 和 19.52%，随后是与"社区服务""乡村振兴"相关的项目，占比为 17.67% 和 17.39%，而参与团队对"文化旅游"和"医疗健康"相关领域的关注相对较少，相关项目在此次大赛中的占比仅为 5% 左右。

从上述数据可以看出，信息技术及其所衍生出的如"数字科技""电商经济"等诸多领域仍是目前大学生们开展创业实践时的主攻方向，理工科专业背景的参与团队主要基于信息技术的基础层面进行创业创新，如研发软件、设计算法、开发人工智能等，而商科和其他文科类专业背景的参与团队则更多地基于信息技术的应用层面进行商业模式上的产品或服务创新创业，如进行直播带货、开展社区营销等。此外，许多参与团队立足于其大学生的社会身份，着眼于各种常见的社会问题，从身边实际出发搭建创业构想、进行创业实践，因此，与教育、青少年、老年人、公益志愿等相关的"社区服务"占比也相对较高。受乡村振兴、"双碳"目标等国家宏观政策导向及实际存在的社会问题影响，与"乡村振兴""绿色环保"两个主题相关的参与项目也相对丰富。然而也应注意到，与"文化旅游"和"医疗健康"相关的产业相对为人们所忽视，在新冠疫情结束，居民出行意愿上涨的大背景下，与文旅相关的行业将迎来不小的机遇，而面对我国老龄化趋势加剧、健康问题突出等状况，与"医疗健康"相关的领域无疑也有着极大的发展前景。

资料来源：中国青年报 . 2022 年大学生微创业行动项目分析报告 [EB/OL]. [2024 - 01 - 10]. https：//edu. youth. cn/wzlb/202401/t20240108_15010193. htm.

第三节　创业计划书的撰写技巧

一、做好前期准备

（一）明确创业目标和愿景

在开始撰写创业计划书之前，创业者需要对自己的创业目标和愿景有清晰的认识。这包括确定企业的长期发展方向、核心价值观以及希望实现的社会和经济价值。

（二）进行充分的市场调研

深入了解目标市场的规模、需求、趋势、竞争情况等是撰写创业计划书的基础。通过市场调研，创业者能够更好地把握市场机会，明确产品或服务的定位，为后续的商业策略制定提供有力支持。

（三）组建优秀的撰写团队

组建一个包括市场营销、财务、技术等多领域专业人才的团队来共同撰写创业计划书。不同专业背景的人员能够从各自的角度提供独特的见解和建议，使计划书更加全面和完善。

二、构建清晰的结构

（一）封面与目录

设计一个简洁、有吸引力的封面，包含项目名称、创业者姓名和联系方式等关键信息。首先，创业计划书的配色应基于项目的品牌色彩，如果项目已有明确的品牌色彩体系，就应直接采用，以确保品牌形象的一致性和辨识度。品牌色彩往往能够传达出项目的核心价值和情感诉求，有助于在读者心中建立深刻的品牌印象。不同行业往往有其独特的色彩偏好。例如，科技行业常使用蓝色和白色来传达专业、科技的感觉；而食品和饮料行业则可能更倾向于使用暖色调如橙色、红色或黄色来激发食欲和热情。在选择配色方案时，应考虑到行业的普遍认知和受众的色彩偏好。其次，配图应与计划书的内容紧密相关。它们可以是产品实物图、应用场景图、团队成员合影、市场数据图表等。通过直观的图像展示，可以更好地说明文字内容，使读者更容易理解和接受你的创业理念。优秀的配图应该具有一定的视觉冲击力，能够吸引读者的注意力并激发他们的兴趣。这并不意味着要使用过于夸张或刺眼的图像，而是要通过构图、色彩、光影等元素的巧妙运用来营造出强烈的视觉效果。最后，目录应清晰地列出计划书的各个章节和页码，方便读者快速浏览和查找。图4-1是封面图示例。

图4-1 封面图示例

（二）内容摘要

内容摘要是整个创业计划书的精华部分，通常放在开头。它应简要概括项目的核心内容，包括企业理念、市场机会、产品或服务、商业模式、财务预测和团队优势等，让读者在短时间内对项目有一个整体的了解。撰写字数应控制在300~500字。

模板示例：

本创业计划书旨在全面阐述［项目名称］的创业理念、市场机遇、商业模式、产品与服务、营销策略、运营管理、财务规划及风险评估等内容。项目立足于［行业背景/市场需求］，通过［创新点/核心技术］解决［具体问题/市场需求］，致力于成为［行业/市场］中的领军者。

（三）项目背景与概述

介绍创业项目的背景、起源和发展动机。清晰阐述企业的使命、愿景和短期、中期、长期目标。同时，对产品或服务进行详细描述，包括其特点、功能、优势以及与市场上现有产品或服务的区别。

（四）市场分析

深入分析目标市场的规模、增长趋势、客户需求、竞争态势等。运用市场调研数据和行业报告来支持分析结果，并确定目标客户群体的特征和消费行为模式。

（五）制定全面的营销策略

包括产品定价策略、促销活动计划、销售渠道选择以及品牌建设策略等。明确如何提高产品或服务的知名度和市场占有率，以实现销售增长和盈利目标。

（六）运营与管理

描述企业的日常运营流程、组织架构、人力资源管理策略以及供应链管理等方面。介绍团队成员的背景、技能和职责分工，展示团队具备有效运营企业的能力。

（七）财务规划

提供详细的财务预测，包括收入预测、成本预算、利润表、资产负债表和现金流量表等。分析项目的投资回报率、盈亏平衡点和资金需求，为投资者提供清晰的财务前景。

（八）风险评估与应对

识别项目可能面临的各种风险，如市场风险、技术风险、竞争风险、法律风险等，并制定相应的应对措施和预案。展示创业者对风险的认识和应对能力，增强投资者的信心。

（九）发展规划与结论

阐述企业未来的发展规划和战略方向，包括短期和长期的业务拓展计划。在结论部分，再次强调项目的优势和潜力，感谢读者的关注，并提供联系方式以便进一步沟通。

三、注意语言表达

使用简洁、通俗易懂的语言，避免使用过于复杂的行业术语和冗长的句子。确保计划书的内容能够被不同背景的读者轻松理解。

在描述市场情况、产品性能、财务数据等方面，要保持客观准确的态度，避免夸大其词或虚假宣传。用真实可靠的数据和案例来支持观点和结论。

在撰写过程中，要展现出创业者对项目的热情和信心。通过生动的语言和积极的态度感染读者，让他们相信这个项目具有巨大的发展潜力和价值。

四、精心设计与排版

格式规范：遵循统一的格式规范，包括字体、字号、行距、段落间距等。使用标题和副标题来区分不同的章节和内容板块，使计划书层次分明、结构清晰。

图文并茂：适当插入图表、图片、流程图等元素来辅助说明文字内容，增强计划书的可视化效果。但要注意图表的简洁性和清晰度，避免过于复杂或混乱的设计。

校对审核：在完成初稿后，务必进行仔细的校对审核，检查语法错误、拼写错误、数据一致性等问题。确保计划书的质量和专业性。

五、书写格式和注意事项

（一）书写格式

创业计划书没有一个固定的格式，不同的企业有不同的写作格式习惯。在创业计划书中只要包括了上面提到的几个组成部分就是一份完整的材料。至于如何区分章节，并没有一个固定不变的模式。

（二）注意事项和语言使用要领

由于投资者时间的限制，创业计划书的语言要反复推敲，需要特别注意使用的语言。在撰写时应该遵守以下几个原则。

（1）言简意赅：为了在有限的篇幅之内把要介绍的东西全部都说清楚，一定注意不要啰唆。

（2）用词准确：写作时语言要把握得不温不火，恰到好处。

（3）实事求是：在介绍企业情况时，切忌过分夸张，言过其实。

（4）篇幅适度：如果用英文书写，创业计划书的主体篇幅一般控制在 30 ~ 50 页的范围。如果用中文书写，一般控制在 20 ~ 35 页最好。过少，显得没有分量；过多，显得烦琐。

（5）注意包装：创业计划书分两个层次的包装。第一，从章节、段落的区分上要层次清晰，主次分明，让投资者能一下子抓住文章的重点，并且有一个清楚的头绪。第二，从外表上要装订整齐，制作精美，让人赏心悦目。

（6）团队作业：组建一个得力的写作智囊团，是制订一份好的创业计划书的前提准备。越来越多的事实已经表明，仅仅依靠创业者的个人力量很难做到尽善尽美。因此，在写作创业计划书的过程中，需要有一个具有各方面专业人才的智囊团来协作完成。寻求有丰富经验的律师、会计师、专业咨询家的帮助是非常必要的。

（7）针对性强：不同的投资者兴趣不同，所以侧重点也不同。在递交创业计划书之前一定要对投资者做一番市场调查，找到与你的项目最匹配的投资者。

小链接4-3

创业方向要准——提升创业成功率

2008年毕业于中国人民大学的陈迎春，杭州是他就业的第一站，7年时间，这座充满创业活力的城市让他感受到创新创业的魅力，也激发了他创新创业的激情。2015年，陈迎春返乡创业，他选择创业的方向是电子商务，在庐江县万山镇成立合肥喜金刚电子商务有限公司。当时，电子商务在庐江县正处于发展阶段，在乡镇布网正好弥补了部分乡镇电子商务的空白，与电子商务发展趋势一拍即合。2022年，陈迎春成立安徽司农电子商务有限公司，服务内容涉及农产品配送及电商供应链服务等，年营业额3000余万元，带动就业20余人。陈迎春的成功创业得益于创业方向的准确把握，特别是在杭州受到当地创业氛围的熏陶，养成良好的创业思维，为后来成功创业奠定了良好的基础。

资料来源：何新生. 关于提升高校毕业生创业成功率的几点建议 ［EB/OL］. ［2024 - 05 - 31］. https：//www. clssn. com/2024/05/31/wap_9930720. html.

第四节　项目口头陈述技巧

一、口头陈述技巧

商业计划书的口头陈述是与投资者沟通的一个重要环节。因此，在与投资者会面之前，新企业的创建者一定要做好充分准备，并严格守时，即陈述内容的时长要以会议预定的陈述时间为限。陈述要流畅通顺，简洁鲜明，切忌堆砌资料。通常要准备好幻灯片，以提高效率和突出重点。一般来说，口头陈述只需使用10~15张幻灯片。

（1）公司。用一张幻灯片迅速说明企业概况和目标市场。

（2）机会（尚待解决的问题和未满足的需求）。这是陈述的核心内容，最好占用2~3张幻灯片。

（3）解决方式。陈述企业将如何解决问题或如何满足需求，这项内容需要1~2张幻灯片。

（4）管理团队优势。用1～2张幻灯片简要介绍每个管理者的资格和能力。

（5）知识产权。用一张幻灯片介绍企业已有的或待批准的知识产权。

（6）产业、目标市场和竞争者。用2～3张幻灯片简要介绍企业即将进入的产业、目标市场及直接和间接竞争者，并详细介绍企业如何与目标市场中的现有企业竞争。

（7）财务。简要陈述财务问题，强调企业何时能盈利，为此需要多少资本，以及现金流何时能够持平。这项最好只占2～3张幻灯片。

（8）需求、回购和退出战略。用一张幻灯片说明需要的资金数目及设想的退出战略。

二、口头陈述常见错误

（1）内容繁杂，重点不突出，因准备的幻灯片过多而不得不在规定时间内走马观花地陈述它们。

（2）用时超过了规定时间，从而违背了遵守安排的首要原则。注意：如果投资者总共给创业者1小时的面谈时间，包括30分钟的陈述和30分钟问答，那么，口头陈述就不能超过30分钟。

（3）陈述前的准备工作不充分。如果需要视听设备，在投资者没有准备此类设备的情况下，那么创业者应事先自行准备，这些应该在面谈前就准备好。

（4）陈述不通俗易懂，过多使用技术术语。新企业创建者常犯的错误是，花费太多时间纠缠于产品或服务的技术，却没有时间陈述企业的自身情况。

（5）陈述者遗忘了一些重要材料。例如，假设创业者拥有令人兴奋的新产品，并已提交了专利申请以阻止其他人生产同类产品。此时，如果投资者问："你什么时候提交的专利申请?"创业者回答："我不记得具体日期了，但应该在去年1月或2月吧。"那么，这种回答会给投资者留下很差的印象。因为专利是企业保护自身竞争优势的重要因素，创业者应该知道而且很快回忆起专利申请的具体日期。创业计划书评分标准可参照表4－2。

表4－2　　　　　　　　　　创业计划书评分标准

评分项	评分等级			得分
	8～10分	5～7分	1～4分	
市场定位和可行性分析（10分）	精确地描述项目的经营范围、定位策略、市场机会，分析项目实施后的可行性	简要描述项目的经营范围、定位策略、市场机会，分析项目实施后的可行性，简单的市场可行性分析	没有描述项目的经营范围、定位策略、市场机会，没有分析项目实施后的可行性，没有市场可行性分析	

评分项	评分等级			得分
	8～10分	5～7分	1～4分	
创新性 (10分)	项目创意独特新颖，创新力度大	项目的某些细节具有创意，有意义	项目创意，不够新颖，没有意义	
盈利模式 (10分)	盈利模式可行，列出关键财务因素、客户和盈利渠道，盈利渠道及相关指标合理准确	盈利模式基本可行，简单列出关键财务因素、客户和盈利渠道，盈利渠道及相关指标基本合理准确	盈利模式不可行，没有列出关键财务因素、客户和盈利渠道	
财务分析报告 (10分)	具有合理的资金筹措方法，能够应用恰当的方法分析、评价项目的财务状况和财务效益	具有比较合理的资金筹措方法，能够简单地评价项目的财务状况和财务效益	资金筹措方法不合理，没有评价项目的财务状况和财务效益	
经营管理 (10分)	经营目标规划合理，经营管理在各阶段目标合理，重点明确。对经营难度和资源要求分析准确	经营目标规划基本合理，经营管理在各阶段目标基本合理，对经营难度和资源要求分析合理	经营目标规划不合理，经营管理在各阶段目标不合理，对经营难度和资源要求分析不合理	
人员与组织架构 (10分)	构建公司组织架构，团队成员能力互补且分工合理；组织机构严谨；清晰描述各成员的岗位职责、公司组织结构	构建公司组织架构，各成员的岗位职责、公司组织结构基本合理，简单描述岗位职责和架构	各成员的岗位职责、公司组织结构基本合理，岗位职责和架构描述不够清晰	
市场及竞争分析 (10分)	市场分析数据完整，市场分析科学、客观，结合自身项目能准确把握市场发展趋势。明确竞争对手的优势和劣势及自身的优势	市场分析数据基本完整，基本符合市场发展趋势。基本了解竞争对手的优势和劣势及自身的优势	有一些基本的市场分析数据，对市场趋势不是很明朗。不了解竞争对手的优势和劣势及自身的优势	
营销策略 (10分)	营销策略具有创新性，对顾客具有潜在的吸引力，成本及定价合理，具有与营销渠道相适应的新颖而富于吸引力的促销方式	营销策略某些细节具有创新性，成本及定价基本合理，有简单的促销方式	有一些基本的营销策略，没有创新性	
风险分析 (10分)	详细描述项目、服务或产品各项风险，对可能存在的风险进行了详细分析	简单描述项目、服务或产品的各项风险，并对可能存在的风险进行了简单分析	简单描述项目、服务或产品的各项风险，没有对存在的风险进行分析	

续表

评分项	评分等级			得分
	8～10分	5～7分	1～4分	
内容规范（10分）	整个计划书规范，文章前后逻辑紧密，语言流畅，内容全面、系统、科学性强，对整个经营模式的体系设计创新性高，具有很高的商业价值等	计划书基本规范，有内容，某些细节对整个经营模式有一定的创新	计划书不规范，内容不全面，对整个经营模式的体系设计没有创新能力，没有商业价值	

小链接4－4

加盟头部品牌——提升创业成功率

2012年毕业的郭保成因一次偶然的机会在大城市接触到奶茶，觉得在县城开一家奶茶店应该是一个不错的选择。于是在朋友的引荐下，当年郭保成在县城开起来第一家某知名奶茶品牌的加盟店。虽然创业的路不可能一帆风顺，但品牌的力量还是让他走得很稳，到2020年年底，郭保成在庐江区域就开了20多家加盟店，创业的触角延伸至乡镇，某知名品牌的加盟店渐渐被广大消费者认可和信任，这些都让郭保成的创业更加地风生水起。刚出校门的高校毕业生，经验、阅历、人脉等不足都将是创新创业路上迈不过去的"坎"，加盟头部品牌，利用品牌效应及其一套成熟的运营机制会让创业者少走弯路，会进一步提升高校毕业生的创业成功率。

资料来源：李鑫．安徽省庐江县大学生创业实践引发的启示［EB/OL］．［2024－06－07］．https：//www.hefei.gov.cn/zwgk/public/155401/110204789.htmlwww.clssn.com.

本 章 要 点

1. 创业计划书，又叫商业计划书，是创业者或创业团队为全面阐述其创业项目而精心编写的书面文档。

2. 创业计划书的核心内容包括项目概况、市场分析、产品与服务、商业模式与盈利计划、营销策略与推广计划、组织架构与团队管理、资金需求与融资计划、风险评估与应对措施、实施计划与时间表九大模块。

3. 创业计划书的评分项主要包括：市场地位及可行性分析（10分），创新性（10分），盈利模式（10分），财务分析报告（10分），经营管理（10分），人员与组织架构（10分），市场及竞争分析（10分），营销策略（10分），风险分析（10分），内容规范（10分）。

复习思考题

1. 创业计划书的核心作用是什么？请列举并解释至少三个关键作用，并讨论这些作用如何影响创业项目的成功率。

2. 创业计划书的基本要求包括哪些要素？如何确保这些要素在撰写过程中得到全面且准确的体现？

3. 在创业计划书中，核心内容应涵盖哪些方面？请详细阐述产品/服务描述、市场分析、营销策略、运营计划、财务预测等核心部分的重要性和撰写要点。

4. 撰写创业计划书时，有哪些关键的撰写技巧可以提升计划书的质量与吸引力？请结合实例，说明如何运用这些技巧来增强计划书的说服力。

5. 请设想你正在为一家初创企业撰写创业计划书，面对投资者的质疑和挑战，你如何在计划书中提前预测并有效回应这些潜在问题，以增强投资者的信心？

实践练习　撰写一份创业计划摘要

本章知识拓展

互联网营销策略创新

互联网营销策略创新是推动企业持续发展的重要动力。在当今数字化时代，企业需不断探索并实践新的营销策略，以适应快速变化的市场环境和消费者需求。这包括充分利用大数据分析技术，深入挖掘消费者行为模式，实现精准营销；通过社交媒体、短视频等新型平台，打造多元化的营销渠道，增强品牌与消费者之间的互动性和黏性；实施个性化营销策略，根据消费者的兴趣爱好、购买历史等信息，提供定制化的产品或服务，提升用户体验和满意度；以及探索 AI、VR 等前沿技术，在营销活动中融入更多创新元素，打造沉浸式、互动式的购物体验，进一步激发消费者的购买欲望。此外，企业还需注重整合线上线下资源，构建全渠道营销体系，实现营销效果的最大化。互联网营销策略创新需要企业具备敏锐的市场洞察力、创新的思维方式和高效的执行能力，以不断推动营销模式的升级和迭代。

创业准备篇

第五章 创业团队的组建与管理

年龄加起来有 241 岁，"爷爷版中国合伙人"创业开饭店

在湖南株洲，有这么三位爷爷，他们合伙创业，被称为"爷爷版中国合伙人"。年轻时他们是好哥们儿，一起耍、一起笑、一起闹……如今，年龄加起来有 241 岁的他们成了"合伙人"，计划赚钱买房车一起旅行。

在湖南株洲时代大道辅路，有一家刚开张 1 个月的宝南饭店，每天饭点时客来客往，生意着实不错。客人进店能看到白案大桌子上忙活的 3 位白发苍苍的老人，一个在做煎饺，一个在包饺子，还有一个掌勺。三位爷爷耄耋之年，还在打工？上前一问才发现，他们是这家店的老板。86 岁的余爷爷、78 岁的马爷爷和 77 岁的魏爷爷合伙开了这家小饭店。

《中国合伙人》有句经典台词："其实我们追求的不是成功，而是自己的尊严。"那爷爷们合伙开饭店追求的是什么？店里张贴的一张 3 人合影照片上的一句话或许能回答："我们选择开宝南饭店，不是为了谋生，而是为了生活。"

创业，他们是认真的，3 位爷爷干起活来都是一把好手。虽然每天都要干 5 个小时的活，但精神矍铄的他们一点都不感觉累。86 岁的余爷爷做事一丝不苟。他在开工前，总把餐具和原料摆放妥当，做起蛋饺来也是神情专注，把蛋饺煎好后，还得摆放得整整齐齐。78 岁的马爷爷干活气势十足，和面、擀面皮、做馅、包饺子，一气呵成，动作麻利得让很多年轻人都自叹不如。而 77 岁的魏爷爷则负责照看锅里的水饺，熟了就赶紧捞出来。

魏爷爷告诉记者，这些北方人的传统手艺还是得他们老哥们儿干了才放心，将来还准备推出炸酱面、手擀面、烙饼等特色面点。经过观察，爷爷们发现他们做的北方水饺和蛋饺还比较受顾客欢迎，还有很多人来看，高兴了就顺手现场操作一下。这让他们仿佛又找到了经营的卖点。因为地处美食街，人流量大，加之菜品清爽接地气，小店开业一个月来生意蒸蒸日上。爷爷们感觉离他们的"小野心"又近了一步。余爷爷告诉记者，他们准备明年开始就将旅游提上日程，"先在湖南各地玩一下，再扩

大到全国各地。"

房车的梦想还是让他们念念不忘，向往老哥们儿一起携手奔赴远方。"如果走得远了，还是房车更方便。我们虽然没驾照，但可以雇个年轻人开嘛。"魏爷爷乐呵呵地说，他们对西藏和新疆很向往，只要身体允许，就过去旅行。创业有了收益，爷爷们也希望能回报社会。"前几天，我们还一起去了养老院，带着米和油，慰问那些和我们差不多大的老人，还有一些五保户。"

梦想是什么？梦想是让你感到坚持就是幸福的东西。爷爷们说，目前将饭店坚持开下去就是属于他们的幸福。

资料来源：扬子晚报. 年龄加起来有 241 岁，"爷爷版中国合伙人"创业开饭店 [EB/OL]. [2021 – 12 – 21]. https：//www. jfdaily. com. cn/wx/detail. do？ id ＝434585.

第一节 创业团队组建策略

创业团队是指在创业初期（包括企业成立前和成立的早期）由一群才能互补、责任共担、致力于将创意或商业机会转化为实际产品或服务，并期望通过创业实现个人或集体目标的人组成的群体。

一、确立共同的创业愿景

确立共同的创业愿景，即明确团队共同努力的方向和目标，它融合了成员们对未来的共同期望与信念，成为驱动团队不断前行、共创辉煌的精神指引。

团队成员应通过深入分析和讨论市场环境、行业趋势、目标客户、竞争优势等因素，形成对创业项目未来发展的初步认知。在分析讨论的基础上，明确创业项目的目标和使命。目标是具体、可衡量的，如市场份额、用户规模、营收等；而使命则是更高层次的追求，如改变行业格局、解决社会问题等。目标和使命应该与团队成员的价值观相契合，能够激发他们的热情和动力。要将目标和使命提炼成简洁明了、易于理解的愿景陈述。愿景陈述应该具有吸引力、感召力和可行性，能够激发团队成员的共鸣和认同。愿景陈述要具有前瞻性，能够引领团队成员不断前进，同时也要具有现实性，能够指导团队成员在实际工作中作出决策和行动。

在达成共识的过程中，要注重沟通和协商，尊重每个团队成员的意见和想法，确保愿景陈述得到全体团队成员的认可和支持。在确立共同愿景之后，要持续向团队成员宣贯愿景陈述的含义和价值，确保每个团队成员都能够牢记并践行愿景，并通过定期召开会议、分享成功案例、表彰优秀团队成员等方式，不断强化团队成员对愿景的认同感和归属感。表5-1列举了一些著名企业的使命愿景。

表 5-1　　　　　　　　　　　　使命愿景陈述示例

公司		使命和愿景的陈述
华为	使命	把数字世界带入每个人、每个家庭、每个组织，构建万物互联的智能世界
	愿景	致力于通过技术创新和卓越的 ICT 解决方案，让智能无所不及，为所有行业和组织带来敏捷、高效和生机勃勃的发展
阿里巴巴	使命	让天下没有难做的生意
	愿景	成为客户最信赖的伙伴，持续推动商业进步，为社会创造更大的价值。阿里巴巴通过其电商平台和生态系统，帮助中小企业和创业者实现商业成功
腾讯	使命	用户为本，科技向善
	愿景	成为最受尊敬的互联网企业。腾讯致力于通过持续的技术创新和服务优化，引领行业发展
谷歌	使命	组织世界的信息，使其普遍可访问和有用
	愿景	成为全球最受尊敬的公司，并通过技术创新不断改善人们的生活
微软	使命	助力全球每一人、每一组织，成就不凡
	愿景	通过提供生产力和平台解决方案，帮助个人和组织实现更大的成就和价值，同时致力于创造一个可持续的未来
亚马逊	使命	成为地球上最以客户为中心的公司
	愿景	通过提供无限的选择、最低的价格和便捷的购物体验，让顾客满意并感到惊喜
特斯拉	使命	加速世界向可持续能源的转变
	愿景	通过电动汽车、太阳能产品和储能解决方案，推动清洁能源的普及，减少碳排放，保护地球环境

二、设定明确、可衡量的团队目标

一个清晰、具体的目标不仅能够为团队成员提供明确的方向，还能帮助大家评估进展、调整策略，并最终实现预期成果。首先，明确目标所属的领域或项目范围，确保所有成员都清楚目标是在哪个框架内设定的。其次，选择对团队和组织最为关键、最具影响力的目标进行设定。

目标设置的 SMART 原则：

S	M	A	R	T
具体（Specific） 目标应具体明确清晰地定义要实现的内容，避免模糊和笼统。	**可衡量（Measurable）** 目标应具备可量化或可衡量的指标，以便于跟踪进度和评估成果。	**可实现（Achievable）** 要求目标在团队的能力和资源范围内，避免设定过高或过低。	**相关（Relevant）** 相关性要求目标与组织或个人的长期规划和战略目标相一致，确保每个目标都对整体成功有所贡献。	**时限性（Time-bound）** 为目标设定明确的起止时间，以便于合理安排时间，提高执行力。

三、分析团队所需技能与角色

（一）确定关键岗位与技能要求

在构建高效团队的过程中，首要任务是明确关键岗位及其对应的技能要求。这关乎团队结构的稳固与业务目标的顺利实现。通过深入分析业务流程与战略方向，我们能够精准识别出那些对团队绩效具有决定性影响的岗位，如项目经理、技术专家、市场营销专员等。随后，针对每个关键岗位，我们需详细列出所必需的专业技能、管理能力、软技能等要求，确保招聘与培训工作能够有的放矢，从而吸引并培养出一支能够满足岗位需求、支撑团队发展的高素质人才队伍。这一过程对于提升团队整体效能、推动业务持续增长具有重要意义。

（二）评估团队结构合理性

评估团队结构的合理性，关键在于审视其是否能高效支持团队目标的实现，可从团队目标的达成情况入手，看其是否清晰明确且与组织战略契合；观察成员间的分工，是否职责清晰，避免重叠或空缺；考量沟通渠道是否畅通，信息传递是否及时准确，成员协作是否高效默契；审视决策机制，看权力分配是否得当，决策流程是否科学迅速；同时，关注团队氛围是否积极向上，成员能否充分发挥个人优势。若能满足这些要点，就通常表明团队结构较为合理。

四、团队文化的塑造途径

（一）团队使命与愿景

明确团队使命与愿景是塑造团队文化的基石。一个清晰的使命为团队指明了前进的方向，而愿景则描绘了团队期望达到的未来图景。这需要团队领导者与成员共同参与，通过深入讨论和协商，确立一个既符合组织整体战略，又能激发团队成员共鸣的使命与愿景。明确的使命与愿景不仅可以为团队成员提供行动指南，还可以增强团队的凝聚力和向心力。

（二）建立共同价值观

共同价值观是团队文化的核心。它代表了团队成员共同的信仰、理念和行为准则。为了建立共同价值观，团队需要深入挖掘自身的文化和历史，提炼出能够反映团队精神和特色的核心价值观。这些价值观应当具有普遍性和指导性，能够引导团队成员在日常工作中作出正确的决策和行为。同时，团队还需要通过培训、宣传等多种方式，强化成员对价值观的认知和认同，确保价值观在团队中得以传承和发扬。

（三）营造积极的工作环境

积极的工作环境能够激发团队成员的积极性和创造力，提高团队的整体效能。为了营造积极的工作环境，团队需要关注成员的工作体验和感受，关注他们的身心健康和福利状况。这包括提供良好的工作设施、合理的工作安排、充足的休息时间等。同时，团队还需要注重培养积极向上的工作氛围，鼓励成员之间相互支持、鼓励和帮助。在遇到困难和挑战时，团队应能够团结一致、共同面对并努力克服。

（四）注重团队成员培训与发展

团队成员的培训与发展是团队文化建设的重要内容。通过培训和发展，团队成员能够不断提升自己的能力和素质，适应不断变化的市场环境和工作需求。为了注重团队成员的培训与发展，团队需要制订科学的培训计划和职业发展路径，为成员提供多样化的学习和发展机会。同时，团队还需要关注成员的职业规划和个人成长需求，帮助他们实现自我价值和职业发展目标。这不仅能够增强成员的归属感和忠诚度，还能够提高团队的整体素质和竞争力。

（五）建立公平公正的激励机制

公平公正的激励机制是激发团队成员积极性和创造力的重要手段。为了建立公平公正的激励机制，团队需要制定科学合理的考核标准和评价体系，确保对成员的贡献和表现进行客观、公正的评估。同时，团队还需要根据评估结果给予相应的奖励和认可，包括物质奖励、精神激励和晋升机会等。这不仅能够激发成员的积极性和创造力，还能够增强团队的凝聚力和向心力。在激励机制的制定和实施过程中，团队还需要注重公开透明和公平公正的原则，确保激励机制的有效性和可持续性。

（六）定期开展团队建设活动

开展团队建设活动是塑造团队文化的重要手段之一。通过团队建设活动，团队成员能够增进彼此之间的了解和信任感，增强团队协作能力和凝聚力。为了有效开展团队建设活动，团队需要根据自身特点和需求选择合适的活动形式和内容。这些活动可以包括户外拓展训练、团队挑战赛、文化交流活动等。在活动中，团队成员需要共同参与、积极合作并相互支持以完成任务或挑战。通过这些活动，团队成员能够深刻体验到团队协作的重要性和乐趣，增强对团队的认同感和归属感。同时，团队还需要在活动后及时总结经验教训并不断优化活动形式和内容以提高团队建设活动的效果和质量。

（七）鼓励团队成员创新与冒险

鼓励创新与冒险是塑造具有活力和竞争力的团队文化的重要特征之一。在快速变化的市场环境中，团队需要具备创新精神和冒险意识以应对各种挑战和机遇。为了鼓励创新与冒险精神，团队需要营造开放包容的氛围并鼓励成员提出新想法和解决方案。同时，团队还需要为成员提供必要的资源和支持以帮助他们实现创新想法并承担一定的风险。此外，团队还需要建立容错机制以鼓励成员勇于尝试和冒险，即使失败也不会受到过多责备和惩罚。这样可以激发成员的积极性和创造力，并推动团队不断向前发展。

小链接 5 - 1

大力培育创新文化

科技创新是人类社会发展的重要引擎，也是发展新质生产力的核心要素。推动科技创新涉及诸多方面，其中，培育创新文化是重要基础。习近平总书记在全国科技大会、国家科学技术奖励大会、两院院士大会上强调："坚持培育创新文化，传承中华优秀传统文化的创新基因，营造鼓励探索、宽容失败的良好环境，使崇尚科学、追求创新在全社会蔚然成风。"我们要大力培育创新文化，为推动科技创新、建设科技强国提供良好的文化氛围和社会环境。

中华民族自古以来就是富有创新精神的民族，底蕴深厚的创新文化孕育出众多闪耀史册的创新创造，推动人类社会发展进步。大力培育创新文化，要注重科技发展史特别是新中国科技发展史的研究和宣传，深入宣传科技工作者特别是杰出科学家们是如何推进科技创新的，从而激励人们特别是年青一代志存高远、爱国奉献、矢志创新。大力培育创新文化，要传承中华优秀传统文化的创新基因，使其成为培养创新精神的深厚土壤，不断激发创新创造活力，走好走实中国特色自主创新道路。大力培育创新文化，就要在全社会营造尊重劳动、尊重知识、尊重人才、尊重创造的良好环境。要营造激励创新、宽容失败的良好科研生态，支持科研人员脚踏实地、久久为功，创造更多"从0到1"的原创成果。同时，要加强科研诚信和作风学风建设，营造宽容开放、严谨求实的研究氛围，让创新活力竞相迸发。

资料来源：鲁博林. 大力培育创新文化［EB/OL］.［2024 – 09 – 24］. http：//views. ce. cn/view/ent/202409/24/t20240924_39149047. shtml.

第二节　创业团队管理

一、明确团队分工与职责

（一）明确团队成员角色与职责

创业团队管理的核心要素之一便是明确角色与职责，这对于团队的高效运作和创业成功至关重要。创业团队包含的主要角色包括：

（1）创始人：作为团队的领导者，创始人负责公司的整体战略和方向，确保团队朝着既定目标前进。

（2）技术专家：专注于产品的研发和创新，解决技术难题，推动产品的持续优化和升级。

（3）市场营销人员：负责市场推广和销售策略的制定与执行，提高品牌知名度和市场份额。

（4）财务管理人员：负责资金管理、预算编制、成本控制和财务分析，确保公司的财务稳健。

（5）人力资源管理者：关注团队建设、员工招聘与培训，营造积极的工作氛围，提升团队的整体能力。此外，还有团队策划者、团队推动者、团队挑战者、检查评价者、团队实施人员、团队分析员、团队协调人员等角色，这些角色根据团队的具体需求和项目特点进行配置。

表5 – 2描述了团队中9种角色。

表 5-2　　　　　　　　　　　9 种团队角色描述

角色	角色描述	可允许的缺点	不可允许的缺点
栽培者	解决难题，富有创造力和想象力，不墨守成规	过度专注思想而忽略现实	合作会有更佳结果却不愿与他人交流思想
资源探索者	外向、热情、健谈、发掘机会，增进联系	热情很快冷却	不遵循安排
协调者	成熟、自信、称职的主事人，阐明目标，促使决策的制定，分工合理	如果发现别人可以完成工作，则不愿亲力亲为	完全信赖团队的努力
塑性者	善于激励、充满活力，在压力下成长，有克服困难的动力和勇气	易沮丧与动怒	不能以幽默或礼貌的方式平息局面
监控者	冷静、有战略眼光与识别力，对选择进行比较并作出正确选择	有理性地怀疑	失去理性，讽刺一切
团队工作者	协作、温和，感觉敏锐、老练、具有建设性、善于倾听，防止摩擦，平息争端	面对重大事项优柔寡断	逃避承担责任
贯彻者	纪律性强，值得信赖，有保守倾向，办事高效利索，把想法变成行动	坚守教条，相信经验	阻止变化
完成者	勤勤恳恳、尽职尽责、积极投入，找出差错与遗漏，准时完成任务	完美主义	过于执着的行为
专家	目标专一，自我鞭策，甘于奉献，提供专门的知识与经验	为了学而学	忽略本领域外的技能

　　在明确了团队角色后，接下来需要明确每个角色的具体职责。职责的明确有助于团队成员了解自己的工作范围和目标，减少工作冲突和重复劳动。具体职责可能包括但不限于：

　　（1）创始人：制定公司愿景和使命，规划发展战略，领导团队实现目标。

　　（2）技术专家：深入研究市场需求，设计产品原型，开发并测试产品功能，解决技术难题。

　　（3）市场营销人员：进行市场调研，制定营销策略，推广产品，建立销售渠道，维护客户关系。

　　（4）财务管理人员：管理公司财务账目，编制财务报告，分析财务数据，为决策提供财务支持。

　　（5）人力资源管理者：招聘合适的人才，组织员工培训，制定薪酬福利政策，维护员工关系。

（二）制定详细的岗位职责说明书

制定详细的岗位职责说明书对于团队的高效运作和管理具有重要意义。它清晰地界定了每个岗位的工作内容、职责范围、工作目标以及与其他岗位的关系。

通过对岗位进行全面细致的分析，明确该岗位需要完成的具体任务和工作流程，例如日常工作的执行步骤、周期性任务的时间节点等。同时，准确阐述岗位所承担的责任，包括对工作成果的质量负责、对相关数据的准确性负责等。

还需明确岗位的工作目标，这些目标应当是具体、可衡量、可实现、相关且有时限的（SMART原则），以便员工清晰了解工作的重点和方向。此外，还应描述岗位与其他岗位的协作关系，包括汇报对象、与哪些岗位存在密切合作以及信息交流的方式和频率等。

一份完善的岗位职责说明书能够帮助员工理解自己的工作职责，为绩效考核提供明确的标准，有助于招聘到合适的人才，也能为员工的职业发展规划提供依据，从而提高整个团队的工作效率和管理水平。表5-3是一份市场营销部岗位的说明书。

表5-3　　　　　　　　　　一份××公司市场营销部岗位说明书

市场营销部岗位职责说明书	
部门概述：市场营销部是公司营销战略的执行部门，负责制定市场营销策略，组织市场调研，进行品牌推广，管理销售渠道，以促进公司产品和服务的销售，提高市场份额和品牌影响力	
岗位设置	岗位职责
市场营销部经理	制订市场营销战略和计划，并组织实施
	监督市场营销活动的执行情况，确保达成销售目标
	协调与其他部门的合作，保证市场营销活动的顺利进行
	负责市场营销团队的建设和管理，提高团队整体素质
市场策划专员	负责市场调研，分析消费者需求、竞争对手动态，为市场营销策略提供依据
	策划并组织各类市场推广活动，提高品牌知名度和美誉度
	跟踪市场营销活动的效果，及时调整策略
	协助市场营销部经理完成其他相关工作
销售代表	负责开拓新客户，维护老客户，完成公司销售任务
	了解客户需求，为客户提供专业的产品咨询和解决方案
	跟踪客户订单，确保客户满意度
	及时反馈市场信息和客户需求，为市场营销策略调整提供依据

岗位设置	岗位职责
数字营销专员	负责公司在线营销渠道的运营和管理,包括社交媒体、搜索引擎优化(SEO)等
	制定并实施数字营销策略,提高公司在线品牌知名度和曝光率
	分析数字营销数据,优化营销策略,提高转化率
	协助市场策划专员组织线上推广活动
市场助理	协助市场营销部经理和市场策划专员完成日常工作
	负责市场营销资料的整理和归档
	跟踪市场营销活动的进度和效果,及时汇报
	参与市场调研,收集并整理相关信息
备注	本岗位职责说明书仅为指导性质,具体工作内容和要求应根据市场变化和公司业务需求进行调整。市场营销部员工应时刻保持敏锐的市场洞察力,积极参与部门内外的沟通与协作,共同推动公司市场营销工作的发展

二、建立高效的沟通机制

创业团队建立有效的沟通机制是确保团队高效运作、减少误解、增强凝聚力的关键。有效的沟通机制包括:(一)建立多种沟通渠道,利用电子邮件、即时消息、视频会议、团队聊天软件等多种沟通工具,以适应不同的沟通需求。(二)建立良好的沟通氛围,通过透明的管理和公正的决策来建立团队成员之间的信任。让团队成员感到他们可以自由地分享想法、提出问题,而不必担心受到批评或惩罚,认识到团队成员可能有不同的观点、背景和经验,尊重并珍视这种多样性。

三、制定有效的激励机制与绩效管理

(一) 激励机制

激励机制是通过一系列措施和手段,激发员工的工作积极性和创造力,以实现组织目标的过程。其目的在于提高员工的工作满意度、忠诚度和绩效表现,进而推动企业的发展。激励方式如表5-4所示。

表 5 – 4 　　　　　　　　　　　　　　　　激励的方式

类别	方式	具体内容
目标物质类激励	目标激励	通过设定明确、可衡量的目标来激发员工的潜力。这些目标应该是具有挑战性的，但又是员工经过努力可以达到的。达成目标后，可以给予相应的奖励，如奖金、晋升机会等
	物质激励	以物质利益为诱因，如薪资、奖金、福利、股权等，来激发员工的工作积极性。物质激励是最直接且有效的激励方式之一，但需要注意的是，物质激励应与其他激励方式相结合，以避免员工仅追求短期利益
	晋升激励	通过提供晋升机会来激励员工。晋升不仅意味着更高的职位和更多的责任，还伴随着薪资的增加、权力的扩大以及个人价值的提升。晋升激励有助于满足员工的成就感和归属感
情感氛围类激励	情感激励	通过关注员工的情感需求，如关心员工的生活、工作、家庭等，来增强员工的归属感和忠诚度。情感激励有助于建立良好的员工关系，营造和谐的工作氛围
	信任激励	建立相互信任的关系，让员工感受到自己的价值和重要性。信任激励可以激发员工的工作热情和创造力，使他们更加积极地投入工作中去
	沟通激励	通过有效的沟通机制，让员工了解公司的发展动态、战略规划和未来愿景，从而激发他们的工作动力和归属感。沟通激励还可以帮助员工解决工作中遇到的问题和困难，提高他们的工作满意度
价值提升类激励	授权激励	给予员工一定的权力和自主权，让他们参与决策和管理过程。授权激励可以激发员工的责任感和使命感，使他们更加积极地为公司的发展贡献自己的力量
	培训与发展激励	提供培训和发展机会，帮助员工提升技能和能力。这种激励方式可以满足员工的个人发展需求，增强他们的职业竞争力，并促进公司的长远发展
	认可与赞赏激励	当员工取得成绩或进步时，及时给予认可和赞赏。认可和赞赏是对员工工作表现的一种积极反馈，可以增强他们的自信心和归属感，从而激发他们的工作热情
其他激励方式	竞争激励	通过内部竞争来激发员工的斗志和进取心。可以设置一些竞赛活动或项目，让员工在竞争中展示自己的才能和实力，从而获得更多的机会和奖励
	愿景激励	通过描绘公司的未来愿景和发展蓝图来激励员工。愿景激励可以让员工看到公司的发展前景和自己的职业发展空间，从而更加积极地投入工作中去
	活动激励	组织各种形式的团建活动或文化活动，如户外拓展、团队竞赛、文艺晚会等。这些活动可以增强员工之间的凝聚力和合作精神，提升团队的整体战斗力

（二）绩效管理

绩效管理是一种持续的过程，旨在通过制定目标、评估绩效和提供反馈来提高员工的工作效率和效果。对于创业公司而言，绩效管理尤为重要，因为它可以确保员工的工作与公司的战略目标保持一致，促进公司快速发展。通过绩效管理，企业可以及时发现并解决员工在工作中遇到的问题，提高员工的工作满意度和忠诚度。

1. 绩效管理的意义

（1）促进组织和个人绩效的提升：通过设定明确的目标、提供辅导和反馈，以及合理的激励措施，绩效管理能够激发员工的积极性和创造力，从而提升个人和组织的绩效。

（2）为人员甄选提供基础：绩效管理能够客观评价员工的工作表现和能力水平，为企业的招聘、选拔和晋升提供重要依据。

（3）促进管理流程和业务流程优化：通过绩效管理，企业可以及时发现管理和业务流程中存在的问题，并采取相应的改进措施，从而提升整体运营效率。

（4）保证组织战略目标的实现：绩效管理将组织战略目标分解为具体的绩效指标和任务，通过员工的努力实现这些指标和任务，从而推动组织战略目标的实现。

（5）构建和谐的组织文化：绩效管理强调员工参与和沟通，有助于增强员工的归属感和满意度，构建积极向上、和谐融洽的组织文化。

2. 绩效管理方法

绩效管理方法是企业和组织为了提升员工绩效、实现组织目标而采用的一系列管理手段和技术。以下是对几种常见绩效管理方法的具体介绍：

（1）目标管理法（MBO）。目标管理法是一种以目标为导向的绩效管理方法，强调通过设定具体、可衡量的目标来指导员工的工作行为，并以此作为评估员工绩效的依据。该方法的核心在于将组织的整体目标分解为具体、可操作的个人目标，使员工明确工作方向，从而提高工作效率和绩效水平。

实施步骤为设定目标→制订计划→监控执行→考核评估。

（2）关键绩效指标法（KPI）。关键绩效指标法是一种基于关键绩效指标的绩效管理方法。它根据企业的业务特点和战略需求，筛选出对整体业绩影响最大的关键绩效指标，如销售额、客户满意度等。通过关注这些关键指标，企业可以优化资源配置，提高整体竞争力。

实施步骤为筛选指标→设定标准→数据收集→反馈与改进。

（3）360度反馈法。360度反馈法是一种综合性的绩效管理方法，通过收集来自上级、下级、同事和客户等多个角度的反馈来全面评估员工的绩效。这种方法有助于员工了解自己在不同方面的表现，发现自身的优点和不足，从而制订个人发展计划。

实施步骤为设计问卷→收集反馈→汇总分析→反馈与辅导。

（4）平衡计分卡法（BSC）。平衡计分卡法是一种将财务指标与非财务指标相结合的绩效管理方法。它从财务、客户、内部流程和学习与成长四个角度综合评价企业的整体业绩。这种方法有助于企业关注长期战略目标，确保短期行为与长期目标的一致性。

实施步骤为确定维度→设定指标→制定计划→监督与评估。

（5）持续改进法。持续改进法是一种强调持续改进和创新的绩效管理方法。它要求企业在绩效管理过程中关注员工在工作中遇到的问题和困难，为员工提供支持和帮助，鼓励员工提出创新性的想法和建议，以持续改进工作流程和提高工作效率。

实施步骤为建立反馈机制→分析问题→实施改进→跟踪效果。

四、团队冲突与问题处理

（一）识别冲突类型与根源

表 5-5 列举了创业团队的冲突类型。

表 5-5　　　　　　　　　　　　　　创业团队的冲突类型

类型	示例
任务目标冲突	团队成员对于项目的优先级、完成标准或资源分配存在不同意见
角色冲突	两个成员都认为自己应该负责某项任务，或者某个成员的职责范围被其他成员无意中侵犯
关系冲突	成员之间因个人恩怨、沟通不畅或性格不合而导致的紧张关系
权力冲突	某成员觉得自己的意见在团队决策中被忽视，或认为其他成员在利用权力对自己施加压力
资源冲突	团队成员为了争夺有限的资源（如预算、项目时间）而发生的争执
过程冲突	团队成员在项目管理流程、工作流程或沟通方式上存在分歧

团队冲突的根源往往深植于多个复杂且相互交织的因素之中。第一，目标不一致是冲突的重要源头，当团队成员对团队或项目的目标、愿景或优先级存在不同理解时，便容易引发冲突。

第二，职责划分不清也是冲突的常见原因，当团队成员之间的职责界限模糊或重叠时，便可能导致工作重复、责任推诿或相互指责。

第三，资源分配不均也是冲突的重要诱因，有限的资源如时间、资金、人力等若不能公平合理地分配给每个成员或项目，便可能引发不满和争执。

第四，沟通障碍也是团队冲突不可忽视的根源之一。沟通不畅、信息传递不准确或误解对方意图都可能导致团队成员之间的误解和隔阂，进而引发冲突。

第五，团队成员之间的能力差异也可能成为冲突的潜在因素，当某些成员在技能、经验或知识方面存在不足时，便可能受到其他成员的质疑或批评，从而引发冲突。

第六，人际关系紧张也是团队冲突的重要方面。团队成员之间的性格不合、价值观差异、个人恩怨或竞争关系等都可能导致人际关系紧张，进而引发冲突。

第七，领导风格和组织文化也可能对团队冲突产生影响。领导者的管理方式、决策风格以及组织所倡导的文化氛围都可能对团队成员的心态和行为产生影响，从而引发或加剧冲突。

（二）解决团队冲突的有效方法

1. 及时沟通与开放对话

及时沟通与开放对话是创业团队解决冲突的第一步。建立有效的沟通机制，如定期举行团队会议、项目同步会议等，可以确保团队成员之间信息的畅通无阻。同时，鼓励成员开放表达自己的想法和感受，创造一个无惧表达的安全环境。通过倾听与理解，团队成员可以更好地了解彼此的立场和需求，从而找到冲突的根源并共同寻求解决方案。

2. 明确角色与责任

在创业团队中，明确每个成员的角色与责任至关重要。通过制定详细的职位描述和工作流程，可以确保每位成员都清楚自己的职责范围和工作期望。这不仅可以减少因责任不清而产生的冲突，还可以提高团队的整体工作效率。同时，强化团队意识，让成员意识到自己是团队不可或缺的一部分，有助于增强团队凝聚力和向心力。

3. 寻求共同目标与价值观

共同的目标和价值观是团队成员团结一致、共同奋斗的基础。在创业过程中，团队成员需要明确团队的愿景和使命，并将其转化为具体可行的目标和计划。同时，强调团队的核心价值观，如创新、诚信、协作等，可以引导团队成员在面临冲突时作出正确的决策和行动。通过寻求利益共同点，团队成员可以更好地理解彼此的需求和期望，从而达成双赢的解决方案。

4. 采用建设性冲突解决技巧

在解决冲突时，采用建设性的冲突解决技巧至关重要。首先，需要识别冲突的类型和性质，以便采取针对性的解决策略。其次，可以引入第三方调解，如团队领导或专业咨询师等，来协助团队成员进行沟通和协商。最后，提出并评估多种解决方案，选择最适合团队利益和长远发展的方案来实施。在解决冲突的过程中，需要保持冷静和客观，避免情绪化地作出决策。

5. 培养团队文化与氛围

良好的团队文化和氛围是创业团队成功的关键因素之一。通过倡导合作精神和互信尊重的文化氛围，可以激发团队成员的积极性和创造力。同时，定期举办团队建设活动，如户外拓展、团队建设游戏等，可以增进团队成员之间的了解和信任，提高团队的凝聚力和向心力。在团队文化中融入冲突解决的理念和方法，可以让团队成员在面对冲突时更加从容和自信。

6. 持续监测与调整

创业团队在解决冲突的过程中需要持续监测和调整策略。通过设立冲突预警系统，可以及时发现潜在的冲突并采取相应的措施进行干预。同时，定期评估冲突解决的效果和团队成员的反馈意见，可以帮助团队不断优化冲突解决策略和方法。在创业过程中，团队需要保持灵活性和适应性，根据市场环境和团队发展的实际情况及时调整冲突解决策略以应对新的挑战和机遇。

解决团队冲突需要团队成员和领导者共同努力，通过冷静分析、理性沟通、明确职责、公平分配资源、制定共同目标、促进协作与团队精神以及运用冲突解决技巧等方法来有效应对。同时，建立长期机制以预防和减少冲突的发生也是至关重要的。

五、团队持续发展策略

（一）定期评估团队绩效与成员表现

通过设定明确的评估指标和标准，在固定的时间周期内对团队整体的工作成果、效率、协作情况等进行综合考量，同时，对成员个人的工作质量、任务完成情况、专业能力提升以及团队贡献等方面进行细致评估。这不仅能让团队清晰了解自身的优势与不足，还能为成员提供明确的反馈，激励他们不断改进和成长，进而提升团队的整体实力和竞争力，推动团队朝着更高的目标迈进。

（二）提供必要的培训与发展机会

通过量身定制的培训课程、行业研讨会、技能工作坊等多种形式，帮助成员拓宽知识视野、提升专业技能和综合素质。同时，鼓励成员参与跨领域合作项目，以培养其创新思维和解决问题的能力。这些培训与发展机会旨在激发成员的潜能，为他们的职业发展铺设坚实的道路，也为团队注入源源不断的活力和创新力。

（三）吸引与留住关键人才

在高度竞争的市场环境中，吸引并留住关键人才是企业持续发展与保持竞争优势的基石。为此,企业应构建全面而具有吸引力的人才管理策略。这包括设计具有市场竞争力的薪酬福利体系,确保优秀人才获得与其贡献相匹配的回报;制定清晰的职业发展规划路径,为关键人才提供明确的成长方向和晋升机会;同时,打造开放包容的企业文化,营造积极向上的工作氛围,让关键人才感受到归属感与价值认同。此外,企业还需关注个性化需求,提供定制化的培训与发展资源,助力关键人才不断提升自我,实现个人与组织的共赢发展。

小链接 5 - 2

好的创业团队要具备这些要素

通常来说,好的创业团队需要具备五种能力:开始力(创意与激情)、资源力(融资与资本)、规划力(产品与技术)、说服力(用户与经营)、操盘力(运营与组织)。投资方一般比较青睐于在这五种能力上多元互补的团队,创始人需具备成功企业家的素质,有较强的领导力,能把团队凝聚在一起,去实现和达成一个具备行业前景的目标。

创业初始团队通常是 3F(family,friends,follower)。一般情况下,合伙人很难通过招聘找到,大部分来自同学、同事或家人朋友,所以在创业领域一般有校友圈、职场圈、行业圈、地缘圈。例如,浙江省的四个创业主力军分别是阿里系、浙大系、海归系和浙商系,他们的特点是曾经就职于阿里、任教或求学于浙江大学、海外留学回国,以及都在浙江创业的"创一代"。好的合伙人和创始团队是因为一定的机缘和共同的创业目标组合在一起的,需要自己去寻找和吸引,同时也需要有信任基础。早期创业过程十分艰难,当核心团队架构完毕后,就可以开始招聘一些优秀人才,创业的团队搭建通常是这样的过程。

创业的过程中,团队的用户思维十分重要,需要特别培养。用户思维的基础是共情力,需要平时多走访客户,把自己当用户,更多的是"知行合一"的过程。如果团队用户思维不足,就需要勤跑动,勤聊天,多多走进你的用户和用户使用场景,强化用户思维,进而提高创业成功的概率。

资料来源:神州学人.好的创业团队要具备这些要素 [EB/OL].[2024 - 07 - 30]. http://www.chisa.edu.cn/exclusive/202407/t20240729_2111228160.html.

本 章 要 点

1. 目标设置的 SMART 原则包括:具体性(Specific)、可衡量性(Measurable)、可达成性(Achievable)、相关性(Relevant)、时限性(Time-bound)。

2. 团队文化的塑造途径包括:团队使命与愿景、建立共同价值观、营造积极的工作环境、注重团队成员培训与发展、建立公平公正的激励机制、定期开展团队建设活动、鼓励团队成员创新与冒险。

3. 团队激励机制构建：目标物质类激励、情感氛围类激励、价值提升类激励、其他激励方式。

4. 团队冲突处理方式：及时沟通与开放对话、明确角色与责任、寻求共同目标与价值观、采用建设性冲突解决技巧、培养团队文化与氛围、持续监测与调整。

5. 绩效管理办法包括：目标管理法（MBO）、关键绩效指标法（KPI）、360 度反馈法、平衡计分卡法（BSC）、持续改进法。

复习思考题

1. 为什么投资者特别注重团队建设？
2. 组建好团队，只需要找到志同道合的人吗？
3. 组建创业团队应该注意什么？

实践练习　创业团队组建

如果你是一个创业团队的领导者，你将如何组建一支优秀的团队，请从下面几方面进行描述：创建企业的类型，经营范围和客户群，团队中每个人的特长和工作职责，并拟定简要的岗位说明书。

本章知识拓展

团队生命周期理论

团队生命周期理论认为，团队的发展过程类似于有机体的成长过程，具有阶段性特征。每个阶段都有其独特的表现形式、管理重点和挑战。通过了解和掌握这些阶段的特点，管理者可以更有针对性地制定管理策略，促进团队的健康发展。

团队生命周期理论的提出者众多，不同学者有不同的观点和划分方式。

其中，美国管理学家布鲁斯·塔克曼将团队生命周期分为创立期、风暴期、规范期、运作期和解散期。创立期促使个体成员转变为团队成员，成员有诸多疑问，团队负责人需明确团队工作任务及目标等。风暴期成员间冲突显现，团队负责人要协调处理。规范期团队形成一定规范和流程，运作期团队配合默契，能高效完成任务。解散期团队完成使命而结束。

此外，还有其他学者的观点。如有的学者将团队生命周期分为组建期、磨合期、规范期、执行期和解散期。组建期团队成员初次聚集，对团队目标和角色不太明确；磨合期成员相互磨合，可能产生冲突；规范期明确工作流程和规范，形成团队文化；执行期高效运作，达成目标。

在管理重点方面，不同阶段各有侧重。创立期和组建期要明确目标和任务，磨合期和风暴期要协调处理冲突，规范期要建立和完善规范，执行期和运作期要保持高效运作，解散期要妥善处理后续事宜。

第六章 法律合规与风险预防

引例

知识产权法律风险防范

初创企业为了快速开展公司业务、提高公司业绩，常常会更关注产品的研发和推广、如何积累用户等问题，而忽视了知识产权的战略布局，公司内部缺乏必要的治理，甚至造成了一些知识产权被非法泄露、传播、复制、仿冒的不良后果。

企业名称、商标和专利都属于知识产权的范畴，是企业重要的无形资产。在我们过往接触的企业中，多数会存在这些问题：

第一，公司缺乏知识产权保护的规范和流程。在此，建议每个公司制定好完整的内部知识产权保护制度，包括知识产权申请的流程，都要有一个清晰的蓝图。

第二，公司的商业秘密缺乏保护措施。商业秘密对公司而言是非常宝贵的资产，如果公司的核心员工没有签署保密协议，或者合作方没有签署相关的保护条款，那么一旦商业秘密泄露，公司就会难以维权。

第三，公司的知识产权没有进行合法、有效、有计划的注册申请。公司的知识产权必须有一个清晰的申请流程，并且在创作出来之后尽快地完成注册申请。

第四，许可他人使用公司的知识产权缺乏有效的监督。部分公司和合作方通过签署协议等形式将公司的知识产权授权给合作方使用，但在授权协议签署后并没有对第三方使用公司的知识产权做到有效的监督，导致第三方公司在授权范围之外使用公司的知识产权，甚至将知识产权转授权给第四方使用。这无疑会严重损害公司的知识产权。

第五，对侵权行为缺乏必要的制裁措施和行动。当我们发现他方有侵权行为时，要及时制定策略、采取行动，维护自己的合法权利。

第六，被指侵犯他人的知识产权。公司在使用第三方创作的商标前，首先要确保获取原创作者已就该使用行为进行了完整的授权，并确认该授权是否存在瑕疵；其次，公司应与授权人签署完整的协议，明晰知识产权的授权范围，保护企业的利益，以防止后期发生知识产权纠纷法律风险。

图6-1是企业应对知识产权法律风险的主要策略。

知识产权法律风险主要应对策略

1) 重大知识产权项目的律师介入
2) 设计针对性较强的知识产权信息管理制度
3) 积极进行知识产权的实体化（主要是申请专利）
4) 完善商业秘密的管理制度
5)选择合理的知识产权保护策略和商业利用策略
6)在具体交易合同设计中，充分做好专业信息、知识产权、经济利益和交易风险的平衡
7) 积极主动追究侵权责任
8) 树立员工的产权意识

图 6－1　知识产权法律风险主要应对策略

资料来源：上海嘉定法院．这份知识产权法律风险防范指引请查收［EB/OL］.［2022－09－29］. https：//www. 163. com/dy/article/HIF2V6A70514ILIK. html.

第一节　新创企业的法律组织形式

一、法律组织形式的分类

（一）个人独资企业

个人独资企业是由个人出资经营、归个人所有和控制、由个人承担经营风险和享有全部经营收益的企业。其特点是投资者对企业债务负无限责任，多数个人独资企业的规模较小，抵御经济衰退和承担经营失误损失的能力不强，其平均存续年限较短。

（二）合伙企业

合伙企业是由各合伙人订立合伙协议，共同出资、共同经营，并对企业债务承担无限连带责任的营利性组织。合伙企业分为普通合伙企业、特殊的普通合伙企业和有限合伙企业。其中，普通合伙企业的全体合伙人对合伙企业债务都承担无限责任，而有限合伙企业中，普通合伙人对合伙企业债务承担无限责任，有限合伙人则在其认缴金额范围内对合伙企业的债务承担有限责任。

（三）公司制企业

公司制企业是指按照法律规定，由法定人数以上的投资者出资建立、自主经营、自

负盈亏、具有法人资格的经济组织。公司制企业进一步可分为有限责任公司和股份有限公司。有限责任公司中，股东以其认缴的出资额为限对公司承担责任；而在股份有限公司中，股东以其认购的股份为限对公司承担责任。

二、各法律组织形式的优缺点

（一）个人独资企业的优缺点

优点：企业资产所有权、控制权、经营权、收益权高度统一，有利于保守与企业经营和发展有关的秘密；企业主自负盈亏和对企业的债务负无限责任，成为强硬的预算约束，激励企业主尽心竭力经营企业；外部法律法规对企业的经营管理、决策、进入与退出、设立与破产的制约较小，使得企业在运营上具有较高的灵活性。

缺点：个人资金有限，且以个人名义借贷款难度较大，限制了企业的扩展和大规模经营；企业主对企业负无限责任，带来风险过大的问题，限制了企业主向风险较大的部门或领域进行投资的活动；企业所有权和经营权高度统一的产权结构，意味着企业的命运与企业主的个人状况紧密相连，如企业主的生病、死亡等可能导致企业破产。

（二）合伙企业的优缺点

优点：合伙人组成灵活，可以根据需要设置普通合伙人和有限合伙人，共同出资、共同经营、共享收益、共担风险；合伙企业决策方式灵活，可以根据合伙协议约定或实际情况进行表决，避免完全由出资大小决定；合伙企业可以作为税收透明体，所得先分后税，合伙人以自然人或个体工商户名义缴纳个人所得税，有利于节税。

缺点：每个合伙人对企业债务都承担无限连带责任，一旦企业出现债务问题，就可能面临较大的个人资产风险；合伙人转让其所有权时需要取得其他合伙人的同意，有时还需要修改合伙协议，增加了转让的复杂性和不确定性；合伙企业需要合伙人之间的高度信任和协作，否则可能因管理不善导致企业运营困难。

（三）公司制企业的优缺点

优点：公司债务是法人的债务，不是所有者的债务，所有者的债务责任以其出资额为限，降低了个人风险，属于有限债务责任；公司具有无限存续的特性，不会因为股东或经营者的变动而影响企业的存在和发展；公司制企业可以通过发行股票、债券等方式筹集资金，融资渠道多样且便利。

缺点：公司作为独立的法人，其利润需缴纳企业所得税，企业利润分配给股东后，股东还需交纳个人所得税，也就是双重课税；《中华人民共和国公司法》对于建立公司的要求比建立独资企业或合伙企业高，需要提交各种报告和文件，并满足一定的资本和管理要求；经营者和所有者分开后，可能存在经营者为了自身利益而损害所有者利益的问题，即代理问题。

三、法律组织形式的变更与调整

（一）企业在不同发展阶段可能面临的法律组织形式变更需求

法律组织形式变更，通常指的是企业、公司或其他法律实体改变其法律地位、结构或管理方式的过程。企业在不同的发展阶段，随着其规模、业务复杂度、融资需求以及战略规划的变化，可能会面临不同的法律组织形式变更需求。

1. 初创期

在初创阶段，企业主要关注的是快速启动和生存问题。此时，法律组织形式的选择往往侧重于灵活性和简便性。独资企业或合伙企业是常见的选择，因为它们设立门槛低、手续简便。然而，随着业务的逐步开展和增长，企业可能会发现需要更多的外部融资或法律保障来支持其发展，此时就可能会考虑向有限责任公司或股份有限公司等更规范的法律组织形式转变。

2. 成长期

进入成长期后，企业的业务量和规模迅速扩大，对内部管理和治理结构的要求也逐步提高。此时，企业可能会发现原有的法律组织形式在决策效率、风险承担、融资能力等方面存在不足。因此，企业可能会选择变更为有限责任公司或股份有限公司等更为复杂的法律组织形式，以便建立更加完善的组织结构和管理制度，提高运营效率，并增强企业的融资能力和市场竞争力。

3. 成熟期

在成熟期，企业已经形成了较为稳定的市场地位和品牌影响力，对法律组织形式的需求也更加注重长期稳定性和可持续性。此时，企业可能会通过法律组织形式的微调或优化来适应市场环境的变化和自身发展的需要。例如，通过引入战略投资者、调整股权结构等方式来优化公司治理结构，提高决策效率和经营效益；或者通过跨境并购、设立海外分支机构等方式来拓展国际市场，提升企业的全球化经营能力。这些变更都需要在法律框架内进行，以确保合法合规并降低法律风险。

4. 转型或衰退期

在转型或衰退期，企业可能会面临业务模式调整、市场变化或经营困难等挑战。为了应对这些挑战并实现可持续发展，企业可能会考虑进行法律组织形式的重大变更。例如，通过重组、分立、合并等方式来优化资源配置和产业结构；或者通过清算、破产等方式来退出市场并保障债权人和其他利益相关者的权益。这些变更都涉及复杂的法律程序和法律风险评估，需要企业充分准备并寻求专业法律机构的支持。

综上所述，企业在不同的发展阶段可能会面临不同的法律组织形式变更需求。这些需求受到市场环境、业务复杂度、融资需求、战略规划等多种因素的影响。因此，企业在进行法律组织形式变更时，应充分考虑自身的实际情况和发展需求，并遵循法律法规的规定和程序。

（二）法律组织形式变更的流程和注意事项

1. 变更流程

图6-2是企业法律组织形式变更流程。

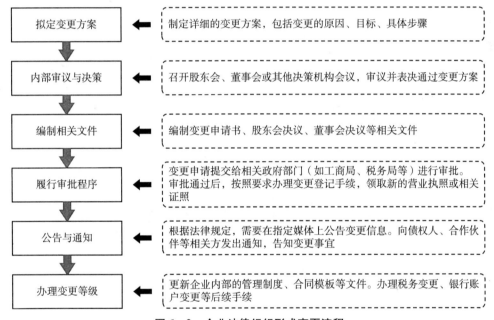

图6-2　企业法律组织形式变更流程

2. 注意事项

（1）遵守法律法规：变更过程中必须严格遵守《中华人民共和国公司法》《中华人民共和国民法典》等相关法律法规的规定，并确保变更方案的合法性和合规性。

（2）充分披露信息：在变更过程中，应充分披露相关信息，保障股东、债权人等利益相关者的知情权。披露内容应真实、准确、完整。

（3）保护债权人利益：变更过程中应妥善处理债务问题，确保债权人的权益不受损害。如有需要，应与债权人协商并达成相关协议。

（4）保持业务连续性：变更过程中应尽量保持企业的业务连续性，避免对客户和员工造成不利影响，并提前做好相关准备工作，确保变更后能够顺利过渡。

（5）及时办理变更登记：变更事项经批准后，应及时向公司登记机关申请变更登记。在领取新的营业执照或相关证照后，方可正式开展新的业务活动。

（6）关注税务和财务问题：变更过程中应关注税务和财务问题，确保税务处理合法合规。如需进行资产评估或审计等工作，应提前做好准备并委托专业机构进行。

小链接 6-1

2023 年，云南省实有经营主体 620 万户，较 2022 年增长 28.2%，净增 129 万户；新建投产纳规企业 215 户，全省规模以上工业企业达到 5092 户，中小企业超过 120 万户；新增创新型中小企业 947 户、专精特新中小企业 496 户……这是截至 2023 年 11 月底，云南经营主体和专精特新企业发展的亮眼数据，映射出了云南经营主体蓬勃发展、量质齐升的发展态势。

经营主体增长快，经济发展才有支撑；经营主体有活力，经济发展才有生机。回顾 2023 年，云南坚定不移兴产业、强企业，进一步优化营商环境，健全完善经营主体培育引进机制，提高市场资源要素配置效率，保护和激发经营主体活力，保存量、扩增量、提质量，全力推动大企业"顶天立地"、中小企业"铺天盖地"、微型企业及个体工商户"枝繁叶茂"，促进云南省经营主体倍增，推动经济社会高质量发展。

资料来源：昆明高新管委会.2023 年度盘点 | 营商环境持续优化　经营主体量质齐升 ［EB/OL］. ［2024-01-23］. https：//www. clzg. cn/article/589957. html.

第二节　法人制度与公司治理结构

一、法人制度

（一）定义

法人是指具有民事权利能力和民事行为能力，依法独立享有民事权利和承担民事义务的组织。它是社会组织在法律上的人格化，法人主要包括企业法人和机关法人、事业单位法人和社会团体法人。

（二）法人的特征

（1）独立性：法人在法律上独立于其成员或设立人。

（2）财产权：法人拥有独立的财产，并能以自己的名义参与经济活动。

（3）责任有限性：法人的债务以其全部财产为限承担责任，股东以其出资或认购的股份为限承担责任。

（三）根据我国《民法典》的规定，法人主要分为以下几类

（1）营利法人：以取得利润并分配给股东等出资人为目的成立的法人。包括有限责任公司、股份有限公司和其他企业法人等。

（2）非营利法人：为公益目的或者其他非营利目的成立，不向出资人、设立人或者会员分配所取得利润的法人。包括事业单位、社会团体、基金会、社会服务机构等。

（3）特别法人：包括机关法人、农村集体经济组织法人、城镇农村的合作经济组织法人、基层群众性自治组织法人等。这些法人具有特殊的组织结构和功能，通常与政府职能或社会公共服务密切相关。

（四）法人制度的作用

（1）规范经济秩序：法人制度通过明确法人的法律地位、权利和义务，规范了市场主体的行为，维护了经济秩序的稳定。

（2）促进社会发展：法人作为社会组织的重要形式，能够集合多方资源，推动社会各项事业的发展，如教育、科技、文化、卫生等。

（3）保护合法权益：法人制度为法人提供了法律上的保障，使其能够依法维护自身的合法权益，避免受到不当侵害。

二、公司治理结构

公司治理结构是为实现资源配置的有效性，所有者（股东）对公司的经营管理和绩效进行监督、激励、控制和协调的一整套制度安排。其重要性表现为保证投资者（股东）的投资回报，协调企业内各利益集团的关系，提高企业自身抗风险能力。

（一）公司治理结构的组成部分

1. 股东会

作为公司的最高权力机构，股东会汇集了所有股东的意志。它不仅是公司所有权的象征，更是公司重大决策的最终决定者。股东会定期召开会议，审议并决定公司的经营方针、投资计划、利润分配等重要事项。股东们通过投票方式表达意见，形成对公司的控制力和影响力，确保公司的战略方向符合股东的整体利益。

2. 董事会

公司治理结构中的关键一环，负责公司的战略决策和日常经营管理的指导。董事会成员由股东会选举产生，代表股东利益，对股东会负责。董事会制订公司的经营计划、投资方案，监督经理层的执行情况，并对公司的重大事项进行审议和决策。董事会通过设立专门委员会等方式，提升决策的专业性和科学性，确保公司稳健发展。

3. 监事会

公司治理结构中的监督机构，负责对公司董事、高级管理人员执行职务的行为进行独立监督。监事会成员由股东会选举产生，对股东会负责。他们定期或不定期地检查公司财务，对董事会的决策和经理层的执行情况进行监督，确保公司运营的合法性和合规性。监事会通过提出质询、建议等方式，促进公司治理的完善和提升。

4. 经理层

公司治理结构中的执行机构，负责公司的日常经营管理。经理层成员由董事会聘任或解聘，对董事会负责。他们根据董事会的决策和战略方向，制订具体的经营计划和实施方案，组织公司的生产经营活动。经理层通过有效的管理和执行，确保公司战略目标的实现和业绩的提升。同时，他们还需要向董事会报告工作进展和业绩情况，接受董事会的监督和指导。

（二）构建公司治理结构的意义

1. 保障股东权益

公司治理结构通过明确股东会、董事会、监事会和经理层的职责与权力，确保了股东在公司中的合法权益得到有效保护。股东作为公司的所有者，有权参与重大决策、分享公司利润并承担相应风险。良好的治理结构能够防止内部人控制、利益输送等问题，确保股东的合法权益不被侵犯。

2. 提升决策效率与科学性

公司治理结构通过合理分权与制衡，促进了公司决策过程的透明化、民主化和科学化。董事会作为决策机构，能够汇聚各方智慧，充分考虑市场变化、行业趋势及公司实际情况，制订出更加科学合理的经营计划和投资方案。同时，监事会的监督作用也确保了决策过程的合规性和公正性，减少了决策失误的可能性。

3. 促进公司稳健发展

构建完善的公司治理结构有助于公司建立稳定的管理团队和运营机制，提高公司的抗风险能力和市场竞争力。通过明确的职责划分和有效的监督激励机制，公司治理能够确保公司战略的有效执行和业绩的持续提升。同时，良好的治理结构还能增强投资者信心，吸引更多的外部资金和资源，为公司的长期发展奠定坚实基础。

4. 维护市场公平与秩序

公司治理结构的构建不仅是公司内部事务的需要，也是维护市场公平与秩序的重要一环。通过加强公司治理，可以提高上市公司的信息披露质量，减少信息不对称现象，降低投资者的投资风险。同时，良好的公司治理还能促进资本市场的健康发展，提高资源配置效率，推动经济社会的持续繁荣。

5. 提升社会责任感

构建公司治理结构还有助于公司履行社会责任，提升企业的社会形象和品牌价值。一个具有良好治理结构的公司通常更加注重环境保护、员工福利、消费者权益等社会责任议题，积极参与公益事业和社会活动。这不仅有助于提升公司的社会声誉和公众信任度，还能为公司带来更多的商业机会和合作伙伴。

（三）公司治理结构优化

1. 明确股东权益与责任

加强股东权利保护，建立健全股东权益保护机制，确保股东能够充分行使知情权、参与权、表决权等权利。这包括及时、准确、完整地披露公司的财务状况、经营成果和重大事项，让股东能够了解公司的真实情况并作出合理的投资决策。

鼓励股东积极参与公司治理，通过设立股东大会、股东提案制度等方式，让股东能够就公司的重大事项发表意见并影响决策。同时，加强股东与董事会、监事会和经理层的沟通交流，确保股东的声音被充分听取和尊重。

2. 完善董事会结构与运作

（1）优化董事会构成，确保董事会成员具备丰富的行业经验、专业知识和良好的道德操守。可以适当引入外部董事和独立董事，提高董事会的独立性和专业性。同时，避免董事与高管之间的过度交叉任职，以减少利益冲突和权力滥用的风险。

（2）加强董事会决策能力：建立科学的决策流程和机制，确保董事会能够充分讨论并审慎决策。可以设立董事会专门委员会，如战略委员会、审计委员会等，以提升董事会决策的专业性和针对性。同时，加强董事的培训和继续教育，提高董事的决策能力和水平。

3. 强化监事会监督职能

（1）提高监事会独立性：确保监事会成员与董事会和经理层保持独立关系，以便能够客观公正地履行监督职责。可以设立监事会专门委员会或引入外部监事，以增强监事会的独立性和权威性。

（2）加强监事会监督力度：明确监事会的监督范围、方式和程序，确保监事会能够对公司的财务状况、经营行为、内部控制等方面进行全面有效的监督。同时，建立监事会与董事会、经理层的沟通协调机制，确保监督工作的顺利开展和问题的及时解决。

4. 提升经理层执行力与责任感

（1）明确经理层职责，通过公司章程、经营计划等文件明确经理层的职责和权限范围，确保经理层能够清晰了解自己的工作目标和任务。同时，建立科学合理的考核评价机制，对经理层的履职情况进行定期评估和考核。

（2）加强经理层激励与约束，建立与公司业绩挂钩的薪酬激励机制和股权激励计划等长效激励机制，以激发经理层的积极性和创造力。同时，建立健全问责机制和违规处罚制度，对经理层的失职、渎职等行为进行严肃处理以维护公司利益和股东权益。

5. 加强信息披露与透明度建设

（1）完善信息披露制度，建立健全信息披露制度，确保公司能够及时、准确、完整地披露财务状况、经营成果、重大事项等信息。同时，加强信息披露的监管和审核力度，确保信息披露的真实性和准确性。

（2）提高透明度，通过召开投资者交流会、业绩说明会等方式加强与投资者和社会公众的沟通交流，提高公司的透明度和公信力。同时，积极回应投资者的关切和质疑，建立畅通的投资者关系管理机制，以维护良好的市场形象和投资者关系。

小链接 6-2

多元利益相关者原理

现代意义上的公司治理，源自现代公司的兴起。现代公司是对古典企业的革命，其最大特点是股权分散，乃至于治理主体过多、沟通协调成本过高，难以在股东层面形成及时、有效的经营决策。于是，委托代理产生了，即由股东们选聘董事组成董事会，作为股东们的代理人，对公司重大经营管理事项作出决策；再由董事会选聘经理，主持日常经营管理工作。

多元利益相关者原理，即现代公司中存在多元利益主体是引入公司治理的充分且必要条件。说其是"必要条件"，是因为假若公司中的利益主体较少，例如仅有两个股东，那就没必要引入现代公司治理这么一套复杂的制度体系，通过沟通或谈判就可以解决问题；反之，只有当公司中的利益主体多元化且对其利益诉求较为强烈的情况下，才需要引入公司治理体系。说其是"充分条件"，是因为假若公司的利益主体是多元化的，各个利益主体都要保护自身的利益，那就一定需要一套制度安排来保障各方利益，这套制度安排就是"公司治理"。

资料来源：《国资报告》杂志. 公司治理的七个基本原理 [EB/OL]. [2021-06-16]. http：//www.sasac.gov.cn/n2588025/n4423279/n4517386/n19159680/c19161121/content.html.

第三节 新创企业相关的法律规定

一、公司设立与注册

（一）《中华人民共和国公司法》

《中华人民共和国公司法》（以下简称《公司法》）是关于中国公司设立、组织、运营、解散等方面法律制度的基本法。在公司治理结构优化方面，《公司法》提供了重要的法律框架和指导原则。

1. 明确股东权利与义务

《公司法》规定，股东享有资产收益、参与重大决策和选择管理者等权利。这包括参加股东大会并行使表决权、获取公司分红、查阅公司财务报告等。同时，股东还有权转让其股份，并在特定条件下享有优先购买权。股东应遵守公司章程，履行出资义务，不得滥用股东权利损害公司或其他股东的利益。

2. 完善董事会结构与运作

《公司法》要求设立董事会作为公司的执行机构，董事会成员由股东大会选举产生。董事会应包含适当比例的独立董事，以增强其独立性和专业性。董事会负责执行股东大会的决议，制订公司的经营计划和投资方案，并对公司的日常经营管理进行监督。董事会应设立必要的专门委员会，如战略委员会、审计委员会等，以辅助其决策和监督职能。

3. 强化监事会监督职能

《公司法》规定，有限责任公司和股份有限公司应设立监事会作为公司的监督机构。监事会成员由股东大会选举产生，其中包括职工代表监事。监事会负责对公司财务和董事、高级管理人员的行为进行监督，确保公司经营活动合法合规。监事会可以提议召开临时股东大会，并在必要时向股东大会报告工作。

4. 提升经理层执行力与责任感

《公司法》规定，经理层负责公司的日常经营管理工作，组织实施董事会决议和公司年度经营计划。经理层应勤勉尽责，确保公司资产的安全和增值。公司应建立与业绩挂钩的薪酬激励机制和股权激励计划等长效激励机制，以激发经理层的积极性和创造力。同时，应建立健全问责机制和违规处罚制度，对经理层的失职、渎职等行为进行严肃处理。

5. 加强信息披露与透明度建设

《公司法》要求公司及时、准确、完整地披露财务、经营和重大事项等信息。公司应建立完善的信息披露制度，确保投资者和社会公众能够充分了解公司的运营状况和风险情况。公司应通过召开投资者交流会、业绩说明会等方式加强与投资者和社会公众的沟通交流，提高公司的透明度和公信力。同时，应积极回应投资者的关切和质疑，建立畅通的投资者关系管理机制。

（二）《中华人民共和国市场主体登记管理条例》

《中华人民共和国市场主体登记管理条例》是为了规范市场主体登记管理行为，推进法治化市场建设，维护良好市场秩序和市场主体合法权益，优化营商环境而制定的重要法规。

1. 条例的颁布与施行

该条例于 2021 年 4 月 14 日经国务院第 131 次常务会议通过，并于 2021 年 7 月 27 日由中华人民共和国国务院令第 746 号公布，自 2022 年 3 月 1 日起正式施行。

2. 条例的适用范围

本条例所称市场主体，是指在中华人民共和国境内以营利为目的从事经营活动的自然人、法人及非法人组织，包括公司、非公司企业法人及其分支机构，个人独资企业、合伙企业及其分支机构，农民专业合作社（联合社）及其分支机构，个体工商户，外国公司分支机构，以及法律、行政法规规定的其他市场主体。

3. 登记管理原则

市场主体登记管理应当遵循依法合规、规范统一、公开透明、便捷高效的原则。

4. 登记事项与要求

（1）一般登记事项：市场主体的一般登记事项包括名称、主体类型、经营范围、住所或者主要经营场所、注册资本或者出资额、法定代表人或负责人姓名等。

（2）特定登记事项：除上述一般登记事项外，还需根据市场主体类型登记特定事项，如有限责任公司股东、股份有限公司发起人、非公司企业法人出资人的姓名或名称，个人独资企业的投资人姓名及居所，合伙企业的合伙人名称或姓名、住所、承担责任方式等。

（3）名称与住所：市场主体只能登记一个名称和一个住所或主要经营场所。电子商务平台内的自然人经营者可根据国家有关规定，将电子商务平台提供的网络经营场所作为经营场所。

（4）法定代表人资格：对不得担任公司、非公司企业法人法定代表人的情形进行了明确规定，如因犯罪被剥夺政治权利、担任破产清算的公司法定代表人并对破产负有个人责任等。

5. 登记流程与材料

申请办理市场主体登记需提交相关材料，如申请书、申请人资格文件、自然人身份证明、住所或主要经营场所相关文件、章程或合伙协议等。登记机关对申请材料进行形式审查，对申请材料齐全、符合法定形式的予以确认并当场登记或限期登记。

《中华人民共和国市场主体登记管理条例》为市场主体登记管理提供了全面、系统的法律规范，旨在通过优化登记流程、提升登记便利化程度、加强信息共享与运用等措施，进一步激发市场活力和社会创造力。

二、税务与财务

（一）《中华人民共和国税收征收管理法》

《中华人民共和国税收征收管理法》是我国税收征收管理领域的基本法律，旨在加强税收征收管理，通过明确税收征收和缴纳的行为规范，确保国家税收收入的稳定增长。同时，该法律也注重保护纳税人的合法权益，促进经济社会的健康发展，对于规范税收征收和缴纳行为、保障国家税收收入、保护纳税人的合法权益以及促进经济和社会发展具有重要意义。

1. 适用范围

该法律适用于依法由税务机关征收的各种税收的征收管理活动。这涵盖了我国现行有效的多种税种，如增值税、消费税、企业所得税、个人所得税等。凡是由税务机关负责征收的税收，其征收管理活动均应遵循该法律的规定。

2. 主要内容

税务登记：法律要求从事生产、经营的纳税人以及扣缴义务人，在领取营业执照或发生纳税义务之日起一定期限内，向税务机关申报办理税务登记。税务登记是纳税人纳入税收管理的基本制度，也是纳税人依法履行纳税义务的法定手续。

账簿、凭证管理：纳税人、扣缴义务人需按照法律、行政法规和国务院财政、税务主管部门的规定设置账簿，进行核算，并妥善保管与纳税有关的账簿、记账凭证、完税凭证等资料。这有助于税务机关了解纳税人的生产经营情况，核实应纳税额。

纳税申报：纳税人需按照规定的期限和方式向税务机关办理纳税申报，报送纳税资料。扣缴义务人则需按照规定的期限和方式向税务机关报送代扣代缴、代收代缴税款报告表以及有关资料。纳税申报是纳税人履行纳税义务、承担法律责任的主要依据。

税款征收：税务机关依法征收税款，任何单位和个人不得阻挠。在税款征收过程中，税务机关需遵循法定程序，确保税款的及时、足额入库。同时，法律也规定了纳税人享有申请减税、免税、退税等权利，并明确了税务机关在税款征收中的职责和权限。

税务检查：税务机关有权对纳税人的纳税情况进行检查，包括查账、查物等。纳税人需配合税务机关的检查工作，如实反映情况，提供有关资料。税务检查是税务机关监督纳税人依法纳税的重要手段。

法律责任：对于违反税收征收管理法的行为，法律规定了相应的法律责任。这包括行政责任、刑事责任以及民事责任等。通过严格的法律责任制度，可以维护税收秩序，保障国家税收收入。

（二）《中华人民共和国会计法》

《中华人民共和国会计法》自 1985 年首次通过以来，已经历了多次修订和完善。其中，1999 年的修订对原法律进行了全面更新，2017 年和 2024 年的修订则进一步适应了经济社会发展的新需要，强化了会计监督和管理职能。目前实施的版本为 2024 年 6 月 28 日第十四届全国人民代表大会常务委员会第十次会议修订通过的版本。

《中华人民共和国会计法》作为会计领域的重要法律基石，其主要内容全面而详尽地规定了会计工作的基本原则、信息质量的要求、会计机构与会计人员的职责与权利、会计核算与报告的具体规范，以及会计监督与管理的有效机制。该法律不仅要求会计工作遵循法定程序，确保会计信息的真实、准确和完整，以反映单位的经济活动和财务状况；还明确了会计机构和会计人员在执行会计职责时的行为准则，包括遵守职业道德、保持独立性和客观性等。此外，会计核算与报告制度是该法律的核心内容之一，它规定了会计核算的基本方法、会计科目的设置与运用、会计报告的编制与披露等，为会计信息的生成和传递提供了统一的标准和指南。会计监督与管理机制是该法律的重要组成部分，它强调了对会计工作的监督和检查，以确保会计法律、法规和规章制度的贯彻执行，维护国家财经纪律和经济秩序的稳定。

三、知识产权保护

（一）《中华人民共和国专利法》

《中华人民共和国专利法》（以下简称《专利法》）是一部旨在保护专利权人合法权益、鼓励发明创造、推动科技进步与经济社会发展的重要法律。该法自 1984 年 3 月首次颁布以来，历经多次修订，以适应不同时期经济社会发展的需要。最新一次的修订于 2020 年 10 月 17 日由第十三届全国人民代表大会常务委员会第二十二次会议通过，并于

2021 年 6 月 1 日正式实施。

《专利法》的内容主要包括以下几个方面：一是明确了发明创造的定义，包括发明、实用新型和外观设计三种类型；二是规定了专利的申请、审查和授权程序，确保专利权的授予具有合法性和公正性；三是强化了专利权的保护，明确了专利权人的权利和义务，以及侵犯专利权所应承担的法律责任；四是促进专利的实施和运用，鼓励专利权人通过许可、转让等方式将专利技术转化为现实生产力。

该法律的意义重大而深远。首先，它保护了发明创造者的合法权益，激发了人们的创新热情，为科技进步和社会发展提供了源源不断的动力。其次，通过公开专利技术信息，促进了技术交流和合作，加速了技术成果的传播和应用。再次，《专利法》还维护了市场竞争的公平性，防止了恶意抢注、侵权等不正当竞争行为的发生，为市场经济的健康发展提供了法律保障。最后，该法律的实施推动了经济发展和创新型国家建设，提高了国家的整体创新能力和竞争力，为实现高质量发展奠定了坚实基础。

（二）《中华人民共和国商标法》

《中华人民共和国商标法》（以下简称《商标法》）是一部旨在加强商标管理、保护商标专用权、维护市场经济秩序的重要法律。该法于 1982 年 8 月 23 日由第五届全国人民代表大会常务委员会第二十四次会议通过，并历经多次修订，最近一次是 2013 年的重要修正，现行版本为经过多次修订后的 2013 年版本。

《商标法》规定了商标的注册、使用、管理和保护等方面的基本制度。它明确了商标注册的条件、程序和审查标准，保护商标注册人的专用权，禁止他人未经许可使用相同或近似商标，以避免市场混淆和消费者误认。此外，商标法还规定了商标的续展、变更、转让和使用许可等制度，以及商标无效宣告和争议解决机制，为商标权的保护和运用提供了全面的法律保障。

《商标法》的实施对于维护市场经济秩序、促进公平竞争具有重要意义。它保护了商标注册人的合法权益，激励了企业的创新和品牌建设，提升了商品和服务的品质与信誉。同时，《商标法》也保护了消费者的合法权益，使他们在购买商品和接受服务时能够依据商标来识别来源，降低购买风险，增强消费信心。此外，《商标法》还促进了我国经济的国际化发展，为企业在国际市场上树立品牌形象、拓展市场份额提供了有力支持。

（三）《中华人民共和国著作权法》

《中华人民共和国著作权法》（以下简称《著作权法》）是一部重要的法律，旨在保护文学、艺术和科学作品作者的著作权及与著作权有关的权益。该法于 1990 年 9 月 7 日由第七届全国人民代表大会常务委员会第十五次会议通过，并自 1991 年 6 月 1

日起施行。此后，又经历了 2001 年和 2010 年的两次重要修正，以适应时代发展的需要。

《著作权法》明确了著作权的保护对象，包括文字作品、口述作品、音乐、戏剧、曲艺、舞蹈、杂技艺术作品、美术、建筑作品、摄影作品、电影作品和以类似摄制电影的方法创作的作品等。它规定了著作权人享有的各项权利，如发表权、署名权、修改权、复制权、发行权、出租权、展览权、表演权、放映权、广播权、信息网络传播权等，并详细阐述了这些权利的具体内容和行使方式。此外，《著作权法》还规定了著作权的归属、保护期限、权利限制以及侵权行为的法律责任等内容，为著作权的保护提供了全面的法律保障。

《著作权法》的颁布和实施，对于保护我国境内的文学、艺术和科学作品作者的著作权及与著作权有关的其他权益具有重要意义。它鼓励了有益于社会主义精神文明、物质文明建设的作品的创作和传播，促进了社会主义文化和科学事业的发展与繁荣。同时，《著作权法》也维护了市场的公平竞争秩序，保护了著作权人的合法权益，为我国的经济社会发展提供了有力的法律支持。

四、劳动用工

（一）《中华人民共和国劳动合同法》

《中华人民共和国劳动合同法》于 2007 年 6 月 29 日由第十届全国人民代表大会常务委员会第二十八次会议通过，并由中华人民共和国主席令发布，自 2008 年 1 月 1 日起正式施行。这一立法过程标志着我国在完善劳动保障法律体系方面迈出了重要一步。

《中华人民共和国劳动合同法》共包含多个章节，详细规定了劳动合同的订立、履行、变更、解除和终止等各个环节。主要内容包括：

（1）劳动合同的适用范围：明确了该法适用于中华人民共和国境内的企业、个体经济组织、民办非企业单位等组织与劳动者之间的劳动关系。

（2）劳动合同的订立原则：强调了劳动合同应当遵循合法、公平、平等自愿、协商一致、诚实信用的原则。

（3）劳动合同的内容与形式：规定了劳动合同应当具备的条款，如工作内容、工作地点、工作时间和休息休假、劳动报酬等，并明确了建立劳动关系应当订立书面劳动合同的要求。

（4）劳动合同的履行与变更：规定了用人单位和劳动者在劳动合同履行过程中的权利和义务，以及劳动合同变更的条件和程序。

（5）劳动合同的解除与终止：详细列举了劳动合同解除和终止的法定情形，并规定了相应的经济补偿和法律责任。

《中华人民共和国劳动合同法》的颁布和实施具有多方面的重要意义：

一是保护劳动者合法权益。通过明确劳动合同双方的权利和义务，强调了对劳动者权益的保护，如规定用人单位不得扣押劳动者的居民身份证和其他证件，以及建立劳动关系应当订立书面劳动合同等，为劳动者提供了更加坚实的法律保障。二是构建和谐稳定的劳动关系。该法律的实施有助于促进用人单位与劳动者之间的和谐关系，减少劳动争议的发生，维护社会稳定。三是完善劳动保障法律体系。作为劳动保障法律体系的重要组成部分，《劳动合同法》的颁布和实施进一步完善了我国的劳动保障法律体系，为劳动关系的调整和规范提供了更加全面和具体的法律依据。

（二）《中华人民共和国劳动法》

《中华人民共和国劳动法》是我国劳动法律体系的核心法律。该法律于 1994 年 7 月 5 日由第八届全国人民代表大会常务委员会第八次会议通过，并自 1995 年 1 月 1 日起正式施行。这一立法过程标志着我国在劳动法律制度建设上迈出了重要步伐。

《中华人民共和国劳动法》内容全面，涵盖了劳动者权利与义务、劳动合同、工作时间与休息休假、劳动报酬、劳动安全与卫生、社会保险与福利、劳动争议处理等多个方面。具体内容包括但不限于：

（1）劳动者权利与义务：明确规定了劳动者享有平等就业、选择职业、取得劳动报酬、休息休假、获得劳动安全卫生保护、接受职业技能培训、享受社会保险和福利以及提请劳动争议处理等权利，并规定了劳动者应完成劳动任务、提高职业技能、执行劳动安全卫生规程等义务。

（2）劳动合同：规定了劳动合同的订立、履行、变更、解除和终止的原则和程序，强调了劳动合同的书面形式和法律效力，以及劳动合同的必备条款等。

（3）工作时间与休息休假：明确了国家实行劳动者每日工作时间不超过八小时、平均每周工作时间不超过四十四小时的工时制度，以及用人单位应保证劳动者每周至少休息一日等规定。

（4）劳动报酬：规定了用人单位应按月或按周、按日、按小时以货币形式支付劳动者工资，以及最低工资保障制度等内容。

（5）劳动安全与卫生：强调了用人单位应提供符合国家规定的劳动安全卫生条件和必要的劳动防护用品，建立健全劳动安全卫生制度，防止劳动过程中的事故和职业病的发生。

（6）社会保险与福利：规定了劳动者享有社会保险和福利的权利，包括养老保险、医疗保险、工伤保险、失业保险和生育保险等社会保险制度。

《中华人民共和国劳动法》的颁布和实施具有多方面的意义：

（1）保护劳动者合法权益：该法律为劳动者提供了全面的法律保障，确保劳动者的各项权益得到切实维护，提高了劳动者的社会地位和生活水平。

（2）调整劳动关系：通过明确劳动关系的主体、客体和内容，规范了用人单位和劳动者之间的权利和义务关系，促进了劳动关系的和谐稳定。

（3）建立和维护适应社会主义市场经济的劳动制度：该法律致力于建立和维护适应社会主义市场经济的劳动制度，为劳动力市场的健康发展提供了法律保障。

（4）促进经济发展和社会进步：保护劳动者权益和调整劳动关系有助于激发劳动者的积极性和创造力，提高企业的生产效率和竞争力，从而推动经济的持续健康发展和社会的全面进步。

五、其他法律法规

《反垄断与反不正当竞争法》：防止企业通过不正当手段排挤竞争对手或破坏市场秩序；《环境保护法》：要求企业遵守环保法规，减少污染排放，保护生态环境。其他行业特定法规：不同行业可能还需遵守特定的法律法规，如金融行业需遵守《中华人民共和国银行业监督管理法》等。

新创企业在设立和运营过程中需要严格遵守上述法律法规的规定，以确保企业的合法性和稳健发展。同时，随着法律环境的不断变化和完善，新创企业也应密切关注法律动态，及时调整自身的经营策略和管理方式。

小链接 6 - 3

企业申报创新型中小企业的认定条件

创新型中小企业评价包括创新能力、成长性、专业化三类，涵盖六个指标，分别为有效知识产权数量（20分）、研发费用总额占营业收入总额比重（20分）、主营业务收入增长率（20分）、资产负债率（10分）、主导产品所属领域情况（10分）、主营业务收入总额占营业收入总额比重（20分），评价结果依分值计算，满分为100分。评价得分达到60分以上（其中创新能力指标得分不低于20分、成长性指标及专业化指标得分均不低于15分），或满足下列条件之一即可评定为创新型中小企业：

（1）近三年内获得过国家级、省级科技奖励。

（2）获得高新技术企业、国家级技术创新示范企业、知识产权优势企业和知识产权示范企业等荣誉（均为有效期内）。

（3）拥有经认定的省部级以上研发机构。

（4）近三年新增股权融资总额（合格机构投资者的实缴额）500万元以上。

资料来源：长垣市人民政府. 企业申报创新型中小企业的认定条件［EB/OL］.

［2023－06－20］. http：//www. changyuan. gov. cn/sitesources/cyxrmzf/page_pc/ztzl/sqh-mzc/article5e0dd4c3b0f64c4ead39f148a674d6ff. html.

第四节　新创企业法律风险防范

一、新创企业常见法律风险类型

（一）合同法律风险

合同法律风险是指企业在合同订立、履行及管理过程中，因合同条款不明确、主体资格问题、履约能力不足、法律法规变动等因素，导致合同效力受损、权益遭受侵害或需承担违约责任等不利后果的可能性。这种风险要求企业具备高度的法律意识和合同管理能力，以预防和应对潜在的合同纠纷和法律挑战。

（二）知识产权法律风险

知识产权法律风险是企业经营过程中不可忽视的重要方面，它涵盖了多个类型，包括但不限于商标侵权、专利无效或侵权诉讼、著作权侵权以及商业秘密泄露等。这些风险可能源自企业内部的疏忽，如知识产权管理不善、保护意识不足，也可能来自外部因素，如竞争对手的恶意侵权、法律环境的变化等。

商标侵权是企业常见的知识产权法律风险之一，当企业的商标被他人未经授权使用，或与相似商标混淆使用，导致消费者误认时，就可能构成商标侵权。这不仅会损害企业的品牌形象和声誉，还可能使企业面临经济赔偿和法律诉讼。

专利无效或侵权诉讼则是与技术创新密切相关的风险。企业在投入大量资源进行研发创新后，若专利申请被驳回或宣告无效，将直接影响企业的技术创新成果保护和市场竞争优势。同时，若企业的产品或技术被指控侵犯他人专利权，就可能引发专利侵权诉讼，给企业带来巨大的经济损失和法律困扰。

著作权侵权主要涉及企业的文学、艺术和科学作品等创作成果的保护。当企业的作品被他人未经授权复制、发行、展览或改编时，就可能构成著作权侵权。这不仅会损害企业的创作成果和经济利益，还可能影响企业的创作积极性和创新能力。

（三）劳动用工法律风险

劳动用工法律风险是企业运营中必须认真面对的重要问题，它涵盖了雇佣关系从建立到终止的全过程。这类风险主要源于劳动法律法规的复杂性和不断变化，以及企业内部管理的不完善。具体来说，劳动用工法律风险包括但不限于以下几个方面：

劳动合同签订不规范：如果企业未能与劳动者签订书面劳动合同，或者合同内容不符合法律法规的要求，如未明确约定工作岗位、工作时间、劳动报酬等关键条款，就可能导致合同无效或部分无效，进而引发劳动争议。

违法解雇：企业在解雇员工时，必须遵守劳动法律法规的相关规定，如提前通知、支付经济补偿等。如果企业未经法定程序擅自解雇员工，或者解雇理由不合法，就可能被认定为违法解雇，从而需要承担相应的法律责任。

工时薪酬争议：企业应当遵守国家关于工时和薪酬的相关规定，确保员工的劳动时间和劳动报酬得到合理保障。如果企业存在超时加班、未支付加班费、克扣工资等违法行为，就可能引发员工的投诉和诉讼。

社保缴纳不足：社保缴纳是保障员工权益和企业稳定运营的重要措施。如果企业未按照法律法规的要求为员工缴纳社会保险费用，或者缴纳不足，就可能面临法律处罚和社会舆论的谴责。

（四）公司治理法律风险

公司治理法律风险指的是在企业的治理架构、决策流程、内部监督控制等多个关键环节中，所潜藏的可能违反法律法规和相关规定的问题。这种风险通常表现为公司的股权结构设置不合理，导致控制权纷争；董事会和监事会的职能未能有效发挥，使得决策缺乏科学性和监督出现漏洞；内部的规章制度不健全或执行不力，无法保障公司运营符合法律规范。一旦这些问题暴露，企业就极有可能面临来自股东、投资者、监管机构等多方的法律诉讼，承受巨额的罚款和赔偿责任，甚至可能受到严厉的监管处罚，如停业整顿、吊销执照等。这不仅会直接干扰企业的正常稳定运营，打乱业务发展的节奏，还会对企业的市场声誉造成极大的损害，削弱其在市场中的竞争力和公众信任度。

（五）税务法律风险

税务法律风险是企业在日常经营和税务筹划过程中必须审慎面对的重要挑战。它源自税收法规的复杂性和多变性，以及企业在税务管理中的疏忽或不当操作。具体而言，税务法律风险可能涉及多个方面，包括但不限于：

企业可能因对税收政策的理解不准确或执行不到位，导致税务申报错误或漏报，进而面临税务机关的稽查、调查，甚至可能受到行政处罚，包括高额的罚款和滞纳金。这不仅会直接增加企业的财务成本，还可能对企业的信誉和声誉造成负面影响。

企业在税务筹划过程中，若采取过于激进或不合规的策略，试图规避或减少应纳税额，就可能导致逃税、漏税等违法行为，从而面临更为严重的法律后果，如刑事责任追究。这将对企业的稳定经营和长期发展构成重大威胁。

随着国际税收合作的加强和税收信息交换机制的完善，跨国企业在全球范围内的税务合规风险也在不断增加。企业需要更加关注国际税收规则和双边税收协定的变化，确保在全球范围内的税务筹划和申报活动符合相关法律法规的要求。

二、法律风险产生的原因

（一）法律知识的缺乏与风险认知不足

企业和个人因对法律法规了解不透彻或更新不及时，往往容易在经营活动中无意间触犯法律红线，从而面临法律风险。这种风险的产生，往往源于对法律风险的低估和忽视，缺乏足够的法律意识和风险防范能力。

（二）社会环境的复杂化与不确定性

随着社会经济的快速发展，市场环境、政策环境、法律环境等都在不断变化，这种变化增加了法律风险的不确定性。同时，社会环境的复杂化也导致了各种法律关系的交织和冲突，进一步提升了法律风险的发生概率。

（三）法律制度的不完善与执行不力

尽管法律体系在不断完善，但仍存在漏洞和不足之处，这为法律风险提供了滋生空间。此外，法律执行不力、司法腐败等问题也削弱了法律的权威性和有效性，使得一些违法行为得不到应有的制裁，从而加剧了法律风险。

（四）企业经营管理不善

企业内部管理机制的缺陷、内部控制的松散以及合规文化的缺失，都可能导致企业违法违规行为的发生。例如，合同管理不规范、财务管理混乱、知识产权保护不力等都可能引发法律风险。

（五）外部法律环境的变化

外部环境的变化如法律法规的修订、政策调整以及国际法律环境的变化等，都可能对企业的经营活动产生影响，从而引发法律风险。企业需要密切关注外部法律环境的变化，及时调整经营策略，以应对潜在的法律风险。

三、法律风险防范措施

（一）建立健全法律风险防范机制

企业需将法律风险防范纳入整体战略规划，构建一套完整的法律风险管理体系。包括明确法律风险管理部门或团队的职责，制定详细的法律风险管理制度和流程，以及建立有效的风险预警和应对机制。同时，企业还应定期开展法律风险评估，识别潜在的法律风险点，并制定相应的防范措施。注重培养法律人才，提高法律事务团队的专业素养和实战能力。

（二）加强合同管理

合同管理是企业法律风险防范的重要环节。企业需建立完善的合同管理制度，包括合同起草、审批、签订、履行、变更和解除等各个环节的规范流程。在合同签订前，应对合同条款进行仔细审查，确保合同内容合法合规、权利义务明确、风险可控。同时，还应加强合同履行的监督和管理，确保合同得到全面、及时地履行。对于重要合同，应引入第三方机构进行风险评估和合规审查。

（三）加强知识产权管理

知识产权是企业的重要无形资产，也是法律风险防范的重点领域。企业需建立完善的知识产权管理制度，包括知识产权的申请、保护、运用和维权等方面的规定。在知识产权的申请阶段，要注重选择具有战略价值的技术和作品进行申请，提高知识产权的质量和数量。在保护阶段，应加强知识产权的监控和维权工作，及时发现并制止侵权行为。在运用阶段，应充分利用知识产权资源，推动技术创新和产业升级。

（四）遵守劳动法律法规

劳动法律法规是企业用工过程中必须遵守的重要规范。企业需建立完善的劳动用工管理制度，包括劳动合同管理、工时休假管理、薪酬福利管理等方面的规定。在用工过程中，应严格遵守劳动法律法规的规定，确保用工行为的合法合规性，并注重维护员工的合法权益和利益诉求，建立和谐的劳动关系，提高员工的满意度和忠诚度。还需加强劳动法律法规的培训和宣传教育工作，提高员工的法律意识和合规意识。

（五）加强税务管理

税务管理是企业财务管理的重要组成部分，也是法律风险防范的重要领域。企业需建立完善的税务管理制度和流程，确保税务工作的合法合规性。在税务筹划方面，企业应在合法合规的前提下进行税务筹划工作，降低税负成本。在税务申报和缴纳方面，企业应按时足额申报和缴纳税款，避免出现逾期未报、漏报、错报等税务风险。同时，企业还应加强税务风险的监控和预警工作，及时发现并应对潜在的税务风险点。

（六）加强法律培训和教育

新创企业应定期开展法律培训和教育活动，覆盖全体员工和关键岗位人员。培训内容包括但不限于法律法规知识、案例分析、风险防范措施等方面。通过培训和教育活动，提高员工的法律素养和合规意识，增强员工的风险防范能力和应对能力。同时，企业还应建立健全法律培训和教育评估机制，确保培训和教育效果的质量和有效性。

小链接 6 - 4

新创企业法律风险防范案例

基本案情：

2017 年 10 月，甲公司与乙公司签订合作协议，约定双方合作成立丙公司，甲公司认缴 11 亿多元，占股 65%，乙公司认缴 6 亿多元，占股 35%。甲公司应于 2017 年 12 月 31 日前将首次出资款 5200 万元汇入丙公司账户，甲公司以其持有的丁公司 100% 股权出资，须在 2018 年 3 月 31 日前办理完过户手续，其余出资须在 2019 年 12 月 31 日前全部到位。乙公司以其名下四家全资子公司 100% 股权出资，该四家公司资产评估值合计为 6.2 亿元，须于 2017 年 12 月 31 日前办理过户手续。协议签订后，乙公司依约将其名下四家公司 100% 股权过户登记到丙公司名下。2018 年 1 月 15 日，甲公司将持有的丁公司 100% 股权过户登记至丙公司名下。2018 年 1 月 19 日，甲公司向丙公司转账5200 万元。乙公司经委托评估后认为丁公司的股权价值远没有甲公司所称的 6 亿元，并质疑甲公司履行后续出资的能力。2018 年 4 月 16 日，乙公司向甲公司发出解除通知书，称甲公司经其催告后至今仍未履行剩余出资义务，通知解除双方的合作协议。2018 年 9 月 28 日，乙公司起诉请求甲公司、丙公司返还其注入丙公司的四家公司 100% 股权。

人民法院经审理认为：

甲公司支付第一项出资 5200 万元比协议约定时间晚十多天，但不构成根本违约。甲公司已将丁公司 100% 股权过户登记至丙公司名下，其第二项出资义务也已经完成。丁公司资产评估问题，仅影响第三项义务即剩余出资款的具体数额。协议约定甲公司将剩余出资全部出资到位的时间是 2019 年 12 月 31 日。乙公司 2018 年 4 月 16 日发出解除通知书时履行期限尚未届满，乙公司不享有协议约定的解除权。乙公司以四家公司100% 股权的出资已经转化为丙公司的资产，非经法定程序，股东出资不得抽回、减少。遂判决驳回了乙公司的诉讼请求。

法律风险提示：

《中华人民共和国公司法》第三条规定：公司是企业法人，有独立的法人财产，享有法人财产权。公司以其全部财产对公司的债务承担责任。乙公司面临甲公司未依约履行出资义务，却因持有丙公司65%股权而实际控制其出资价值6亿多元的四家公司的风险。企业在合作前应对合作方进行尽职调查，了解合作方的履约能力。合作协议应对不依约履行出资义务一方的股东权利进行限制，避免一方在违约情况下仍享有对合作企业的控制权。

资料来源：李思文．创业者成功规避法律风险的案例［EB/OL］．［2024－06－18］. https：//www. thepaper. cn/newsDetail_forward_28948870.

本 章 要 点

1. 法律组织形式分为：个人独资企业、合伙企业、公司制企业。

2. 法律组织形式变更的流程：拟定变更方案、内部审议与决策、编制相关文件、履行审批程序、公告与通知、办理变更登记。

3. 法人的特征：独立性、财产权、责任有限性。

4. 法人制度的作用：规范经济秩序、促进社会发展、保护合法权益。

5. 公司治理结构的组成部分：股东（大）会、董事会、监事会、经理层。

6. 新创企业相关的法律规定主要包括：《中华人民共和国公司法》《中华人民共和国市场主体登记管理条例》《中华人民共和国税收征收管理法》《中华人民共和国会计法》《中华人民共和国专利法》《中华人民共和国商标法》《中华人民共和国劳动合同法》《中华人民共和国劳动法》等多部法律法规。

7. 新创企业法律风险防范措施：建立健全法律风险防范机制、加强合同管理、加强知识产权管理、遵守劳动法律法规、加强税务管理、加强法律培训和教育。

复 习 思 考 题

1. 简述新创企业的法律组织形式分类。

2. 简述新创企业各法律组织形式的优缺点。

3. 简述企业法律组织形式变更的流程。

4. 简述公司治理结构的组成。

5. 简述构建公司治理结构的意义。

6. 简述《中华人民共和国公司法》的主要内容。

7. 新创企业法律风险防范措施包括哪些？

实践练习　公司注册流程设计

某团队计划注册一家创业公司，拟开展科技咨询与软件开发业务。作为注册负责人，你需要完成公司注册流程设计，确保公司合法合规运营，并梳理注册过程中遇到的难点。

本章知识拓展

新创企业常见的法律合规问题及解决对策

新创企业在发展过程中常面临多个法律合规问题，以下是这些问题及相应的解决对策：

问题一：合同管理不善

问题描述：新创企业在日常运营中，合同管理往往成为法律纠纷的源头。合同条款不明确、签订流程不规范、履行监督不到位等问题，都可能导致企业陷入法律困境。

解决对策：建立健全合同管理制度，明确合同的起草、审批、签订、履行、变更和解除等各个环节的流程。在签订前，对合同条款进行仔细审查，确保条款清晰、权利义务明确。同时，加强合同履行的监督和管理，确保合同得到全面、及时地履行。此外，还可以引入合同管理系统，实现合同管理的信息化和规范化。

问题二：知识产权保护不足

问题描述：新创企业往往拥有一定的创新成果和技术专利，但知识产权保护意识不足，容易遭受侵权。同时，在知识产权的申请、维护和维权方面也存在一定困难。

解决对策：建立完善的知识产权管理制度，加强知识产权的申请、保护和维权工作。在研发过程中，注重知识产权的创造和积累，及时申请专利、商标和著作权等知识产权。在知识产权保护方面，加强与知识产权机构的合作，提高知识产权的申请效率和保护力度。同时，加强知识产权的宣传和培训工作，提高全体员工的知识产权保护意识。

问题三：劳动法合规问题

问题描述：随着新创企业规模的扩大，员工数量逐渐增加，劳动法合规问题也日益凸显。如未按照劳动法规定签订劳动合同、未支付加班费、未提供必要的劳动保护措施等，都可能引发劳动仲裁或诉讼。

解决对策：严格遵守劳动法律法规的规定，建立完善的劳动用工管理制度。在用工过程中，注重维护员工的合法权益和利益诉求，建立和谐的劳动关系。加强劳动合同的签订和管理工作，确保劳动合同的合法性和有效性。同时，加强劳动法律法规的培训和宣传教育工作，提高全体员工的劳动法律意识和合规意识。

问题四：税务和财务合规问题

问题描述：新创企业在税务和财务方面往往存在合规问题，如未能按时缴纳税款、存在财务造假等行为，不仅会受到税务部门的处罚，还可能影响企业的信用记录。

解决对策：加强税务和财务的合规管理工作，建立健全财务管理制度和税务筹划机制。在税务方面，确保按时足额缴纳税款，避免逾期未报、漏报、错报等税务风险。在财务方面，加强财务管理和内部控制工作，确保财务数据的真实性和准确性。同时，加强与税务和财务机构的合作与交流，及时了解最新的税务政策和法规变化。

问题五：数据安全与隐私保护问题

问题描述：随着互联网的普及和大数据技术的应用，新创企业在数据安全与隐私保护方面面临严峻挑战。如未能妥善保护用户数据，可能引发用户投诉、法律诉讼甚至面临巨额罚款。

解决对策：加强数据安全与隐私保护工作，建立完善的数据管理制度和隐私保护机制。在数据收集、存储、处理和传输过程中，严格遵守相关法律法规的规定，确保数据的合法性和安全性。加强数据安全防护工作，采用加密、备份、审计等技术手段提高数据保护能力。同时，加强员工的数据安全意识和隐私保护意识培训和教育工作。

创业实验篇

第七章 《创业之星》平台概述

《创业之星》是一套全面的创业模拟实践的综合实训平台。它运用先进的计算机软件与网络技术，结合严密和精心设计的商业模拟管理模型及企业决策博弈理论，全面模拟真实企业的创业运营管理过程。学生在虚拟商业社会中完成企业创建、运营、管理等所有决策。通过这种实训课程，可以有效将所学知识转化为实际动手的能力，提升学生的综合素质，提升学生的就业与创业能力。

第一节 《创业之星》平台简介

《创业之星》涵盖了从计划、准备到实施的创业全过程。主要包括两大部分功能模块：创业计划、创业管理实践。

模块一：创业计划

根据《创业之星》整个训练系统平台的商业背景环境与数据规则，完成创业计划书的编写。创业者首先对背景环境进行商业机会分析，组建经营团队，制订资金筹措计划，撰写公司名称，制订公司章程，并编写一份完整的创业计划书。组成创业公司的训练团队首先要对市场商业机会进行研究，并分析市场竞争形势，从而制订出合理的创业计划书。创业计划书的内容主要包括：摘要、公司简介、市场分析、竞争分析、产品服务、市场营销、财务计划、风险分析、内部管理等方面。

模块二：创业管理实践

创业运营管理是本系统的核心部分，是训练和提升学生创业能力的关键环节，也是检验创业计划可行性的实践环节。通过对真实企业的仿真模拟，所有参加训练的学生分成若干小组，组建成若干虚拟公司，在同一市场环境下相互竞争与发展。每个小组的成员分别担任虚拟公司的总经理、财务经理、营销经理、生产经理、研发经理、人力资源经理等岗位，并承担相关的管理工作，通过对市场环境与背景资料的分析讨论，完成企业运营过程中的各项决策，包括战略规划、品牌设计、营销策略、市场开发、产品计划、生产规划、融资策略、成本分析等。通过团队成员的努力，使公司实现既定的战略目标，并在所有公司中脱颖而出。

在《创业之星》中，每个小组需要独立作出众多的经营决策，使创业企业能够逐步成长壮大。这些经营决策涉及一个创业企业的各个方面。同时，团队合作、沟通技巧、执行力等也是整个决策过程中至关重要的环节。如何综合考虑各种因素的影响，充分发挥团队的作用，是制定有效决策和最终取胜的关键。

第二节 《创业之星》技术架构

《创业之星》运用先进的计算机软件与网络技术，结合严密和精心设计的商业模拟管理模型及企业决策博弈理论，全面模拟真实企业的创业运营管理过程。在虚拟商业社会中完成企业从设想、规划、创建、运营、管理、分析、改进等所有决策工作。

一、进入《创业之星》系统

双击鼠标左键运行电脑桌面上的《创业之星》学生端程序，出现图7-1界面。

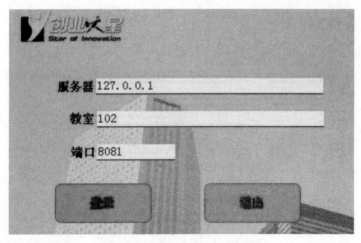

图7-1 《创业之星》登录界面

按照教师要求输入相关配置参数。如正常连接，将会出现学生登录窗口。在第一次使用时，没有任何学生可以登录，需要学生提交申请，教师审核通过后才可以使用该学生名字登录；点击"注册新用户"弹出图7-2窗口。

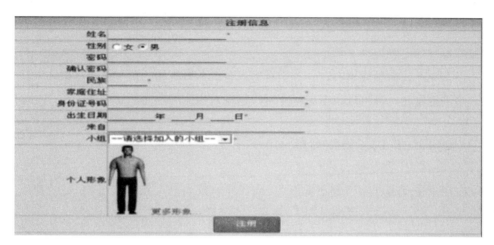

图7-2 《创业之星》注册界面

带有"＊"号的为必填项，填写完成后点击注册。此时，请等待或通知教师端审核你的注册请求。当审核通过后，请重新登录或刷新本页面，然后选择你的账号，点击"登录"。

二、系统内主场景功能分布简介

成功登录系统后你可以看到主场景如图7-3所示。

图7-3 《创业之星》主场景示意

主场景展示了一个创业园区，每幢楼代表着某一个办事机构，可以分别去办理相关事宜。当你需要进入时，将鼠标移动到楼前的进入标志" 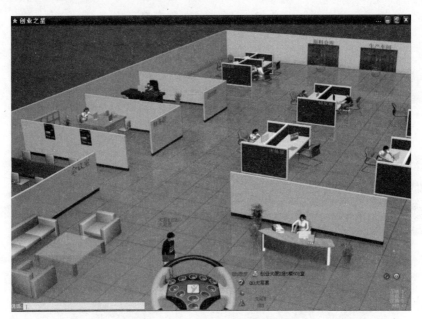"，出现"进入"提示后点击鼠标左键即可进入。

下面是一个快速导航仪表盘，其中有进入各个办事机构的快捷菜单，以及系统信息提示和帮助等信息，你可以单击鼠标左键快速进入相应的部门。

三、公司场景功能分布简介

在主场景中点击进入"创业大厦"，或在导航仪表盘上点击"公司"，快速进入公司内部场景。公司场景的界面见图7-4。

图7-4 《创业之星》公司示意

公司内部包括了研发部、市场部、销售部、生产部、人力资源部、财务部等部门，另外还有总经理室、会议室、原料仓库、生产车间、成品仓库等可以操作管理。

《创业之星》采用的是国际上最为流行的模拟教学技术来实现创业模拟课程和实践。与传统授课式或案例式学习方法比较，模拟课程有效解决了传统培训枯燥的说教模式和空洞的讨论内容，在教师的指导下，由若干名学生组成模拟企业或团队，亲自参与体验，为完成经营目标，借助现代管理学的知识和技术，亲自参与企业运营管理的团队分工、战略规划、市场研究、生产计划、研发投入、销售管理、市场拓展、报表分析等决策，掌握在真实企业运营中会遇到的各种决策情况，并对出现的问题和运营结果进行有效分析与评估，从而对企业管理中的各种知识技能有更深切的体会与感受，并达到提升综合管理技能与分析解决问题的能力。

本 章 要 点

学习完成平台注册。

讨 论 思 考 题

每支团队准备一张 A4 白纸，一支白板笔，写上公司名称、LOGO，公司成员，公司经营目标等信息，由总经理上台展示企业，并做就职宣言。

讨论明确并完善公司的组织架构：

公司名称：＿＿＿＿＿＿＿＿＿＿＿＿＿＿＿＿＿＿＿＿＿

公司宗旨：＿＿＿＿＿＿＿＿＿＿＿＿＿＿＿＿＿＿＿＿＿

战略目标：＿＿＿＿＿＿＿＿＿＿＿＿＿＿＿＿＿＿＿＿＿

总经理：＿＿＿＿＿＿＿＿＿＿＿＿＿＿＿＿＿＿＿＿＿＿

生产总监（兼技术）：＿＿＿＿＿＿＿＿＿＿＿＿＿＿＿＿

营销总监：＿＿＿＿＿＿＿＿＿＿＿＿＿＿＿＿＿＿＿＿＿

财务总监：＿＿＿＿＿＿＿＿＿＿＿＿＿＿＿＿＿＿＿＿＿

市场总监：＿＿＿＿＿＿＿＿＿＿＿＿＿＿＿＿＿＿＿＿＿

本 章 知 识 拓 展

企业创新成长力公式

任何企业都是不断成长的生命体。然而，究竟什么因素决定了一个企业的生与死？在我看来，企业生死只取决于一个东西：企业创新成长力。

什么是企业创新成长力？企业创新成长力就是一个企业创新成长的能力和潜力，其中，创新能力决定了一个企业能达到的高度，创新潜力则决定了一个企业成长的持久度。影响企业创新成长的因素纷繁复杂，在一个开放和生态主导的时代，企业创新成长力取决于两个方面：一是内部撕裂度，二是外部生态圈。企业在一个生态圈中发展，自身生态构建是否到位，与外部生态的互动和链接是否有效，都深刻影响着企业成长。组织内部撕裂和外部链接断裂，让无数企业栽了跟头。说到底，一"内"一"外"决定了企业成长，综合起来就是企业创新成长力，于是，可以总结出一个企业成长公式，如下所示：

企业创新成长力 = 外部生态/内部撕裂度

企业创新成长与外部生态成正比，与内部撕裂度成反比。也就是说，企业的外部生态链接越有效、内部撕裂度越低，企业的创新成长能力就越强、潜力就越大。如果外部生态力不足，内部撕裂度很大，企业的创新发展就一定磕磕绊绊。运用这个公式，我们可以很好地解释有些企业在创新成长中碰到的困惑。

资料来源：刘志迎. 中国创新［M］. 合肥：中国科学技术大学出版社，2024.

第八章　创业模拟经营演练设计

第一节　熟悉模拟经营环境

《创业之星》模拟真实的创业环境，在本课程中，将以团队合作的形式来完成在虚拟社会环境下企业从创办、运营、管理到最终盈亏的全过程。下面介绍一下创业模拟经营的微观环境和宏观环境。

一、认识模拟经营微观环境

微观经营环境是指那些直接影响企业从事生产经营活动的有关因素。主要包括：生产要素供应商、营销中介单位、消费者、竞争对手和公众等。

（一）生产要素供应商

生产要素供应商是影响企业经营微观环境的重要因素之一。生产要素供应商是指向企业及其竞争者生产产品和服务所需资源的企业或个人。生产要素供应商所提供的资源主要包括原材料、设备、能源、劳务、资金等。

在《创业之星》模拟经营环境中，玩具行业原材料包括包装材料、面料、填充物和辅件四类。四类原材料的特性、价格、到货周期、付款周期和价格折扣也各不一样。其中，包装材料包括玻璃包装纸、纸质包装盒、金属包装盒；面料包括短平绒、松针绒、玫瑰绒；填充物包括 PP 棉、珍珠棉、棉花；辅件包括发声装置和发光装置。每种原材料的具体价格、到货周期、付款周期和价格折扣如图 8－1 所示。

到货周期是指卖家收到订单后发货给买家的时间段，如果到货周期为 1，那么本季度采购，下季度才能收货；付款周期指每次货款计算涵盖的交易时间长度，由于实际业务中存在大量频繁的交易，每天都要交很多次货，如果每次到货都要付款，就会增加交易双方的成本，因此，通常情况下会约定一个付款周期。从图 8－1 中可以看出每种原材料在每个季度的价格、购买数量的折扣率也不一样，所以在模拟经营中要根据自己企业的实际需求进行采购。

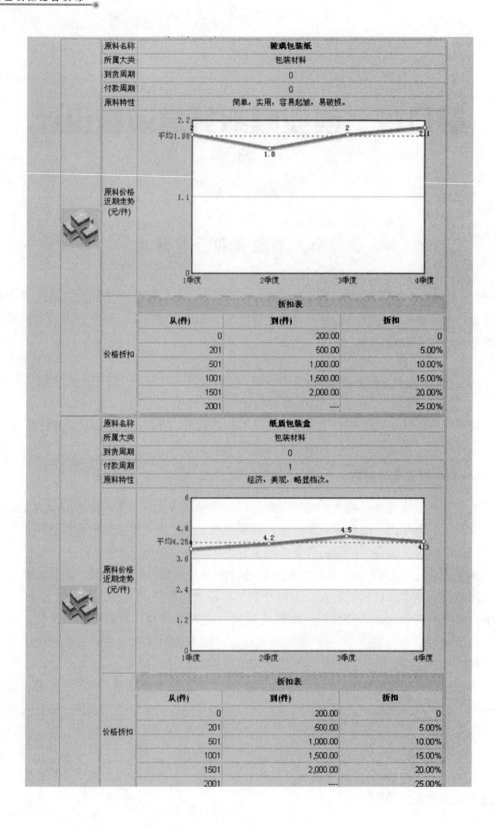

原料名称	玻璃包装纸	
所属大类	包装材料	
到货周期	0	
付款周期	0	
原料特性	简单，实用，容易起皱，易破损。	

原料价格近期走势(元/件)

平均1.98

折扣表

从(件)	到(件)	折扣
0	200.00	0
201	500.00	5.00%
501	1,000.00	10.00%
1001	1,500.00	15.00%
1501	2,000.00	20.00%
2001	----	25.00%

原料名称	纸质包装盒	
所属大类	包装材料	
到货周期	0	
付款周期	1	
原料特性	经济，美观，略显档次。	

原料价格近期走势(元/件)

平均4.25

折扣表

从(件)	到(件)	折扣
0	200.00	0
201	500.00	5.00%
501	1,000.00	10.00%
1001	1,500.00	15.00%
1501	2,000.00	20.00%
2001	----	25.00%

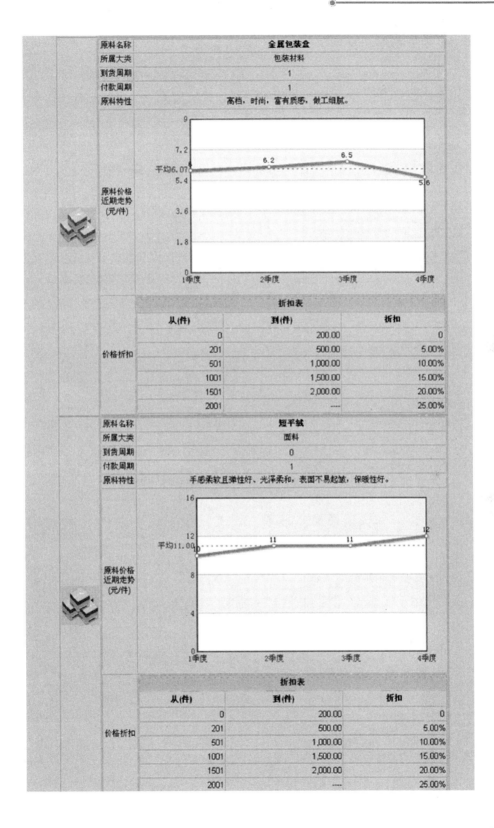

原料名称	金属包装盒		
所属大类	包装材料		
到货周期	1		
付款周期	1		
原料特性	高档，时尚，富有质感，做工细腻。		

原料价格近期走势(元/件)

折扣表		
从(件)	到(件)	折扣
0	200.00	0
201	500.00	5.00%
501	1,000.00	10.00%
1001	1,500.00	15.00%
1501	2,000.00	20.00%
2001	——	25.00%

原料名称	短平绒		
所属大类	面料		
到货周期	0		
付款周期	1		
原料特性	手感柔软且弹性好、光泽柔和，表面不易起皱，保暖性好。		

原料价格近期走势(元/件)

折扣表		
从(件)	到(件)	折扣
0	200.00	0
201	500.00	5.00%
501	1,000.00	10.00%
1001	1,500.00	15.00%
1501	2,000.00	20.00%
2001	——	25.00%

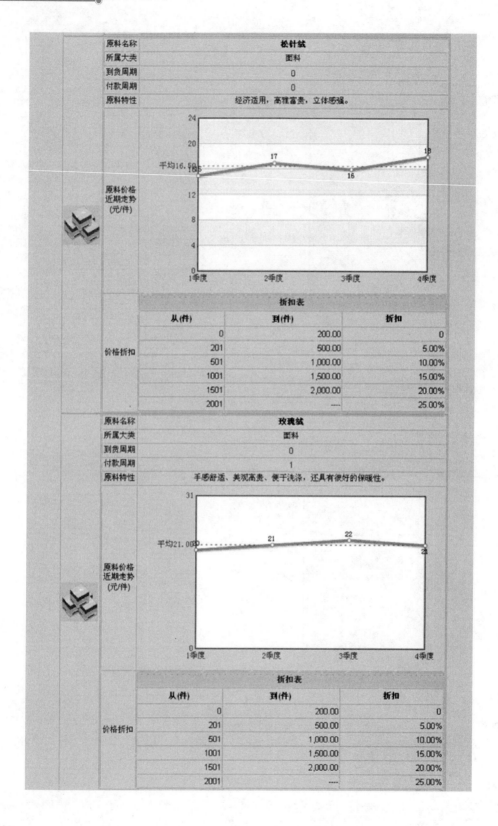

原料名称	松针绒	
所属大类	面料	
到货周期	0	
付款周期	0	
原料特性	经济适用，高雅富贵，立体感强。	

原料价格近期走势（元/件）

平均16.50

折扣表		
从(件)	到(件)	折扣
0	200.00	0
201	500.00	5.00%
501	1,000.00	10.00%
1001	1,500.00	15.00%
1501	2,000.00	20.00%
2001	----	25.00%

原料名称	玫瑰绒	
所属大类	面料	
到货周期	0	
付款周期	1	
原料特性	手感舒适、美观高贵、便于洗涤，还具有很好的保暖性。	

原料价格近期走势（元/件）

平均21.00

折扣表		
从(件)	到(件)	折扣
0	200.00	0
201	500.00	5.00%
501	1,000.00	10.00%
1001	1,500.00	15.00%
1501	2,000.00	20.00%
2001	----	25.00%

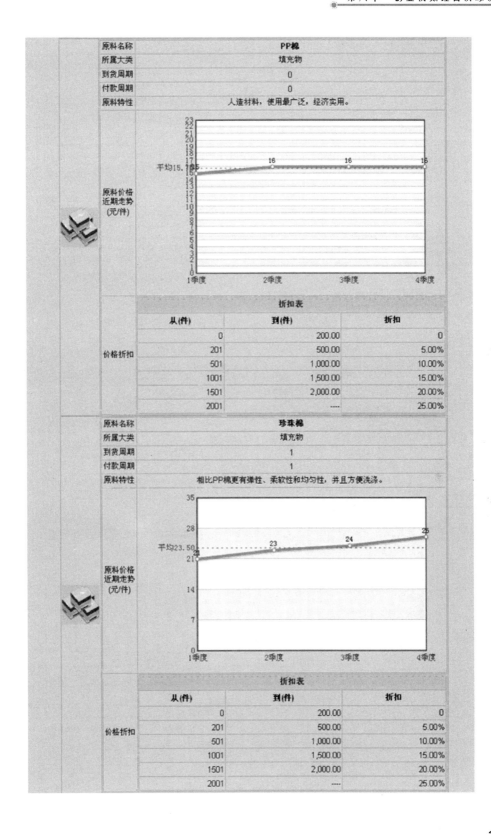

原料名称	PP棉
所属大类	填充物
到货周期	0
付款周期	0
原料特性	人造材料，使用最广泛，经济实用。

原料价格近期走势(元/件)

折扣表

从(件)	到(件)	折扣
0	200.00	0
201	500.00	5.00%
501	1,000.00	10.00%
1001	1,500.00	15.00%
1501	2,000.00	20.00%
2001	----	25.00%

价格折扣

原料名称	珍珠棉
所属大类	填充物
到货周期	1
付款周期	1
原料特性	相比PP棉更有弹性、柔软性和均匀性，并且方便洗涤。

原料价格近期走势(元/件)

折扣表

从(件)	到(件)	折扣
0	200.00	0
201	500.00	5.00%
501	1,000.00	10.00%
1001	1,500.00	15.00%
1501	2,000.00	20.00%
2001	----	25.00%

价格折扣

129

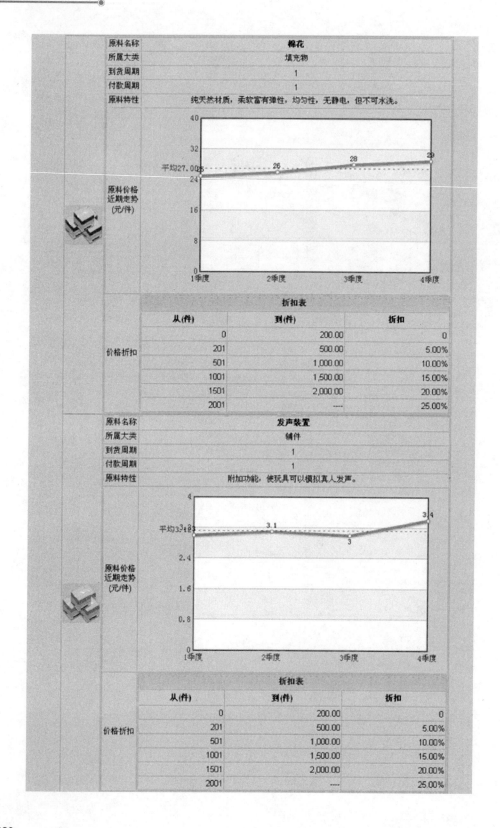

原料名称	棉花		
所属大类	填充物		
到货周期	1		
付款周期	1		
原料特性	纯天然材质，柔软富有弹性，均匀性，无静电，但不可水洗。		

原料价格近期走势(元/件)

平均27.00

折扣表			
从(件)	到(件)		折扣
0	200.00		0
201	500.00		5.00%
501	1,000.00		10.00%
1001	1,500.00		15.00%
1501	2,000.00		20.00%
2001	----		25.00%

原料名称	发声装置		
所属大类	辅件		
到货周期	1		
付款周期	1		
原料特性	附加功能，使玩具可以模拟真人发声。		

原料价格近期走势(元/件)

平均3.18

折扣表			
从(件)	到(件)		折扣
0	200.00		0
201	500.00		5.00%
501	1,000.00		10.00%
1001	1,500.00		15.00%
1501	2,000.00		20.00%
2001	----		25.00%

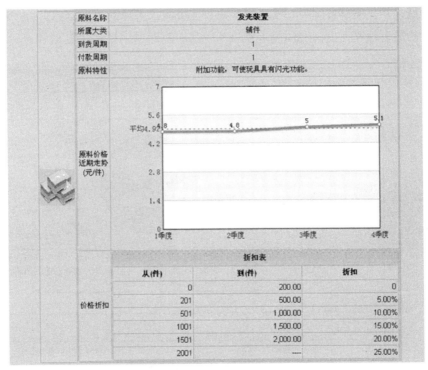

图 8 – 1　各类原材料购买信息示意

(二) 营销中介单位

营销中介单位是协助公司推广、销售和分配产品给最终买家的那些企业。它们包括中间商、实体分配公司、市场营销服务机构及金融机构等。

中间商是协助公司寻找顾客或直接与顾客进行交易的商业企业。中间商分两类：代理中间商和经销中间商。代理中间商即代理人、经纪人、制造商代表，他们专门介绍客户或与客户磋商交易合同，但并不拥有商品持有权。经销中间商如批发商、零售商和其他再售商，他们购买产品，拥有商品持有权，再售商品。

实体分配公司协助公司储存产品和把产品从原产地运往销售目的地。

市场营销服务机构指市场调研公司、广告公司、各种广告媒介及市场营销咨询公司，他们协助企业选择最恰当的市场，并帮助企业向选定的市场推销产品。在《创业之星》模拟经营中，要进行产品的广告宣传。你在研发产品后，点击"市场部"，在弹出的窗体中选择"广告宣传"，对相应的产品进行广告费的投入，才能在市场上进行销售。每季度广告最低投入 1000 元，投入广告后能够影响订单 3 个季度的时间。

(三) 消费者

企业与供应商和中间商保持密切关系的目的，是有效地向目标市场提供商品与劳务，顺利地把商品卖给消费者。在《创业之星》模拟经营中，每个企业或公司都需要面对品质型客户、经济型客户、实惠型客户等三个需求各异的消费群体，每个消费群体都有自己的最大预算支出、关注侧重点以及产品功能诉求，具体如图 8-2 所示。

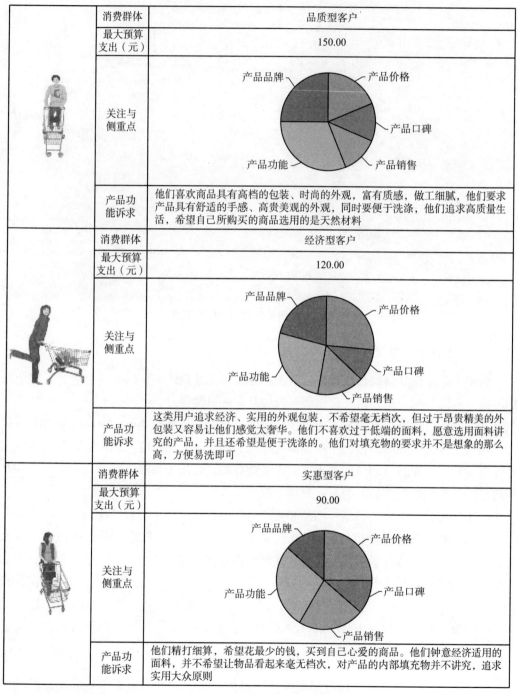

图 8-2　消费群体偏好示意

这三类消费群体在不同地区、不同时间段具有不同的最大预算支出，具体如图 8-3 所示。

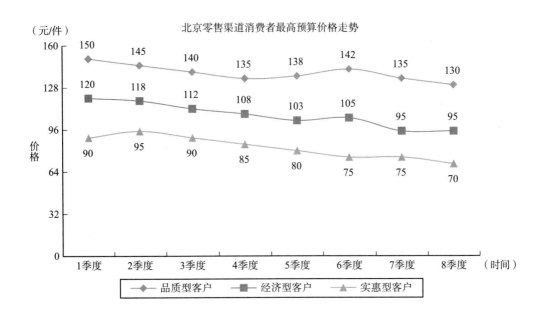

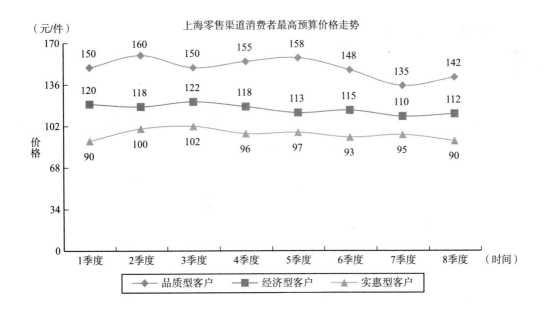

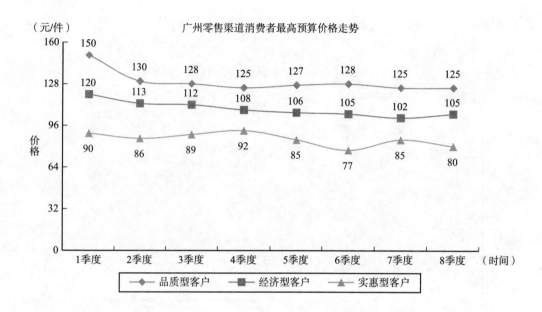

广州零售渠道消费者最高预算价格走势

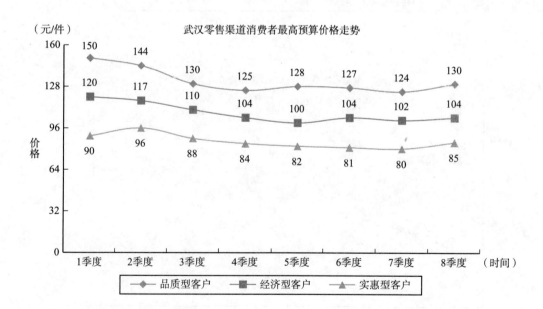

武汉零售渠道消费者最高预算价格走势

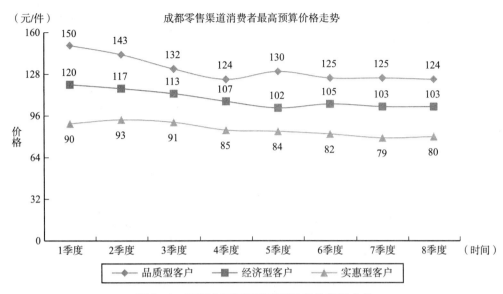

图 8 - 3　不同市场不同消费群体价格接受走势

（四）竞争对手

竞争对手不仅包括其他同行公司，而且还包括内在因素。一个公司增强竞争力的最好办法是树立顾客观点。顾客在决定将要购买某件东西的决策过程中，究竟考虑些什么呢？假定一个人劳累之后需要休息一下，那么这个人会问："我现在要做些什么呢？"他（她）的脑际可能会闪现社交活动、体育运动和吃些东西的念头。我们把这些称为欲望竞争因素。假如这个人很想解决饥饿感，那么问题就成为："我要吃些什么呢？"各种食品就会出现在心头，如炸土豆片、糖果、软饮料、水果。这些能表示满足同一需要的不同的基本方式，我们可称之为类别竞争因素。这时，如果他（她）决定吃糖果，那么又会问："我要什么样的糖果呢？"于是就会想起各种糖果来，如巧克力块、甘草糖和水果糖，这些糖果都是满足吃糖欲望的不同形式，我们称之为产品形式竞争因素。最后，消费者认为他要吃巧克力块，这样又会面对几种牌子的选择，如赫谢、雀巢和火星等品牌，这些称为品牌竞争因素。在《创业之星》模拟经营中，一个班级内分组形成的各个企业或公司就是你的竞争对手，你们处于同一个市场环境下相互竞争或者合作，完成创业公司经营季度管理和经营，最终目标就是让自己的企业或公司拔得头筹。

（五）公众

公众就是对一个组织完成其目标的能力有着实际或潜在兴趣或影响的群体。公众可能有助于增强一个企业实现自己目标的能力，也可能妨碍这种能力。鉴于公众会对企业的命运产生巨大的影响，精明的企业就会采取具体的措施，去成功地处理与主要公众的关系。大多数企业都建立了公共关系部门，专门筹划与各类公众的建设性关系。公共关系部门负责收集与企业有关的公众的意见和态度，发布消息、沟通信息，以建立信誉。如果出现不利于公司的反面宣传，公共关系部门就会成为排解纠纷者。

每家企业的周围有七类公众。

①金融界。对企业的融资能力有重要的影响，主要包括银行、投资公司、证券经纪行、股东。在《创业之星》模拟经营中就设立了"创业银行"，即创业园区的金融机构，你可以到这里办理公司开户与申请借款等业务。正常向银行申请借款的利率为5%，借款还款周期为3个季度；当企业或公司资金链断裂时，系统会自动给公司申请紧急借款，这时的利率为20%，还款周期为3个季度，当发生紧急借款时，综合分值将会被扣5分；同一个周期内，正常借款允许的最大金额为200000元。

②媒介公众。它是指那些刊载、播送新闻、特写和社论的机构，特别是报纸、杂志、电台、电视台。

③政府机构。企业在制订营销计划时，必须认真研究与考虑政府政策与措施的发展变化。在《创业之星》模拟经营中，政府机构的部门包括："工商行政管理局"，办理新公司创立时公司名称审核及注册等事宜；"国家税务局"，办理国税税务登记证书；"地方税务局"，办理地税税务登记证书；"质量技术监督局"，办理组织机构代码证；"人力资源和社会保障局"，办理公司社会保险登记证、员工养老保险等。你可以到这些机构办理相应的业务。

④公民行动团体。一个企业的经营活动可能会受到消费者组织、环境保护组织、少数民族团体等的质询。

⑤地方公众。每个企业都同当地的公众团体，如邻里居民和社区组织保持联系。

⑥一般公众。企业需要关注一般公众对企业产品及经营活动的态度。虽然一般公众并不是有组织地对企业采取行动，然而一般公众对企业的印象却影响着消费者对该企业及其产品的看法。

⑦内部公众。企业内部的公众包括蓝领工人、白领工人、经理和董事会。大公司还发行业务通信和采用其他信息沟通方法，向企业内部公众通报信息并激励他们的积极性。当企业雇员对自己的企业感到满意的时候，他们的态度也会感染企业以外的公众。在《创业之星》模拟经营中，企业或公司内部公众主要包括经理、董事会、销售人员和生产工人等。企业或公司要为小组管理团队所有人员（不分人数多少）每季度发放工资10000元，图8-4展示了生产工人的具体情况。

可以在交易市场的人才市场内招聘到不同能力层次的销售人员，销售人员的具体信息如图8-5所示。

工人类型	生产工人
生产能力	450
招聘费用	500.00
季度工资	3000.00
试用期	1
培训费用	300.00
培训提升	3.00%
辞退补偿	300.00

图8-4　生产工人工作情况示意

销售人员	业务员
销售能力	500
招聘费用	500.00
季度工资	3600.00
试用期	1
培训费用	500.00
培训提升	5.00%
辞退补偿	300.00

图8-5　销售人员工作情况示意

二、认识模拟经营宏观环境

企业宏观环境包括政治法律环境、经济环境、社会文化环境和技术环境等。

(一) 政治法律环境

政治法律环境是指一个国家或地区的政治制度、体制、方针政策、法律法规等方面。这些因素常常制约、影响企业的经营行为，尤其是影响企业较长期的投资行为。具体来说，政治环境主要包括国家的政治制度与体制、政局的稳定性以及政府对外来企业的态度等因素；法律环境主要包括政府制定的对企业经营具有刚性约束力的法律、法规，如反不正当竞争法、税法、环境保护法以及外贸法规等因素。如果企业实施国际化战略，则它还需要对国际政治法律环境进行分析，例如，分析国际政治局势、国际关系、目标国的国内政治环境以及国际法所规定的国际法律环境和目标国的国内法律环境。在《创业之星》模拟经营中，政府要求企业或公司按照相应的税率缴纳税费，具体如图8-6所示。

名称	税/比率（%）	说明
所得税率	25.00	企业经营当季如果有利润，则按该税率在下季初缴纳所得税
营业税率	5.00	根据企业营业外收入总额，按该税率缴纳营业税
增值税率	17.00	按该税率计算企业在采购商品时所支付的增值税款，即进项税，以及企业销售商品所收取的增值税款，即销项税额
城建税率	7.00	根据企业应缴纳的增值税、营业税，按该税率缴纳城市建设维护税
教育附加税率	3.00	根据企业应缴纳的增值税、营业税，按该税率缴纳教育附加税
地方教育附加税率	2.00	根据企业应缴纳的增值税、营业税，按该税率缴纳地方教育附加税
养老保险比率	20.00	根据工资总额按该比率缴纳养老保险费用
失业保险比率	2.00	根据工资总额按该比率缴纳失业保险费用
工伤保险比率	0.50	根据工资总额按该比率缴纳工伤保险费用
生育保险比率	0.60	根据工资总额按该比率缴纳生育保险费用
医疗保险比率	11.50	根据工资总额按该比率缴纳医疗保险费用
未办理保险罚款	2000.00元/人	在入职后没有给员工办理保险的情况下按该金额缴纳罚款

图 8－6　公司经营缴费（部分）比率示意

（二）经济环境

经济环境是指构成企业生存和发展的社会经济状况，社会经济状况包括经济要素的性质、水平、结构、变动趋势等多方面的内容，涉及国家、社会、市场及自然等多个领域。构成经济环境的关键战略因素包括：GDP 的发展趋势、利率水平的高低、财政货币政策的松紧、通货膨胀程度及其趋势、失业率水平、居民可支配收入水平、汇率升降情况、能源供给成本、市场机制的完善程度、市场需求情况等。这些因素往往直接影响着企业的经营，如利率上升很可能会使企业使用资金的成本上升；市场机制的完善对企业而言意味着更为正确的价格信号、更多的行业进入机会等。企业的经济环境分析就是要对以上因素进行分析，运用各种指标，准确地分析宏观经济环境对企业的影响，从而使其战略与经济环境的变化相匹配。在《创业之星》模拟经营中，每个企业或公司在正式经营开始之前会获得 600000 元（可调整）的注册资金（实收资本），公司注册设立费用为 3000 元，该笔费用在第一季度初自动扣除。每季度初系统自动扣除当季公司租赁办公场地的费用 10000 元，运营行政管理费每人 1000 元。除此以外，每个企业或公司需要根据实际情况开发市场渠道，共有北京、上海、广州、武汉和成都五个渠道。每个经营周期，不同市场区域下的不同销售渠道都包含了多个消费群体的不同量的市场需求，具体如图 8 - 7 所示。

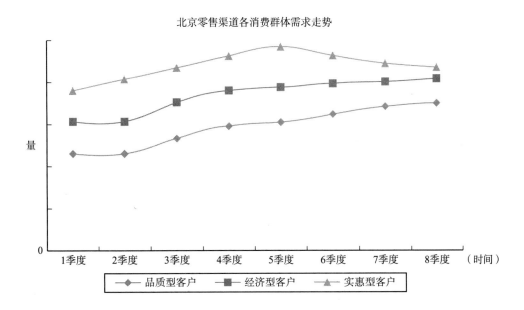

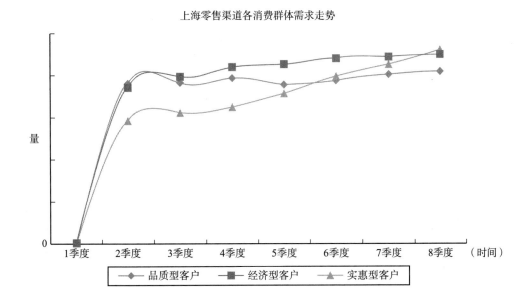

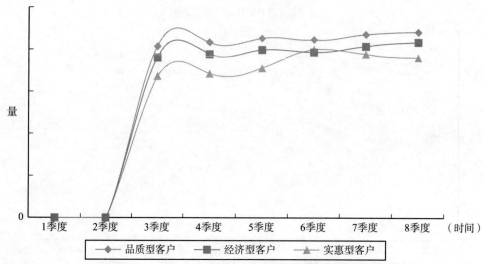

广州零售渠道各消费群体需求走势

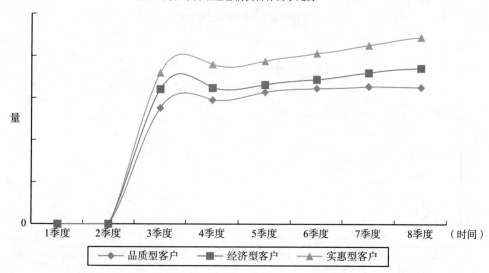

武汉零售渠道各消费群体需求走势

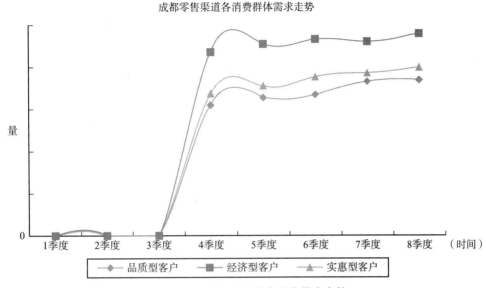

图 8-7   不同市场各消费群体需求走势

（三）社会文化环境

社会文化环境是指企业所在社会中成员的民族特征、文化传统、价值观念、宗教信仰、教育水平以及风俗习惯等因素。从影响企业战略制定的角度来看，社会文化环境可分解为人口和文化两个方面。人口因素对企业战略的制定有着重大的影响。例如，人口总数直接影响着社会生产总规模；人口的地理分布影响着企业的厂址选择；人口的性别比例和年龄结构在一定程度上决定了社会需求结构，进而影响社会供给结构和企业生产；人口的教育文化水平直接影响着企业的人力资源状况。文化环境对企业的影响是间接的、潜在的和持久的，文化的基本要素包括哲学、宗教、语言与文字、文学艺术等，它们共同构筑成文化系统，对企业文化有重大的影响。企业对文化环境进行分析的目的是要把社会文化内化为企业的内部文化，使企业的一切生产经营活动都符合环境文化的价值检验。另外，企业对文化的分析与关注最终要落实到对人的关注上，从而有效地激励员工，有效地为顾客服务。在《创业之星》模拟经营中，企业或公司的人力资源不仅包括你的团队成员，也包含系统中的生产工人和销售人员。

（四）技术环境

技术环境指的是企业所处的社会环境中的技术要素及与该要素直接相关的各种社会现象的集合，技术不仅是指那些引起时代革命性变化的发明，而且还指与企业生产有关的新技术、新工艺、新材料的出现和发展趋势以及应用前景。变革性的技术正对企业的经营活动发生着巨大的影响，这些技术包括网络、基因、纳米、通信、智能计算机、超导、电子等方面。技术进步会创造新的市场，改变企业在行业中的相对成本及竞争位置，为企业带来更为强大的竞争优势。企业要密切关注与本企业产品有关的科学技术的现有水平、发展趋势及发展速度，对于相关的新技术，如新材料、新工艺、新设备或现代管理思想、管理方法、管理技术等，企业必须随时跟踪，尤其对高科技行业来说，识别和评价关键的技术机会与威胁是宏观环境分析中最为重要的部分。在《创业之星》模拟经营中，企业或公司可以获得多种资格认证，不同市场的不同消费者对企业获得何种认证将有不同的要求，对于不能符合消费者要求的企业，消费者将拒绝购买其产品。不同类型的资格认证具体如图 8-8 所示。

认证名称	ISO9001
认证周期	2
每期费用	30000.00
总费用	60000.00

认证名称	ICTI认证
认证周期	3
每期费用	30000.00
总费用	90000.00

图 8-8　不同类型的资格认证情况

第二节　组建企业团队

在正式开始运营管理前，你需要组建自己的团队，并且要对团队中的每位成员进行岗位分工与角色任命。在《创业之星》系统中，默认设定了六个岗位角色：总经理 CEO、财务总监 CFO、生产总监 CPO、市场总监 CMO、技术总监 CTO、销售总监 CSO 等，根据团队人数多少，可以一人担任一个角色或多个角色。各岗位主要职责如下：

（1）总经理 CEO：负责组建团队，落实每个人的职责和分工；制定公司发展战略及各阶段经营目标；组织团队商讨并制定和落实各项决策；解决争议，协调各部门的工作等。

（2）财务总监 CFO：负责公司财务管理方面的工作；编写现金预算表，制订资金筹措计划；做好成本分析，控制经营成本，分析盈利预测；解读财务报表，分析财务指标等。

（3）生产总监 CPO：控制生产成本；负责公司所有产品的生产制造工作；根据销售计划落实产品生产计划；制订厂房与设备的采购计划；制订各阶段原材料采购计划；安排各阶段生产任务。

（4）市场总监 CMO：负责公司的营销推广工作；市场背景、消费者需求、竞争形式分析；各阶段各市场的产品定价策略；市场定位与产品定位分析；制订各品牌广告宣传计划；营销网络规划与团队组建。

（5）技术总监 CTO：负责公司产品的研发工作；控制产品开发进度，调整计划；根据公司发展战略，拟定公司中远期研发计划；把握研发方向，参与完成新产品的需求分析和概要设计；协助成员进行疑难问题的处理。

（6）销售总监 CSO：参与制定公司的销售战略、具体销售计划和进行销售预测；组织和管理销售团队，完成公司销售目标；控制销售预算、费用，招募、培训、激励、考核员工；发展与协调公司与渠道商的关系，做好市场危机公关处理和品牌推广。

操作步骤：点击导航仪表盘右边的"　　"按钮，在弹出窗口中完成角色分工（见图 8 - 9）。打开窗口可以对公司基本信息进行配置调整，设置个人形象，并确定个人所担任的岗位角色。完成后点击"保存"，重新运行学生端程序登录系统。

图 8 - 9　角色设置示意

第三节 模 拟 经 营 流 程

企业的生存发展如同一个生命的有机体一样，也会经历初创、成长、发展、成熟、衰退等阶段，即企业发展的生命周期，如图 8 - 10 所示。《创业之星》在创业管理环节就是让你在实战中模拟企业的运营管理，围绕企业发展的生命周期，制定各项决策，并最终推动企业成长壮大。

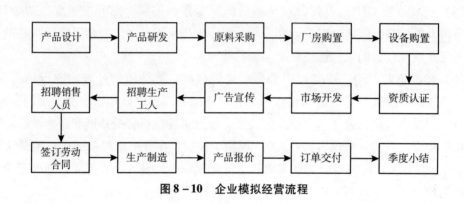

图 8 - 10 企业模拟经营流程

一、产品设计

产品设计是指从确定产品设计任务书起到确定产品结构为止的一系列技术工作的准备和管理，是产品开发的重要环节，是产品生产过程的开始。由于产品设计阶段要全面确定整个产品的结构、规格，从而确定整个生产系统的布局，因而，产品设计的意义重大，具有"牵一发而动全局"的重要意义。如果一个产品的设计缺乏生产观点，那么生产时就将耗费大量费用来调整和更换设备、物料和劳动力。相反，好的产品设计，不仅表现在功能上的优越性，而且便于制造，生产成本低，从而使产品的综合竞争力得以增强。许多在市场竞争中占优势的企业都十分注意产品设计的细节，以便设计出造价低而又具有独特功能的产品。许多发达国家的公司都把设计看作热门的战略工具，认为好的设计是赢得顾客的关键。在《创业之星》模拟经营的第一步，就是要根据企业或公司的市场定位，利用四类原材料设计本公司的经营产品，如图 8 - 11 所示。

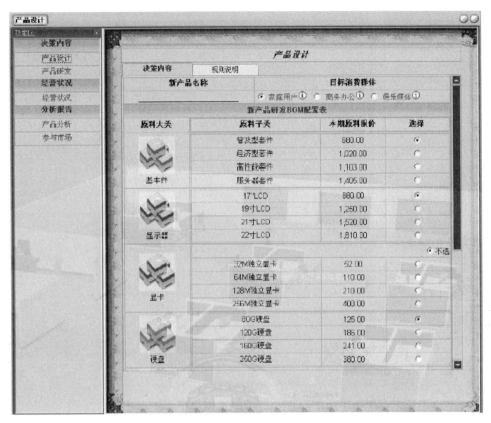

图 8 - 11 企业产品设计原料选择

操作步骤：在公司内部先点击"研发部"，在弹出的窗体中选择"决策内容"，再选择"产品设计"。"决策内容"标签可设计新产品（如图 8 - 11 所示），"规则说明"标签则显示有关设计产品的操作说明，鼠标移到带有 ⓘ 的地方即可显示详细信息。首先输入新产品名称，在"目标消费群体处"选择消费群体，然后选择产品配置，完成后点击"保存"按钮。在保存按钮下方 ⓘ 处显示你为该产品配置的原料成本和预计研发时间。设计完成的新产品可以在页面底部撤销。

二、产品研发

在完成产品设计后，接下来就进入了产品研发的关键环节，如图 8 - 12 所示。产品研发有助于企业或公司树立自己的营销品牌，优秀的产品研发能够帮助企业或公司迅速占领市场，有利于企业的成长、进步和竞争能力的提高，因此，要使企业成为"百年老店"，就必须充分把握时机研发新产品。

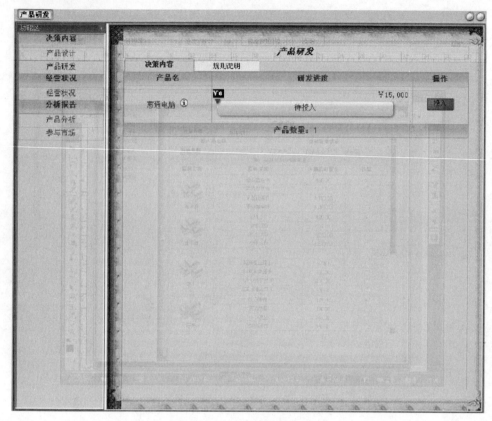

图8-12 企业产品研发操作

操作步骤：在公司内部先点击"研发部"，在弹出的窗体中选择"决策内容"，再选择"产品研发"。"决策内容"标签可研发新产品（如图8-12所示），"规则说明"标签则显示有关产品研发的操作说明，鼠标移到带有ⓘ的地方即可显示详细信息。点击"投入"即可投入本季度的产品研发经费。点击"撤销"可撤销本季度的投入。

三、原料采购

原料采购是产品进入市场流通的第一环节，是企业或公司在市场中采购投入产品成本中的原材料，包括玻璃包装纸、纸质包装盒、金属包装盒、短平绒、松针绒、玫瑰绒、PP棉、珍珠棉、棉花、发声装置和发光装置等。企业或公司可以根据自己产品进行实际的原料采购，如图8-13所示。

图8-13　企业原材料采购操作

操作步骤：在公司内部先点击"制造部"，在弹出的窗体中选择"决策内容"，再选择"原料采购"。"决策内容"标签可采购原料（如图8-13所示），"规则说明"标签则显示有关原料采购的操作说明，鼠标移到带有①的地方即可显示详细信息。在采购数量一栏输入采购数量，完成后点击"保存"即可。鼠标移到"库存数量"下相关的原料①上可点击"撤销"本季度采购的原料。

四、厂房购置

在《创业之星》模拟经营中，有三种不同类型的厂房，企业或公司可根据自己的战略规划选择最合适的厂房，最后每季度按2%的折旧率对购买的厂房原值计提折旧，具体参数如表8-1所示。

表8-1　　　　　　　　　　　　不同厂房类型参数

厂房类型	容纳设备	购买价格（元）	租用价格（元/季度）	折旧率
大型厂房	6	100000	7000	2%

续表

厂房类型	容纳设备	购买价格（元）	租用价格（元/季度）	折旧率
中型厂房	4	80000	5000	2%
小型厂房	2	60000	3000	2%

操作步骤：在公司内部先点击"制造部"，在弹出的窗体中选择"决策内容"，再选择"厂房购置"。"厂房购置"标签可购置厂房（如图8-14所示），"规则说明"标签则显示有关厂房购置的操作说明，鼠标移到带有①的地方即可显示详细信息。在下拉框中选择要购买的厂房类别。然后点击"购买"或"租用"。已被购买或租用的厂房会显示在底部列表中，点击"撤销"即可撤销本季度购买或租用的厂房。

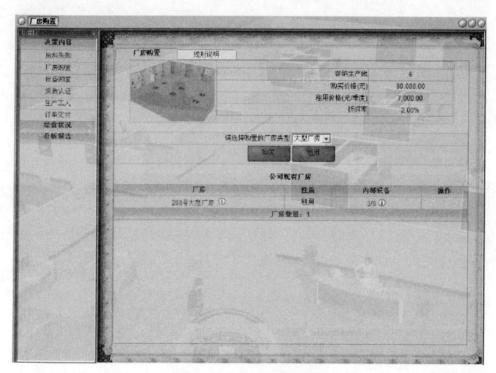

图8-14 企业厂房购置操作

五、设备购置

在《创业之星》模拟经营中，有三种类型的设备可供企业或公司自主选择，设备的选择影响到生产的效率，最后每季度按5%的折旧率对购买的设备原值计提折旧，三种不同类型的设备参数如表8-2所示。

表8-2

不同类型设备参数

设备名称	柔性线	折旧率	5%	设备名称	自动线	折旧率	5%	设备名称	手工线	折旧率	5%
购买价格	120000	设备产能	2000	购买价格	80000	设备产能	1500	购买价格	40000	设备产能	1000
成品率	90%	混合投料	是	成品率	80%	混合投料	否	成品率	70%	混合投料	否
安装周期	1	生产周期	0	安装周期	1	生产周期	0	安装周期	0	生产周期	0
单件加工费	2	工人上限	4	单件加工费	3	工人上限	3	单件加工费	4	工人上限	2
维护费用	3000	升级费用	1000	维护费用	2500	升级费用	1000	维护费用	2000	升级费用	1000
升级周期	1	升级提升	1%	升级周期	1	升级提升	2%	升级周期	1	升级提升	3%
搬迁周期	1	搬迁费用	3000	搬迁周期	0	搬迁费用	2000	搬迁周期	0	搬迁费用	1000

操作步骤：在公司内部先点击"制造部"，在弹出的窗体中选择"决策内容"，再选择"设备购置"。"设备购置"标签可购置设备（如图 8-15 所示），"规则说明"标签则显示有关设备购置的操作说明，鼠标移到带有ⓘ的地方即可显示详细信息。在下拉框中选择要购买的设备类型，再选择需要将该设备安装到哪个厂房，完成后点击"购买"。已购买的设备会显示在底部列表中，点击"撤销"即可撤销本季度购买或租用的厂房。

六、资质认证

在《创业之星》模拟经营中，企业或公司可以获得两种类型的资质认证，分别是 ISO9001 和 ICTI 认证。从第四季度开始，在不同的市场，不同的消费群体对资质认证要求各不相同，表 8-3 展示了各市场对资质认证要求的详细情况。

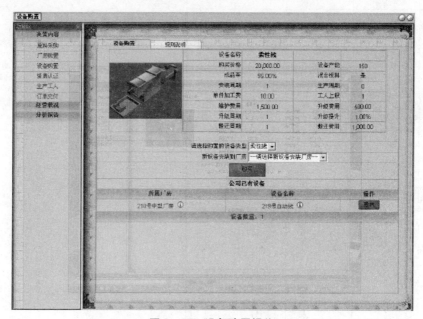

图 8-15 设备购置操作

表 8-3　　　　　　　　　　　各市场对资质认证要求情况

市场	渠道	客户群	资质	4 季度	5 季度	6 季度	7 季度	8 季度
北京	零售渠道	品质型客户	ISO9001	☑	☑	☑	☑	☑
			ICTI 认证				☑	☑
		经济型客户	ISO9001		☑	☑	☑	☑
			ICTI 认证					☑
		实惠型客户	ISO9001			☑	☑	☑
			ICTI 认证					☑

续表

市场	渠道	客户群	资质	4季度	5季度	6季度	7季度	8季度
上海	零售渠道	品质型客户	ISO9001	☑	☑	☑	☑	☑
			ICTI认证				☑	☑
		经济型客户	ISO9001		☑	☑	☑	☑
			ICTI认证					☑
		实惠型客户	ISO9001			☑	☑	☑
			ICTI认证					☑
广州	零售渠道	品质型客户	ISO9001		☑	☑	☑	☑
			ICTI认证				☑	☑
		经济型客户	ISO9001		☑	☑	☑	☑
			ICTI认证					☑
		实惠型客户	ISO9001			☑	☑	☑
			ICTI认证					
武汉	零售渠道	品质型客户	ISO9001			☑	☑	☑
			ICTI认证				☑	☑
		经济型客户	ISO9001			☑	☑	☑
			ICTI认证					☑
		实惠型客户	ISO9001				☑	☑
			ICTI认证					
成都	零售渠道	品质型客户	ISO9001				☑	☑
			ICTI认证					☑
		经济型客户	ISO9001				☑	☑
			ICTI认证					☑
		实惠型客户	ISO9001				☑	☑
			ICTI认证					☑

操作步骤：在公司内部先点击"制造部"，在弹出的窗体中选择"决策内容"，再选择"资质认证"。"决策内容"标签可认证资质（如图8-16所示），"规则说明"标签则显示有关资质认证的操作说明，鼠标移到带有ⓘ的地方即可显示详细信息。点击"投入"即可投入本季度认证资金；点击"撤销"可撤销本季度投入资金。

七、市场开发

在《创业之星》模拟经营中，除了"北京"市场无须开发外，"上海""广州"

"武汉""成都"都需要经过开发才能在该市场销售产品。每个市场的开发周期及开发费用如表8-4所示。

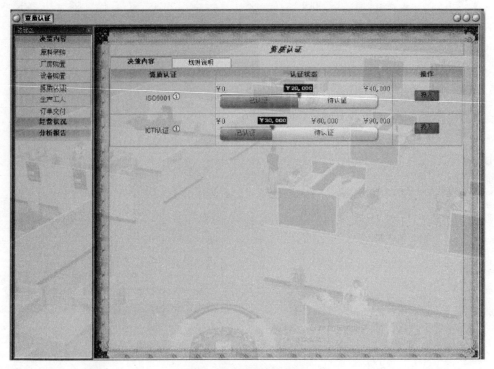

图8-16　资质认证操作

表8-4　　　　　　　　　　　　各市场开发情况

市场	开发周期	每期费用（元）	总费用（元）
北京	0	20000	0
上海	1	20000	20000
广州	2	20000	40000
武汉	2	20000	40000
成都	3	20000	60000

操作步骤：在公司内部先点击"市场部"，在弹出的窗体中选择"决策内容"，再选择"市场开发"。"决策内容"标签可开发市场（如图8-17所示），"规则说明"标签则显示有关市场开发的操作说明，鼠标移到带有ⓘ的地方即可显示详细信息。选中相应的市场，点击"投入"即可投入本期的市场开发费用，点击"撤销"即可撤销本季度操作。

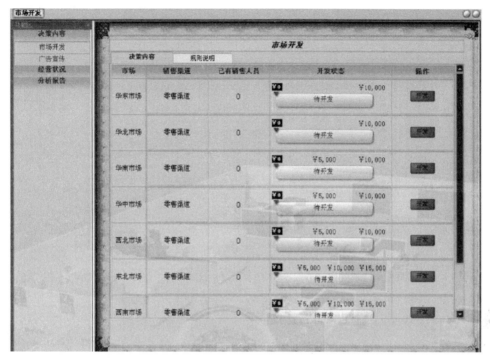

图 8 – 17　市场开发操作

八、广告宣传

广告宣传是企业形象传播与产品推广的重要途径和手段，是企业外部行为系统的重要组成部分。广告通过生动、富有成效的宣传，向社会公众传递企业优良的产品或服务，良好的企业精神、经营方针、价值观念，以及一流的管理水平和生产技术，从而在社会公众心目中形成美好的企业形象，获得他们对产品的认知和信赖，对企业的认同、理解和支持，促进企业的持续经营与发展。在《创业之星》模拟经营中，每个企业或公司都可以对自己的产品投放广告，以期获得更好的销售订单。

操作步骤：在公司内部先点击"市场部"，在弹出的窗体中选择"决策内容"，再选择"广告宣传"。"决策内容"标签可投入广告费用（如图 8 – 18 所示），"规则说明"标签则显示有关广告宣传的操作说明，鼠标移到带有ⓘ的地方即可显示详细信息。在"本期投入金额"处输入金额，点击"保存"即可投入本期广告宣传费用，若需修改此金额，则输入新金额后点击保存，即覆盖前一次数据。

九、招聘生产工人

在《创业之星》模拟经营中，企业或公司可根据自身的厂房、设备配置情况和生产计划招聘工人。

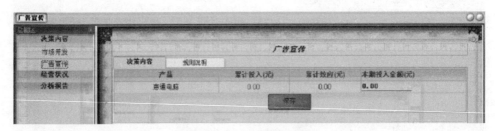

图 8 - 18　广告宣传操作

操作步骤：先点击操作方向盘"市场"进入市场，再在人才市场点击"招聘生产工人"。"招聘生产工人"标签可招聘生产员工（如图 8 - 19 所示），"规则说明"标签则显示有关招聘的操作说明，鼠标移到带有①的地方即可显示详细信息。在"选择工人工作的生产线"处安排工人工作的生产线。最后点击"招聘"完成招聘。招聘到的生产工人将显示在底部列表中，点击"撤销"可撤销本期的招聘任务。

图 8 - 19　招聘生产工人操作

十、招聘销售人员

销售工作是由销售人员来完成的，销售人员绩效的高低决定了销售工作的好坏。销售人员介于买方和卖方之间，对于建立和维持长期的客户关系，他们承担着主要的责任。销售人员直接接触客户，对客户关系的建立、发展和维护起着非常重要的作用。在《创业之星》模拟经营中，企业或公司需要招聘销售人员在已经开发的市场渠道中销售产品。

操作步骤：先点击操作方向盘"市场"进入市场，再在人才市场点击"招聘销售人员"。"招聘销售人员"标签可进行销售人员招聘（如图 8 - 20 所示），"规则说明"标签则显示有关招聘的操作说明，鼠标移到带有 ⓘ 的地方即可显示详细信息。在"选择销售人员工作的市场渠道"处安排销售人员工作的市场区域。最后点击"招聘"完成招聘。招聘到的销售人员将显示在底部列表中，点击"撤销招聘"可撤销本期的招聘任务。

图 8 - 20　招聘销售人员操作

十一、签订劳动合同

劳动合同是劳动者与用人单位之间确立劳动关系，明确双方权利与义务的协议。劳动合同分为三类：固定期限劳动合同、无固定期限劳动合同和单项劳动合同。订立和变更劳动合同，应当遵循平等自愿、协商一致的原则，不得违反法律、行政法规的规定。劳动合同依法订立即具有法律约束力，当事人必须履行劳动合同规定的义务。在《创业之星》模拟经营中，企业或公司必须依法与招聘的员工、生产工人、销售人员签订劳动合同。

操作步骤：在公司内部先点击"人力资源部"，在弹出的窗体中选择"决策内容"，再选择"签订合同"。"签订劳动合同"标签可签订合同（如图 8 – 21 所示），"规则说明"标签则显示有关合同签订的操作说明，鼠标移到带有 ⓘ 的地方即可显示详细信息。在要签订合同的人员上点击"签订"进入。在同意该劳动合同的前提下，在"甲方：（点击盖章）"处点击盖章，当出现小组合同专用章时，该合同即正式生效。点击"查看合同"可查看与该员工签订的劳动合同，如图 8 – 22 所示。

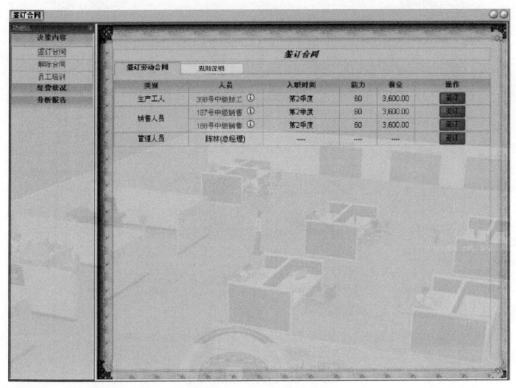

图 8 – 21　签订劳动合同操作

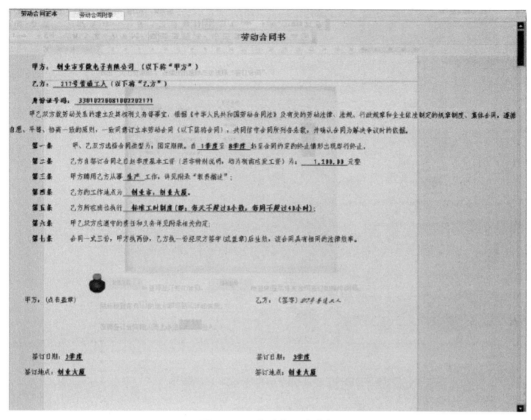

图 8 – 22　劳动合同书范例

十二、生产制造

生产制造是企业整合相关的生产资源，按预定目标进行从前端产品设计到产品实现的系统性的物化过程。在《创业之星》模拟经营中，经过市场信息分析、产品设计与研发、备料、厂房设备的购置等一系列产前准备阶段，最终进入正式生产阶段。

操作步骤：进入公司内部后，控制游戏中的人物走到生产车间门口，点击"进入生产车间"，在要进入的厂房上点击"进入 >>>"，在要生产制造的生产线上点击（如图 8 – 23 所示）。"决策内容"标签可进行生产制造，鼠标移到带有 ⓘ 的地方即可显示详细信息。在"选择产品"下拉框选择要生产的产品，选择后页面底部会提示该产品详细信息，再在"生产数量"处输入生产数量。确认无误后点击开始生产任务。鼠标移到"在制品"后的生产数量上，点击"撤销"可撤销本期生产的产品。完成后在操作方向盘点击"公司"可回到公司内部。

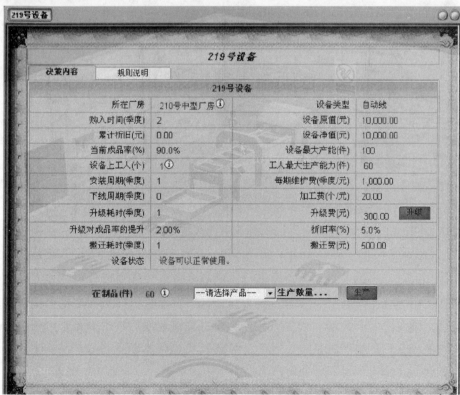

图 8-23 生产制造操作

十三、产品报价

产品报价是《创业之星》模拟经营中最关键的流程之一，它影响着企业或公司的销售收入，科学合理地进行产品报价就显得尤为重要。通常确定产品报价的方法有：成本导向、需求导向和价值导向。企业或公司要根据战略规划进行产品报价。但要注意系统规定订单报价的最低价比例为60%，也就是说，产品报价的最低价=上季度同一市场同一渠道同一消费群体所有报价产品平均数×60%。

操作步骤：在公司内部先点击"销售部"，在弹出的窗体中选择"决策内容"，再选择"产品报价"。"决策内容"标签可投入广告费用，"规则说明"标签则显示有关广告宣传的操作说明，鼠标移到带有 ⓘ 的地方即可显示详细信息。在"报价"一栏输入产品的报价，然后在"上限数"一栏输入该产品在该订单上你最多可出售的数量（如图8-24所示）。依次填写完成后点击"保存"即可完成报价。

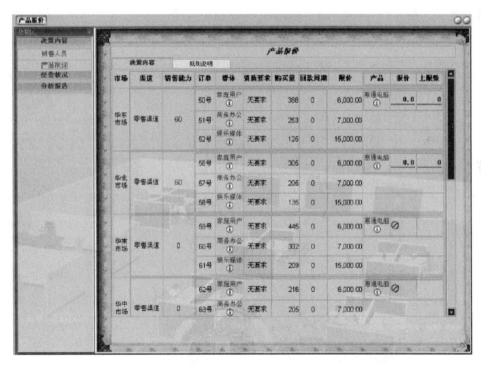

图8-24　产品报价操作

十四、订单交付

当完成以上步骤时，本季度的任务就已基本完成，此时，教师端点击进入"产品配送"环节发放该季度订单,"产品配送"环节的首要任务是交付该季度获得的订单。订单交付后可贴现应收账款,具体贴现率如表8-5所示。

表8-5 不同账期贴现率说明

项目	贴现率(%)	说明
一账期应收账款贴现率	3.00	在一个季度内到期的应收账款贴现率
二账期应收账款贴现率	6.00	在两个季度内到期的应收账款贴现率
三账期应收账款贴现率	8.00	在三个季度内到期的应收账款贴现率
四账期应收账款贴现率	10.00	在四个季度内到期的应收账款贴现率

操作步骤:在公司内部先点击"制造部",在弹出的窗体中选择"决策内容",再选择"订单交付"。在"交付数量"处填入交付数量(如图8-25所示)。依次填写完成后,点击"发货"。鼠标移到"已交"一栏,可查看该订单已交付情况,点击"撤销"可撤销本期交付。在公司内部点击"财务部",在弹出的窗体中依次选择"决策内容""账款贴现"进行操作。

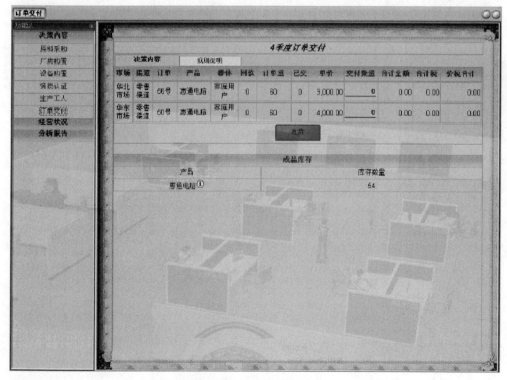

图8-25 应收账款贴现操作

十五、其他补充

对生产工人可进行"调整工作岗位"、"计划培训员工"（培训生产工人是由生产部提出培训计划，人力资源部在收到生产部的培训计划后开始对该员工进行培训）和"计划辞退员工"（辞退生产工人是由生产部提出辞退计划，人力资源部在收到生产部的辞退计划后，确认并辞退该员工）等操作。

操作步骤：在公司内部点击"制造部"，在弹出的窗体中依次选择"决策内容""生产工人"进行操作（如图 8 - 26 所示）。

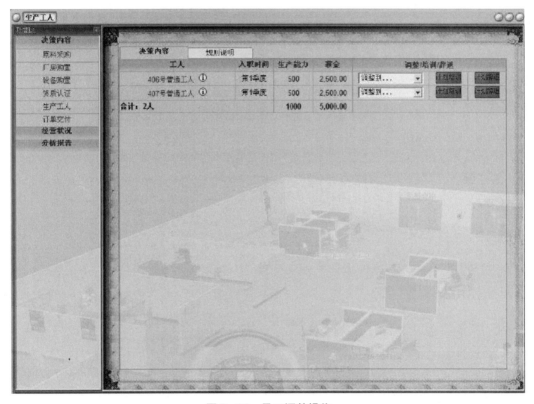

图 8 - 26 员工调整操作

对销售人员可进行"调整工作岗位"、"计划培训员工"（培训销售人员是由销售部提出培训计划，人力资源部在收到生产部的培训计划后开始对该员工进行培训）和"计划辞退员工"（辞退销售人员是由销售部提出辞退计划，人力资源部在收到生产部的辞退计划后，确认并辞退该员工）等操作。

操作步骤：在公司内部点击"制造部"，在弹出的窗体中依次选择"决策内容""销售人员"进行操作。

员工培训是指企业为开展业务及培育人才的需要，采用各种方式对员工进行有目的、有计划的培养和训练的管理活动，员工培训可分为两种：员工技能培训和员工素质培训。在《创业之星》模拟经营中，对生产工人和销售人员的培训有利于公司产能和销售量的提升。

操作步骤：在公司内部点击"人力资源部"，在弹出的窗体"决策内容"中可选择生产工人或销售人员的"员工培训"（如图 8－27 所示），根据实际需要进行"生产工人"和"销售人员"的培训。

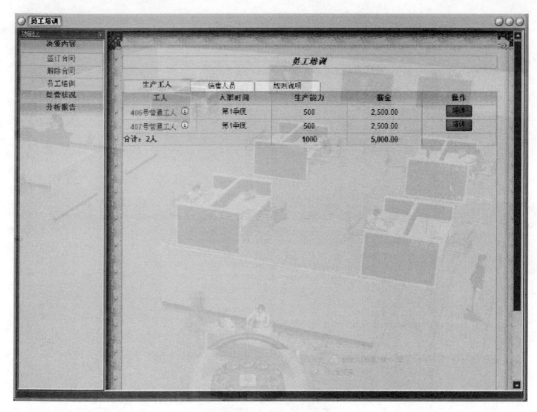

图 8－27　员工培训操作

解除合同是合同有效成立后，因当事人一方或者双方的意思表示，使合同关系归于消灭的行为。在《创业之星》模拟经营中，企业或公司可根据发展需要辞退生产工人或销售人员，并解除合同。

操作步骤：在公司内部点击"人力资源部"，在弹出的窗体"决策内容"中可选择生产工人或销售人员进行"解除合同"（如图8-28所示）。

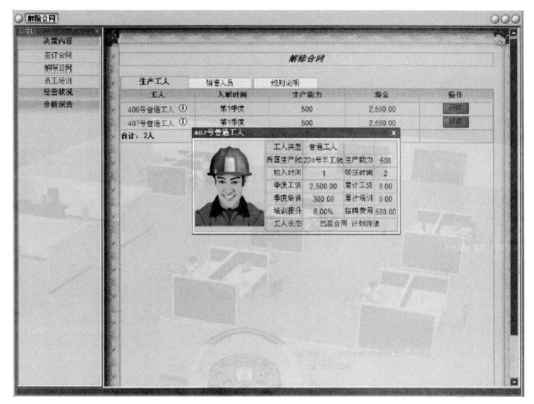

图8-28 解除员工合同操作

出售设备和厂房，在公司内部生产车间处点击"进入生产车间"，若生产线处于生产或搬迁状态，则点击"出售"后，设备将在季度末被出售；反之可以立即出售。若厂房存在生产线，则点击"出售"后，厂房将在季度末被出售；反之可以立即出售。购买的厂房可以被"出售"，而租赁的厂房可以"退租"。

银行贷款是指银行根据国家政策以一定的利率将资金贷放给资金需要者，并约定期限归还的一种经济行为。一般要求提供担保、房屋抵押或者收入证明，个人征信良好才可以申请。在《创业之星》模拟经营中，企业或公司可根据自身发展的需要向银行申请贷款。

操作步骤：在操作方向盘处点击"银行"进入银行，点击"信贷业务窗口"，在"借款金额"处输入贷款金额，点击"申请贷款"完成贷款（如图8-29所示）。

图 8-29　申请贷款操作

本章要点

熟悉《创业之星》经营流程。

讨论思考题

1. 公司准备进入的市场是什么？我们要解决的具体问题或满足的需求是什么？
2. 准备设计的产品或服务能否真正满足市场需求？如何验证市场适应性？
3. 公司将如何盈利？商业模式是什么？
4. 公司经营需要什么样的资源（资金、技术、团队）？如何获取这些资源？
5. 市场竞争环境如何？怎样了解竞争者的经营情况？我们的竞争优势是什么？
6. 经营中面临的主要风险是什么？如何降低这些风险？

本章知识拓展

企业冗余管理

对于处在创新时代的企业来说，"冗余"是一种创新思维，通过适度"浪费"为企业提供底线生存能力，通过适度"浪费"鼓励内部竞争和试错，那么企业如何进行冗余管理呢？第一步，提前判断自己的安全底线和最大威胁，也就是进行风险扫描；第二步，反推出冗余管理要达到的最低目标，如新品研发目标、人员配备目标等；第三步，确定采取哪种冗余管理方法，掌控冗余管理节奏。

以谷歌为例，谷歌以15%时间模式的员工创业制度闻名于世，但随着种种问题和实际上的衰落，为了寻找全世界最不可思议和超乎想象的科技产品，也为了给企业储备"未来"，更为了让员工有充足的自由度发挥创造性，谷歌创立了GOOGLE X实验室。

在这个谷歌内部最核心的前沿技术实验室内，数位顶级专家致力于研发"科幻级"硬件，比如太空电梯、瞬间移动、移动住房单元、冷核聚变、海水燃料等。虽然这些项目有些并没有真正执行，有些至今仍未研究出结果，但GOOGLE X实验室鼓励这样的"荒唐"想法，并且给予资金和技术支持。事实上，从主营业务的角度来说，这种能力的培养并不能直接支持主营业务的现金流，但能给企业带来持续发展的可能性。

资料来源：张长征．组织冗余对企业知识管理能力的影响研究［J］．科学学与科学技术管理，2008.

第九章 创业模拟经营演练规则

第一节 创业模拟竞赛形式

一、创业模拟竞赛的意义

（一）培养创业思维

创业模拟竞赛通过设置逼真的商业环境，帮助学生培养创业者的思维方式。学生需要从零开始，识别市场中的机会、确定目标客户、设计商业模式，并制定实施战略。这种经历可以让学生掌握如何在复杂的市场环境中寻找机会，并培养创新能力。同时，学生会学习如何平衡短期目标和长期愿景，如何在不确定性中作出明智的决策。通过不断地探索、试错和改进，学生能从中领会到创业过程中灵活应对变化和快速决策的重要性。这不仅有助于他们在未来的创业中更加灵活自如，也为他们提供了领导力和战略性思考的训练，激发学生对创业的兴趣和潜能。

（二）实践商业技能

创业模拟竞赛是学生实践商业理论的绝佳机会。通过制订商业计划书，进行市场调研、财务预测和产品开发等任务，学生能够将课堂上学习的理论知识付诸实践，尤其是在商业管理、营销、财务和法律等方面。比如，学生需要计算项目的资金需求、制定财务预算、预测利润增长等，这些实际操作能大幅提升他们的商业技能。此外，竞赛中的模拟情景可以让学生体验如何在资源有限的情况下进行有效的管理和分配，从而学会优化资源利用，理解财务管理的核心要点。这种实践的经验能帮助学生在毕业后无论是创业还是进入职场都更具竞争力。

（三）增强团队合作能力

创业通常不是一个人的事情，而是需要一个强大而高效的团队。创业模拟竞赛通过要求学生组成团队共同完成任务，帮助他们提升团队合作和沟通能力。在竞赛中，团队成员需要各司其职，发挥各自的优势，制订项目计划并共同推进项目实施。在这个过程中，学生不仅要学会如何分工合作，还需要通过有效的沟通来解决分歧，确保团队目标的一致性。同时，团队成员间的协作也能提高学生的领导能力和协调能力，学会如何在团队中承担责任并作出贡献。最终，这种协作精神和团队意识会使学生在未来的职场环境中更加游刃有余。

（四）提升抗压与应变能力

创业模拟竞赛的另一个重要作用是帮助学生提升抗压能力和应变能力。竞赛的时间有限，任务繁重，学生会在压力下作出许多关键决策，并面对诸多不确定因素，比如市场变化或竞争对手的突然挑战。在这样的情况下，学生必须学会在压力中保持冷静，快速分析形势并作出反应。这种能力的培养有助于学生应对未来创业中可能遇到的各种突发状况。此外，学生还会学会如何根据市场反馈灵活调整他们的商业策略，从而提高应变能力和适应力，这对未来在充满变数的创业环境中取得成功至关重要。

（五）拓展人脉资源

参加创业模拟竞赛为学生提供了与行业专家、导师和投资人建立联系的机会。许多竞赛会邀请业界知名的企业家、投资人或专家担任评委或导师，学生通过与这些人互动，不仅能够获得宝贵的反馈，还能建立起人脉网络。通过这种互动，学生可以学习到行业内的最新趋势、获取实战经验，甚至可能获得未来合作的机会。尤其是在竞赛的后期，学生的项目如果表现出色，就还可能吸引到投资人的关注，得到资金或资源的支持，从而为未来的创业打下坚实的基础。

（六）增强创新和竞争意识

创业模拟竞赛通过激烈的竞争环境激发学生的创新能力。每个团队都在为同一个目标努力：提出一个具备市场潜力的创新解决方案。这种竞争让学生意识到仅仅模仿或依赖现有的市场策略不足以脱颖而出，他们必须思考如何从不同的角度创新，设计出独特的产品或服务。此外，竞赛的评分标准通常会考虑项目的创新性，这也促使学生在竞赛过程中不断挑战自我，提出更具创意和前瞻性的想法。通过这样的经历，学生的竞争意识和创新精神会得到极大的提升，他们会在未来的创业过程中更加注重创新驱动，并能敏锐把握市场中的机会。

（七）职业发展机会

创业模拟竞赛不仅仅是一次学习和实践的机会，它还可以为学生的职业发展铺平道路。许多竞赛为获奖者提供资金支持、创业孵化器机会，或与行业专家深度合作的机会。优秀的项目甚至可能在竞赛结束后被实际投资或商业化，学生有机会将自己的创业想法付诸实践。此外，参加这种竞赛也会在求职简历上为学生增添亮点，显示他们具备创业精神和实际的商业操作能力，这无论是在创业还是求职过程中都是极具吸引力的加分项。通过这些机会，学生能够更好地规划自己的职业发展方向，并找到适合自己的发展路径。

二、创业模拟竞赛的形式

创业模拟竞赛的组织形式通常多样化，以便为参赛者提供全面的创业体验，并锻炼他们的各类创业技能。以下是常见的几种组织形式。

（一）商业计划书竞赛

这是最为常见的形式，要求参赛团队撰写一份完整的商业计划书。参赛者需要提出一个创新的商业构想，并详细描述其市场分析、运营计划、财务预测、风险管理和发展战略等内容。评委通常由企业家、投资人和行业专家组成，他们会根据商业计划的可行性、创新性、市场前景以及财务可行性等多方面进行评分。此类竞赛的重点在于理论分析和商业策划，锻炼学生的战略性思考能力。

（二）创业路演比赛（pitch competition）

这种形式通常要求参赛团队在有限的时间内（如5~10分钟）向评委和观众展示他们的创业项目。参赛者需要在有限的时间里精炼地阐述项目的独特性、市场机会、商业模式和竞争优势，类似于现实生活中的创业路演（Pitch）。评委会根据演示的逻辑性、说服力和项目潜力进行评判。路演比赛考验参赛者的表达能力、临场应变能力以及在压力下快速沟通核心信息的能力。

（三）模拟创业运营

这种竞赛形式更注重实际操作，通常会为参赛者提供一个虚拟的创业环境，在其中运营一家公司。团队需要从市场调研、产品设计、生产运营、营销推广到财务管理等方面进行全方位的决策。比赛通常会持续数天或数周，甚至几个月，参赛者的每一步决策都会影响"公司"的运营表现，最终根据虚拟公司运营的成功与否（如销售额、市场份额、利润率等指标）进行评分。这种形式能够很好地锻炼参赛者的全局管理能力和团队合作能力。

（四）创新挑战赛

创新挑战赛要求参赛者在短时间内（通常是 48～72 小时）针对特定主题或行业问题提出解决方案，并开发出初步的产品原型或服务模式。这种竞赛形式强调快速创新和执行力，参赛者需要在短时间内快速形成团队、分工合作，并提出一个具有创新性的解决方案。比赛结束时，团队通常会向评委展示他们的方案以及可能的市场影响。这种形式类似于"黑客马拉松"（Hackathon），非常适合鼓励快速创新和多学科合作。

（五）社会创业竞赛

社会创业竞赛关注的是具有社会影响力的创业项目，参赛者需要设计出能够解决社会或环境问题的商业模式。评委会关注项目的社会价值、可持续性以及在商业上实现自我维持的能力。这类竞赛不仅考核商业技能，还注重参赛者的社会责任感以及如何将商业手段应用于社会问题的解决中。项目可能涉及扶贫、教育、环保、健康等多个领域。

（六）虚拟创业竞赛

随着技术的发展，越来越多的创业模拟竞赛转向在线平台，通过虚拟环境进行。参赛者可以通过在线平台提交商业计划、与导师进行虚拟辅导、参加线上路演等。虚拟创业竞赛的优势在于能够打破地域限制，让来自世界各地的学生和团队参与，同时减少了组织成本。这种形式为不同背景的参赛者提供了平等的竞争机会，也更适合全球化的创业环境。

（七）阶段性比赛

一些竞赛采用阶段性比赛的形式，通常分为若干个阶段，如初赛、复赛、半决赛和决赛。每个阶段的要求会逐步提升，初赛可能只需要提交商业构想，而后期阶段则需要提交详细的商业计划、财务报告，甚至进行产品原型的展示。随着比赛的推进，要求越来越高，团队需要不断完善他们的项目，这种形式能帮助参赛者在比赛过程中逐步打磨他们的创业项目。

这些不同形式的创业模拟竞赛能够针对参赛者的不同创业技能进行全面的锻炼，从理论策划到实际操作，从创新设计到团队协作，全面提升学生的创业素养。《创业之星》课程融合了以上多种竞赛形式，全班同学将分别组成三个人一组的团队，团队成员分别担任公司里不同的角色，分工合作，完成公司的战略、营销、财务、研发、生产、人力资源等各项管理工作。公司之间需要相互竞争，通过对市场环境与竞争对手的分析讨论，在规定时间里完成教师规定的创业公司经营季度管理，同时，团队需要撰写一份完整的商业计划书，在有限的时间内向评委和同学展示他们的创业项目。在不同竞赛阶段，要求会逐步提升。

第二节　创业模拟评分规则

在《创业之星》课程中，评分规则主要以系统自动生成的综合评分为标准，综合评分由以下五点按不同权重组成：

盈利表现：公司整体盈利情况，占30%。

盈利表现 = 所有者权益/所有公司平均所有者权益×盈利表现权重。

盈利表现权重 = 30.00。盈利表现最低为0，最高为60.00。

所有者权益 = 初始资金 + 累计净利润。

每期净利润 = 收入 – 成本 – 费用 – 税。

财务表现：综合财务绩效指标，占30%。

财务表现 = (本公司平均财务综合评价/所有公司平均财务综合评价的平均数)×财务表现权重。

财务表现权重为30.00。财务表现最低为0，最高为60.00。

市场表现：累计产品交付数量，占20%。

市场表现 = (本公司累计已交付的订货量/所有公司平均累计交付的订货量)×市场表现权重。

市场表现权重 = 20.00。市场表现最低为0，最高为40.00。

投资表现：产品市场开发情况，占10%。

投资表现 = (本公司未来投资/所有公司平均未来投资)×投资表现权重。

未来投资 = 累计产品研发投入 + 累计认证投入 + 累计市场开发投入 + $\sum$（每个厂房和设备的原值/相应的购买季度数）。

投资表现权重 = 10.00。投资表现最低为0，最高为20.00。

成长表现：累计产品销售收入，占10%。

成长表现 = (本公司累计销售收入/所有公司平均累计销售收入)×成长表现权重。

成长表现权重 = 10.00。成长表现最低为0，最高为20.00。

注意：资金链断裂，出现紧急贷款要扣分。

紧急贷款一般是季度末和季度初系统自动结算一些款项时，公司预留现金不足导致的系统自动给予高利贷。做好现金预算是解决紧急贷款的重要方法。

第三节　创业模拟经营规则

你们即将开始经营一家集研究、开发、生产、批发及零售为一体，自定义产品行业的公司，目前已经有 N① 家企业进入这个行业，你们将与其他企业展开激烈的市场竞争，当然也会有合乎各自利益的双赢合作。每个公司在经营之初，都将拥有一笔来自股东的 600000 元以上的创业资金，用以展开各自的经营，公司的股东团队即是公司的管理团队。公司将经历 M② 季度的经营，每个季度公司都有机会进行新产品设计，新产品研发，产品原料采购，生产厂房变更，生产设备变更，生产工人招聘、调整、培训，产品生产，产品广告宣传，新市场开发，销售人员招聘、调整、培训，产品订单报价等经营活动。每个团队都需要仔细分析讨论每一步决策任务，并形成最终一致的决策意见，最后输入计算机。希望你们的公司在经历完若干个经营周期后，成为本行业的佼佼者。

一、消费者产品选择原则

每个公司在这个行业都需要面对品质型客户、经济型客户、实惠型客户三种需求各异的消费群体。不同消费群体对产品的关注与侧重点是有差异的，消费者从 5 个不同角度挑选评价产品，如表 9 - 1 所示。

表 9 - 1　消费者挑选产品的维度说明

产品价格	产品价格是指公司销售产品时所报价格，与竞争对手相比，价格越低越能获得消费者的认可
产品功能	产品功能主要指每个公司设计新产品时选定的功能配置表（BOM 表），与竞争对手相比，产品的功能越符合消费者的功能诉求就越能得到消费者的认可
产品品牌	产品品牌由公司市场部门在产品上所投入的累计宣传广告多少决定，与竞争对手相比，累计投入广告越多，产品品牌知名度就越高，越能获得消费者认可
产品口碑	产品口碑是指该产品的历史销售情况，与竞争对手相比，产品累计销售的数量、产品订单交付完成率越高，消费者对产品的认可度就越高
产品销售	产品销售是指公司当前销售产品所具备的总销售能力，与竞争对手相比，总销售能力越高，获得消费者认可也越高

---

① N：表示全班同学的分组数。
② M：表示教师规定的经营季度数。

不同类型的消费群体对于 5 个方面关注的侧重度是不同的，一般侧重度越大，说明消费者越关注，对消费者是否购买该产品的影响也越大。消费者选择产品将以每个参与公司的 5 项评价指标为依据，5 项评价指标评分高的公司获得的市场需求就多，分值低的公司获得的市场需求就少。下面举个例子：

总共 1000 个订单需求，A、B、C 三个公司竞争，A 公司设 100 个订单上限，B 公司设 300 个订单上限，C 公司没有设置上限。在第一轮分配中，根据 5 项分值，A 公司应该可以拿到 150 个订单，B 公司应该可以拿到 450 个订单，C 公司应该可以拿到 400 个订单，合计正好是全部需求 1000 个订单。但由于 A 公司设置了 100 个订单的上限，所以最终实际拿到 100 个订单，B 公司设置了 300 个订单的上限，所以最终实际拿到 300 个订单，C 公司没有设置上限，所以实际拿到 400 个订单，合计 800 个订单的需求在第一轮分配中已经被消耗。对于 A、B 两家设置了上限的公司，分别有 150 − 100 = 50，450 − 300 = 150 的需求没有在第一轮竞争中得到满足，所以共有 50 + 150 = 200 的未满足需求将继续参与二次选择。二次分配中，A、B 公司由于已经达到上限，将不再参与竞争，只剩下 C 公司竞争，还是根据 5 个竞争因素，C 公司应该可以拿到 200 个订单，C 公司没有设置上限，实际拿到 200 个订单，累计达到 600 个订单。这样 A、B、C 最终实际的量就是 100 个订单、300 个订单、600 个订单。总共 1000 个订单的需求全部得到满足，没有多余需求将累计到下季度。如果前面 C 公司也设置了上限，那就可能出现最终部分需求无法得到满足，这部分需求将累计到下季度。另外，如果 A、B、C 公司中本期有违约未能交付的需求，也将一并累计到下季度。

二、报价原则

不同地区的消费群体在不同时间段具有不同的最大预算支出。消费者不能接受公司在销售报价过程中的报价超过他们的最大预算支出。

三、产品设计原则

不同消费群体具有不同的产品功能诉求，为了产品获得更多的青睐，每个公司都需要根据这些功能诉求设计新产品。同时，产品设计也将决定新产品的直接原料成本高低，另外也将决定新产品在具体研发过程中的研发难度。一般来说，产品功能越多，BOM 表越复杂，直接原料成本就越高。对于已经开始研发或研发完成的产品，其设计是不可更改的，每完成一个新产品设计需立即支付 30000 元设计费用，每个公司在经营期间最多可以累计设计 6 个产品。我们可以在公司的研发部完成新产品的设计。

四、产品研发原则

对于完成设计的新产品，产品研发的职责主要是对其开展攻关、开发、测试等各项工作，每个完成设计的产品每期的研发费用是 20000 元，不同的产品由于设计差异导致产品研发所需的时间周期并不相同，所以所需的总研发费用也将不同。我们可以在公司的研发部完成新产品的研发。

五、生产制造原则

生产制造过程由厂房购置、设备购置、工人招聘、原料采购、资质认证、制造成本六个部分组成。

1. 厂房购置

厂房可以选择租用或购买，对于租用的厂房，每期期初将自动支付相应的租金，对于购买的厂房，购买当时即支付相应的现金。厂房可以选择退租或出售，厂房的退租或出售实际发生在每期期末，此时只有在厂房内没有设备的情况下才能成功，退租后的厂房在下期将不再需要支付相应租金，出售厂房将以厂房净值回收现金。

2. 设备购置

购买价格：设备只能购买，购买当时即支付购买价格所标识的现金。

设备产能：设备的设备产能是指在同一个生产周期内最多能投入生产的产品数量。

成品率：一批固定数量的原料投入设备中后，在加工成产品的过程中会产生部分次品，剔除次品后的成品占所有成品的比例。

混合投料：设备在同一生产周期内是否允许同时生产多种产品。

安装周期：设备自购买当期开始到设备安装完成所需的时间。

生产周期：原料投入直到产品下线所需的时间。

单件加工费：加工每一件成品所需的加工费用。

工人上限：每台设备允许配置的最大工人数，设备产能、成品率与线上工人总生产能力 3 个因素决定了一台设备的实际产能。设备可以出售，当设备上无在制品和工人时，设备可以立即出售。否则设备出售实际发生在每期期末，此时只有设备上没有在制品和工人的情况下才能成功，出售设备将以设备净值回收现金。

维护费用：当设备不处于安装周期时，每季度需支付设备维护费用，该费用在每期期末自动扣除。

升级费用：对设备进行一次设备升级所需花费的费用，该费用在升级当时即自动扣除，每台设备在同一个升级周期内只允许进行一次设备升级。

升级周期：完成一次设备升级所需的时间。设备完成一次升级后，设备成品率将在原有成品率基础上提升。升级后设备成品率＝升级前设备成品率＋每次升级可提升的成品率。

搬迁周期：设备从一个厂房搬迁到另一个厂房所需花费的时间。

搬迁费用：设备从一个厂房搬迁到另一个厂房所需花费的费用，该费用在搬迁当时即自动扣除。

3. 工人招聘

生产能力：工人在一个生产周期内所具有的最大生产能力。

招聘费用：招聘一个工人所需花费的招聘费用，该笔费用在招聘时即自动扣除。

季度工资：支付给工人的工资，每期期末自动支付。

试用期：招聘后试用的时间，人力资源部需在试用期内与工人签订合同，否则将支付罚金。

培训费用：每次培训一个工人所需花费的费用，每个工人每个经营周期最多只能进行一次培训。工人培训由生产制造部提出，递交到人力资源部后进行，培训费用在实施时支付。

培训提升：工人完成一次培训后，生产能力将在原有能力的基础上提升。培训后生产能力＝培训前生产能力×（1＋培训提升的百分比）。

辞退补偿：试用期内辞退工人无须支付辞退补偿金，试用期满并正式签订合同后需支付辞退补偿金，一般在每期期末实际辞退工人时实时支付。

4. 原料采购

原料分为多个种类，分别是：包装材料、面料、填充物、辅件。其中，每个大类的原材料包含多个明细面料，包装材料包括：玻璃包装纸、纸质包装盒、金属包装盒；面料包括：短平绒、松针绒、玫瑰绒；填充物包括：PP棉、珍珠棉、棉花；辅件包括：发声装置和发光装置。

5. 资质认证

公司可以获得多种资格认证，不同市场的不同消费者对企业所获得何种认证将有不同的要求，对于不能符合消费者要求的企业，消费者将拒绝购买其产品。不同的市场对资质认证要求各不相同。

6. 制造成本

在原材料从采购到最终成品上线过程中，包含以下成本：

a. 每个原材料采购时不含税实际成交的价格；

b. 生产产品所使用的厂房租金或折旧合计，平均分摊法分摊到每个成品；

c. 生产产品所使用的设备维护、设备折旧、设备搬迁、设备升级费用，平均分摊法分摊到该生产线上的每个成品；

d. 生产产品所对应的工人工资、五险合计，平均分摊法分摊到每个成品；

e. 每个产品生产过程中产生的产品加工费；

f. 生产线生产过程中产生的废品部分成本，平均分摊法分摊到每个成品。

原材料库存管理：先进先出法，最先购买入库的原材料批次将被优先投入生产线进行生产。

成品库存管理：先进先出法，最先上线入库的成品将被优先用于交付订单需求。

六、市场营销原则

市场营销分为渠道开发、产品推广宣传、销售人员、市场需求、订单报价五部分。

1. 渠道开发

整个市场根据地区可划分为多个市场区域，每个市场区域下有一个或多个销售渠道可供每个公司开拓，开发销售渠道除了需要花费一定的开发周期外，每期还需要一笔开发费用。每个公司可以通过不同市场区域下已经开发完成的销售渠道，把各自的产品销售到消费者手中。

2. 产品推广宣传

产品推广主要指广告宣传，每个产品每期均可以投入一笔广告宣传费用，某一期投入的广告对未来若干季度是有累积效应的，投入当季效应最大，随着时间推移，距离目前季度越久，效应逐渐就越低。系统中投入广告后能够对订单分配累计影响 3 个季度。

3. 销售人员

销售能力：销售人员在一个经营周期内所具有的最大销售能力。

招聘费用：招聘一个销售人员所需花费的招聘费用，该笔费用在招聘时即自动扣除。

季度工资：支付给销售人员的工资，每期期末自动支付。

试用期：招聘后试用的时间，人力资源部需在试用期内与销售人员签订合同，招聘之后没有签订合同将支付罚金每人 2000 元。

培训费用：每次培训一个销售人员所需花费的费用，每个销售人员每个经营周期最多只能进行一次培训。销售人员培训由销售部提出，递交到人力资源部后进行，培训费用在实施时支付。

培训提升：销售人员完成一次培训后，销售能力将在原有能力的基础上提升。培训

后销售能力 = 培训前销售能力 × (1 + 培训提升的百分比)。

辞退补偿：试用期内辞退销售人员无须支付辞退补偿金，试用期满并正式签订合同后需支付辞退补偿金，一般在每期期末实际辞退销售人员时实时支付。

4. 市场需求

每个经营周期，不同市场区域下的不同销售渠道都包含了三种消费群体的不同量的市场需求。

5. 订单报价

每个经营周期，对于已经完成开发的渠道，将有若干来自不同消费群体的市场订单以供每个公司进行报价。每个市场订单均包含资质要求、购买量、回款周期、最高承受价等要素。

当订单无法按量满额交付时，需支付订单违约金，订单违约金 = (该订单最高限价 × 未交付订单数量) × 订单违约金比例 (30.00%)。

七、组间交易原则

在整个市场中，公司之间可进行原料、订单需求交易，交易方式为竞价拍卖，卖方通过发布交易信息发起一桩交易，不同买方通过自由竞价形式向卖方递交各自报价与购买数量，但要注意以下规则。

如果当前交易没有任何买家参与竞价，则卖方可随时终止当前交易过程。

如果当前交易已经有至少一个买家参与了竞价，则系统规定，卖方从发布交易信息开始，必须经过 5 分钟后才能结束该桩交易，如果卖家未能在进入下一季度之前结束发起的交易，则相关交易自动取消，交易相关的原料、订单需求自动归还给卖方，参与竞拍的买方公司递交的报价数据也自动失效。

交易结束后，报价高者所要求的购买数量将获得优先满足，如果价格相同，则递交时间早的买方购买数量获得优先满足。

交易结束后，本桩交易如果尚有未转让完的原料或订单需求，则自动返回给卖方，不再允许继续交易，直到卖方再次发起一桩新的交易。

每期交易都会受到金额限制，为了规范公司间合理交易，避免少数公司通过公司交易达成利益输送，每个公司每期累计可进行最大交易金额上限为 10000 元，无论买卖双方，每期公司间交易金额累计都不能超过该额度。

1. 交易方法

卖方：点击进入场景"交易市场"→"商情交易区"进行交易信息的发布。

买方：点击进入场景"交易市场"→"商情交易区"进行竞价信息递交。

2. 交易示例

A 公司发起交易：

A 公司发布一条原料出售信息，数量为 100 件，竞拍底价为 10 元/个。此时系统会检查此次交易信息发布合计金额是否大于"当前组间交易可用交易额度"，若大于，则不允许发布；若小于，则允许发布。发布成功后必须经过 5 分钟后才能结束当前交易。

B 公司参与竞价：

B 公司报价 15 元/个，购买 60 个原料，系统会检查本次报价合计金额是否在当前公司可用交易额度范围内，如果在范围内，则可顺利递交报价，否则不允许递交报价。

C 公司参与竞价。

C 公司报价 16 元/个，购买 60 个原料，系统会检查本次报价合计金额是否在当前公司可用交易额度范围内，如果在范围内，则可顺利递交报价，否则不允许递交报价。

A 公司结束交易：

根据竞价规则，C 公司以 16 元/个优先获得 60 个原料，并向 A 公司支付 960 元（16×60）转让费用；B 公司以 15 元/个获得剩余 40 个原料，并向 A 公司支付 600 元（15×40）转让费用；本次交易结束。

产品改造费

产品改造费是订单需求交易时产生的费用，若此费用产生，则会在买方交付此订单时扣除。

产品改造费 =（买方产品比卖方产品少的原料配制无折扣价之和 + 差异数量×产品改造加工费）×订单数量

在《创业之星》模拟经营中，每个产品改造加工费为 2 元。

示例：A 公司买入 B 公司订单 F，数量为 100 套；在交易前，B 公司的订单 F 所对应的产品为 B1；A 公司买入时，选择针对该订单的产品是 A1；产品 B1 的原料配制如下：玻璃包装纸、短平绒、珍珠棉；产品 A1 的原料配制如下：玻璃包装纸、松针绒、棉花；发生装置则以产品 B1 为标准，产品 A1 缺少如下原料配制：短平绒、珍珠棉；若本期原料无折扣价格如下：短平绒为 11.00 元，珍珠棉为 24.00 元，则产品改造费 = $[(11.00+24.00)+2\times2.00]\times100$。

3. 季度结算

系统进入下一季度时会自动进行结算，包括计算本季度末的数据和计算下季度初的数据。

结算本季度末的相关数据包括：

支付产品制造费用、支付管理人员工资和五险；

更新设备搬迁、设备升级、厂房出售、设备出售、生产工人培训费用；

扣除生产工人未签订合同罚金、销售人员未签订合同罚金、基本行政管理费用；

辞退生产工人、销售人员费用；

出售生产设备、厂房或厂房退租费用；

检查并扣除管理人员未签订合同罚金、未交货订单违约金；

银行还贷和紧急贷款。

结算下季度初的相关数据包括：

检查上季度未分配和未完成交付的订单数量，并转移到当前季度；

公司注册费用（一季度扣除）；

计算公司应收账款，并收取；

计算公司应付账款、上季度营业税，并支付；

扣除上季度增值税、城建税、所得税、教育附加税、地方教育附加税以及办公室租金；

更新原料到货状态、预付账款状态；

紧急贷款。

小链接 9-1

步步为营

关于步步为营的方法。杰弗里·康沃尔总结出 9 条理由，这些理由有助于读者更好地理解步步为营。

（1）企业不可能获得来自银行家或投资者的资金。创业者特别是年轻的创业者没有足够长的工作经历积攒开办企业所需要的资金。没有足够的信用史，没有贵重的个人资产，所以难以从银行家或投资者那里筹措资金。

（2）新创建企业所需外部资金来源受到限制。大量有关初创资金来源的研究报告显示，创业者的初创资金主要来自创业者个人，或家庭成员、朋友。传统的外部资金来源，如银行贷款，都不可能成为多数创业者的选择。即使风险投资，也只是青睐少数的成长潜力大的企业。

（3）创业者推迟使用外部资金的要求。多数创业者特别关注对企业的控制权，他们不愿意别人来分享创业的收益，他们希望通过自己的努力创造和占有价值。随着实力的增强，在获取外部资金和谈判等能力上也会增强。另外，在创业初期，从外部筹集资金也会耗费创业者大量的时间和精力，创业者感觉不如把这些时间和精力投入销售等活动中。

（4）创业者自己掌控企业全部所有权的愿望。许多创业者不想去处理由于外部投资者期望，以及银行施加的要求而给企业增加的复杂问题。外部融资有可能降低了创业者对企业所有权的份额，从而减少了他们分享企业所创造的财富和利润，而且新的合伙人加入也容易带来人际关系的变化，许多创业者说他们的合作伙伴之间的关系甚至比婚姻还要复杂。

（5）使可承受风险最小化的一种方式。很多创业者因为偿还贷款的压力而尽可能不使用银行贷款，减轻债务负担。他们用自己的现金储备保持盈利。创业会面临大量的不确定性，创业者有创业激情，但抗风险能力低，自己对未来发展也不是很清晰，所以希望承受的风险小一些。

（6）创造一个更高效的企业。在有些情况下，拥有很多资源并不是好事情，可能带来浪费和不必要的开支。相反，资源少会迫使企业更柔性，更能随机应变。

（7）使自己看起来"强大"以便争夺顾客。创业者常常会发现他们是在同那些大型的、已存在的公司争夺顾客，这要求他们看起来在产品和服务方面跟那些比他们大得多的竞争对手有同样的能力。太太口服液一开始就请海外专业机构制作精美的广告。为此。创业者就需要在其他的费用方面设法降低成本。

（8）为创业者在企业中增加收入和财富。通过步步为营的策略，创业者可以降低成本，尽量做到用最经济的办法做事，当然也就等于在增加企业和个人的收入与财富。

（9）审慎控制和管理的价值理念。习惯于步步为营的创业者会形成一种审慎控制和管理的价值理念。在好的方面，这意味着责任心，对投资者负责，让所占用的资源发挥更大的效益。这种价值理念也可能演变成不好的结果，不少创业者在事业做大之后，仍然习惯于财物"一支笔"控制，事无巨细，谨小慎微，反而制约了发展。

资料来源：杰弗里·康沃尔. 步步为营：白手起家之道［M］. 陈寒松，等译. 北京：机械工业出版社，2009.

本 章 要 点

了解创业模拟评分规则，掌握新产品设计及研发，产品原料采购，生产厂房变更，生产设备变更，生产工人招聘、调整、培训，产品生产，产品广告宣传，新市场开发，销售人员招聘、调整、培训，产品订单报价等经营活动的规则。

讨 论 思 考 题

1. 公司的产品或服务是否有足够的市场需求？客户的需求和偏好有哪些变化？

2. 公司的主要竞争对手是谁？他们的市场策略是什么？公司如何在竞争中保持或获得优势？

3. 公司的财务资源是否足够？是否具备投资新产品的能力？现金流、利润率等指标是否健康？

4. 公司的生产和运营流程是否高效？可以通过什么策略来降低成本或提高产能？

本章知识拓展

清单革命：持续、正确、安全地把事情做好的方法

清单是一种抓取关键、规避风险的有效工具。列出清单、逐步执行带来的效果是非常惊人的。

例如，有一家医院把防止中心静脉置管引发感染的 5 个步骤制成了清单，并授权护士，一旦发现医生跳过清单上所列步骤，就叫停操作。这个举措让原本经常发生的中心静脉置管感染的比例从 1% 下降到了零，避免了 43 起感染和 8 起死亡事故，也为医院节省了大量成本。清单之所以有效，是因为它把医生在记忆和经验中的工作流程可视化了，从而确保在任何情况下，重要的操作步骤都不会被遗漏。更重要的是，当医生把这部分工作的记忆"外包"出去以后，他们自身也可以更专注于具体的操作。

又如，波音公司研发出了一架非常知名的轰炸机，它的操控复杂程度比过去的轰炸机高出了数倍。公司编制了一张检查清单，让飞行员可以更好地操作。在 1935 年，对那些自视甚高的机长们来说，这张清单就是一张无知的表格，不会起到任何作用。当时有一位非常知名的机长，没有严格按照清单来操作，最后机毁人亡。这位机长失去生命的主要原因是他少进行了一项操作。为了避免飞机停放在地面时升降舵遭受风吹拍打地面造成损坏，升降舵被锁在中间位置，在起飞之前，飞行员必须先解除锁定。后来在事故调查中，人们发现机长忘记将升降舵解锁，致使飞机离地后就失去了控制。这架飞机因为机长没有按照流程操作，最终坠毁，而波音公司也差点因为这个事故宣告破产。

为了呈现出最佳的视觉效果，一场商业演出对舞台的要求极高，但现实中往往会有疏漏。有时候聚光灯和丝绒幕布挨得过近，可能造成火灾；有时候舞台的门搭得不够高，线阵音响就没办法通过。为了防止出现这些问题，著名摇滚乐手罗斯每次签巡演合同的时候，都会坚持在合同中增加这样一个条款：后台化妆间里必须摆放一碗巧克力豆，里面不能有一粒棕色巧克力豆，如果主办方没有做到的话，演唱会就将被取消，而且主办方还要对乐队进行全额赔偿。或许有人会认为，大明星总是喜欢摆谱，提出不近人情的苛刻要求。其实不然，这是罗斯用来保障演唱会安全的一块"试金石"。

在一个复杂系统里，某个特定环节没有准备好，往往预示着其他准备环节也会出问题。

资料来源：葛文德. 清单革命：防范错误，从改变观念开始 [M]. 杭州：浙江人民出版社，2012.

第十章 创业模拟经营管理策略

第一节 技术创新与产品开发

创业者常常以自己所掌握的技术为基础进行创业。但是很多创业者所拥有的技术并不是完整的技术，或者说技术还不完善。创业者的技术需要在生产或营销的运作过程中逐步完善。其实，对于一个现代的创业者，仅仅是把一项开始创业的技术在产业中实施还远远不能使创业走向成功。技术在迅速地进步，创业者实施创业的技术的同时，必须考虑技术再创新的问题，或产品的进一步开发，否则很可能还没有收回创业投资，技术或产品就已经落后，或失去了竞争力。以技术创业的创业者不能沉浸于技术带来的一点点成果中而忘乎所以，必须时刻关注技术与市场的发展动态，不断地研究与开发新产品，改进与提高技术与管理水平，才能使企业健康成长。当今时代，技术与产品的生命周期日趋短暂，不创新很快就会被淘汰出局。因此，新创企业必须高度重视技术与产品的管理。

一、技术创新管理

（一）创新的概念

创新（innovation）一词源于拉丁语里的"irmovare"，又可译为技术创新，意思是更新、制造新的东西或变化。关于创新理论，从历史发展的角度分析，它是由熊彼特的创新理论（innovation theory）发展而来的。按照熊彼特的创新理论，"创新"就是建立一种新的生产函数，即实现生产要素和生产条件的一种从未有过的新组合并引入生产体系。创新并不是某项单纯的技术或工艺与产品的发明，而是一种运转不息的机制，只有引入生产实际中的发现与发明，并对原有生产体系产生震荡效应，才是创新。

彼得·德鲁克说："成功的创业家，不论他个人的动机如何——是为了金钱，是出于好奇，还是追求名誉与社会承认，都要创造价值并有所贡献。成功的创业家一般都瞄准较高的目标。他们不以改进现状或修正已有事物感到满足，而是努力创造新的、不同的价值与满足，把物质转变为资源，或结合已有的资源创立新的和富于生产力的结构。"他认为：为不同的新事物提供机会的是变化，系统创新在于有目的和有组织地探索这些变化，并系统地分析哪些是可能提供经济或社会创新的变化。产品与技术的新与旧、高与低、先进与落后，来自两个方面的概念：一是时间性；二是空间性。一旦一项新产品或新技术在市场出现，便开始了由新向旧的演变。由于竞争与发展，学习者、模仿者便会接踵而至，产生的新技术便逐渐随着时间而向空间扩散，当新技术在特定的空间内为同行共同掌握时，这项新的技术就变成了普通的技术，新技术便走完了由新到旧的"生命里程"。同时，用户也会有更新更多的要求，原有创新的企业必须向更新的技术发展，开发出更新的产品，或向新的尚未"饱和"的需求空间区域拓展，进行多角化技术与产品开发，或是向新领域新空间的"填空"，这就是平面横向的开发。创新不在于能与不能，而在于什么时间能，这要求创新具有一定的时效性。另外，创新不是一次就可以"一劳永逸"，特别是知识经济时代，技术与产品的生命周期日趋短暂，企业的生存与发展需要持续创新。

新创立的企业必须具有创新战略意识。从创立之初，就应该注重培植核心技术或核心产品，以技术创新为核心，不断开发高附加值的新产品。从一开始，就应该注重技术创新与市场需求的匹配或融合，建立创新文化，完善创新激励机制，并应该注重实施专利战略及技术积累的管理。

（二）创新激励

鼓励公司员工开动脑筋、挖掘创造力，是许多成功企业普遍采用的激励管理方式，并形成了企业的创新文化。丰田公司宣称他们的员工每年提出大小 200 万个新构思，平均每个员工提出 35 项建议，这些建议有 85% 以上被公司采纳。我国的许多企业也非常鼓励职工提"合理化建议"，有许多合理化建议被采纳后，对企业的技术与管理的创新起到了积极的推动作用。创新活动，既是企业发展的根本动力，可以给企业带来良好的机会，也会由于创新失败而造成损失。创业者要根据新创企业的实际，恰当地实施创新激励。创新要基于自己的基础与资源，不要好高骛远。

二、产品创新管理

产品开发战略是市场营销战略的重要组成部分，为市场提供消费者需求的新产品是企业获取竞争优势的源泉。初创企业应该对新产品有一个客观的认识，根据自己的实力来决定自己所提供的新产品，进而对新产品开发的方式及开发的程序进行决策。

（一）新产品的类型

所谓新产品，是相对老产品而言的，是指新出现的产品与市场上的老产品有所区别的产品。营销中的新产品含义与一般的科技开发上的新产品含义并不完全相同，前者的内容要比后者广泛得多。营销中的新产品有四种形式。

全新产品。这是指采用新的原理、新的材料、新的技术而制成的产品，与现有的产品毫无雷同之处。如电话、飞机、尼龙、复印机、电视机、计算机等就是19世纪60年代至20世纪60年代世界公认的最重要的全新产品。

换代新产品。这是指性能、结构有重大突破与改进的产品。如洗衣机从原来的半自动变为全自动就是换代新产品。

改良新产品。这是对企业现存产品的材料、结构、性能、外形设计、颜色、包装等方面作出某些改进的产品，这是企业最容易开发的新产品。

模仿新产品。这是指企业对市场上已出现但自己还没生产过的产品进行模仿改进而生产的产品。

（二）新产品开发的方式

独立研制。这是企业在应用技术研究成果的基础上，自己研制的独具特色的产品。采用这种方式开发的一般是全新的或者是换代的产品。独立开发新产品，特别是研制复杂的产品，要求企业有较高的技术水平，有较雄厚的人力和财力资源。因此，企业在创业阶段，最好是开发不太复杂的产品或开发仿制型、改良型产品。

技术引进。这是指利用国外或国内其他单位或个人已有的成熟技术从事的新产品开发。采用这种方式，企业投资少，并可以较快地掌握产品制造技术，争取时间把产品制造出来，因此较适用于刚开始创业的企业。但是，引进技术多属于别人已经采用的技术，其产品已占领了一定的市场。所以，企业的新产品开发不应长期建立在技术引进的基础上，等到新创企业的资金和实力积累到一定程度，就应该尽可能地建立自己的产品研究开发机构，逐步提高自己的产品开发能力，发展有自己特色的技术。

科技协作开发方式。这是一种由企业、高等院校或科研机构协作进行新产品开发的方式。这种方式花钱少、见效快，又能促使企业提高开发能力，是一种较好的方式。

（三）新产品开发的程序

开发新产品将会牵涉到企业的生产技术和经营管理各个领域，是一项十分复杂和细致的工作，必须按照一定的程序来进行。新产品开发过程由八个阶段构成，即寻求创意、甄别创意、形成产品概念、制定市场营销战略、营业分析、新产品开发、市场试销、批量上市。新创企业应按科学的程序来进行新产品开发，以减少失败的风险。

寻求创意。所谓创意，就是开发新产品的设想。新产品创意的主要来源有：顾客、科学家、竞争对手、企业推销人员和经销商、企业高层管理人员、市场研究公司、广告代理商等。此外，企业还可以从大学、咨询公司、同行业的团体协会、有关报刊媒体等处寻求有用的新产品创意。

甄别创意。获得足够的创意之后，要对这些创意加以评估，研究其可行性，并挑选出可行性较强的创意，这就是甄别创意。甄别创意的目的就是淘汰那些不可行或可行性较低的创意，使企业有限的资源集中于成功机会较大的创意上。甄别创意时，一般要考虑创意与企业的战略目标和企业能力的适应性。

形成产品概念。所谓产品概念，是指企业从消费者的角度对这种创意所作的详尽的描述。企业必须根据消费者的要求把产品创意发展为产品概念，选择最佳产品概念后，进行产品和品牌的市场定位。

制定市场营销战略。形成产品概念之后，需要制定市场营销战略，企业的有关人员要拟定一个将新产品投放市场的初步的市场营销战略报告书。报告书大体分为三部分：第一部分是描述目标市场的规模大小、结构行为、新产品市场位置、产品销售最初几年的销售量、利润、市场占有率等；第二部分是规划新产品的预期价格、分销渠道及第一年以促销（尤其是广告）为重点的营销预算费用；第三部分是阐述较长期的销售额和利润目标及不同时期的营销组合策略等。

营业分析。在这一阶段，企业市场营销管理者要复查新产品将来的销售额、成本和利润的估计，看看它们是否符合企业的目标。如果符合，就可以进行新产品开发。

新产品开发。这一阶段主要是将通过营业分析后的新产品概念交送研究开发部门或技术工艺部门研制成为产品模型或样品，同时进行包装的研制和品牌的设计。这是新产品开发的一个重要步骤，只有通过产品研制，投入资金、设备和劳力，才能使产品概念实体化，才能发现产品概念的不足与问题，继续改进设计，也才能证明这种概念在技术、商业上的可行性。

市场试销。企业将少量通过生产测试的样品作为正式产品，投放到有代表性的小范围市场上进行试销，检查这种新产品的市场效应，然后再决定是否大批量生产。不过并非所有新产品都必须经过试销，是否试销主要取决于企业对新产品成功率的把握。如果对新产品成功率没有把握，那么付出一定的试销费用是必要的。

批量上市。新产品试销成功以后，就可以正式批量生产，全面推向市场。这时企业就要动用大量资金，支付大量费用，而新产品投放市场的初期往往利润微小，甚至亏损，因此，企业在此阶段应在投放时机、投放地区、目标市场和营销组合等方面慎重考虑。

三、产品的品牌策略

品牌在本质上代表着某种产品的特征、能给消费者带来产品和服务的承诺，是消费者识别企业的重要依据。因此，对于新创企业来说，在条件许可时给自己的产品设计独特的品牌就显得尤为重要。

品牌是产品规定的商业名称，通常由文字、标记、符号、图案和颜色等要素或这些要素的组合构成。品牌一般分为品牌名称和品牌标志两个部分。品牌名称是指品牌中可以用语言称呼的部分。品牌标志则是指品牌中可以被识别，但不能用言语称呼的部分。品牌由企业在政府有关部门注册登记，获得专用权，受到法律保护后，就可称为商标。

新创企业的品牌策略有以下几种选择。

（一）无品牌策略

无品牌策略本身就是一种品牌策略，它不是要企业永远抛开品牌，更不是对品牌的否定，而是要企业先将远大的梦想暂时放在一边，踏踏实实地把自己做大做强，以积蓄可以实现自己梦想的力量。新创企业可采用的无品牌化策略包括无商标策略和采用零售企业商标策略。

无商标策略，即不使用商标。商品之所以能不用商标，一方面是因为有些企业的产品因难以形成"产品差别"，或质量难以统一保证和衡量，或消费者对质量要求不高，无须特别地辨认，从而使得使用商标的可能性大大降低。另一方面是人们生活中经常接触的商品，不需要特别的专业知识，就能够辨别真假、好坏，如衣服、食品、饮料等，也可以不用商标。美国的两大零售商沃尔玛和卡玛近年来相继推出无品牌商品大宗销售法，他们要求消费者成打、成箱或按一定的散装量来购物，商品仅限于无品牌甚至是无正式包装的统货，价格相当低廉，商品十分畅销，这种方法迅速在美国、加拿大等国的超市里流行起来。我国的消费者主体仍是广大的工薪阶层和农民，一方面他们想跟上消费潮流；另一方面苦于囊中羞涩，所以物美价廉的商品成为他们的首要选择。目前仓储式购物中心大受消费者青睐就证明了这一点，低价格商品对于我国广大消费者来说，具有无穷的魅力。因此，无品牌商品销售在我国有着良好的发展前景。

采用零售企业商标策略。零售商品牌是商业竞争发展到一定阶段的产物，它是零售商为了突出自身形象，维持竞争地位，充分利用自身的无形资产和优势而采取的一种竞争战略。具体做法是：零售商通过了解消费者信息，提出产品的设计开发要求，并选择生产企业进行生产，然后利用零售商品牌把产品推向市场。在我国，一方面有不断发展壮大的大中型零售企业、连锁超市；另一方面存在大量生产能力闲置的中小型企业。日趋激烈的市场竞争将迫使制造商使用零售商品牌，而零售商经营自有品牌必须有为其生产产品的生产企业，这就为零售商和中小企业合作，形成生产和流通的新型结合体创造了有利条件。如上海开开百货商店自1987年实施零售商品牌以来，推出开开牌系列产品，其中，开开牌衬衫荣获"中国十大名牌衬衫"的殊荣，开开牌羊毛衫荣获"中国名牌产品"的称号。

（二）借助已成功的品牌策略

不具备自创品牌的条件而其生产的产品或市场特点又不允许采用无品牌策略的中小企业，可以采用借助已经成功的品牌提升自己的品牌战略。中国台湾宏基于创业之初，经济上捉襟见肘，是典型的作坊式企业。于是他们利用世界知名品牌来成就宏基。他们首先瞄准的是蓝色巨人 IBM。经过努力，他们争取到了在台湾为 IBM 制作零部件的机会，从而使质量和技术得到了初步的积累，团队也得到了锻炼。可是单纯的组件加工无法为宏基带来丰厚的利润，于是他们开始谋求为 IBM 组装整机。经历了艰苦的努力，他们不仅成为 IBM 的优秀供应商，而且开始了自身的国际化进程。羽翼渐丰的宏基开始了宏基品牌的营销，自行制造、销售宏基品牌的电脑是宏基品牌走向辉煌的根本原因。借助成功品牌的策略主要有贴牌、品牌租借、为成功品牌生产配套产品等多种方式。

（三）自创品牌策略

对于已经拥有完善的管理和营销体制、充裕的资金等创立品牌所需条件的中小企业，制定自创品牌策略仍是上策。这些企业应该从品牌建设之初就制定出与品牌发展阶段相适应的品牌形象设计方案，循序渐进地塑造品牌。

企业自创品牌需要具有前瞻眼光、文化内涵和国际化意识，注意品牌附加值的创造和积累，克服品牌命名时的先天不足。企业的发展犹如长途旅行，启程时是产品，抵达终点站时是完整的品牌体系，如何选择到达的路线和到达方式，既要制定理性的品牌战略，又要十分重视感性的品牌延伸艺术。因此，企业要用心体会以下几种策略：一是"独立"，即创设的品牌在行业内具有鲜明的个性，能独树一帜，吸引客户的视听。二是"巧挖"，即从博大精深的中华民族文化中挖掘有商业价值的文字作为品牌。如"步步高""红豆"等。三是"口传"，即利用口碑的力量打响品牌，如"娃哈哈"等。四是"快抢"，即以敏锐的眼光发现未来可能成为有价值的品牌资源，抓紧抢注。如 1994年，在一曲"又是九月九，重阳夜难聚首"唱红大半个中国时，陕西有一个企业就策划抢注了"九月九"商标。

品牌是企业走向市场的通行证，是消费者选购产品的着眼点，更是企业参与市场竞争的利器。品牌价值越高，对销售的促进作用就越强，企业的获利能力也越好。好的品牌所需要的鲜明的时代特征、公共亲和力、美誉度等的形成，是一个漫长的过程。

小链接 10 - 1

中国新经济创业环境调查

全球领先的新经济行业数据挖掘和分析机构——艾媒咨询，权威发布了《2017 -

2018 中国新经济创业环境专题研究报告》。数据显示，截至 2017 年第三季度，全国企业总量规模达 2907.2 万户，创业者规模超过 3000 万人。随着"双创"政策出台，国家、地方推出扶持创业政策，鼓励大众创业，创业企业营商环境进一步优化，中国创业人数不断上升。

在 2017～2018 年的中国创业者中，男性创业者达 85.5%，女性创业者达 14.5%；本科学历创业者达 56.6%。相对于女性追求工作安稳，男性更倾向于事业有成，其事业心更重；随着教育普及率提高，国民文化水平提升，再加上本科生薪酬起步不及硕士级别人士；创业高效益回报率显然更具吸引力。

在中国创业者中，31～35 岁的群体占比最高，达 24.9%。31～35 岁的群体有一定经济储蓄。社会工作经验丰富，人脉范围广，工作动力强，相对于其他年龄段的群体，创业基础条件较好，对创业更具信心，也更有热情。在创业者状况中，第一次创业的人群占比最高，达 47.9%。随着中国经济的发展，"双创"热潮涌现，国家给予创业者政策扶持，市场创业氛围高涨，使得更多群体愿意投身创业。

资料来源：艾媒咨询 . 2017－2018 中国新经济创业环境专题研究报告［EB/OL］.［2019－03－10］. https：//www. imedia. cn/c400/61277. html.

第二节　市场开发与营销策略

一、市场开发与市场定位

（一）目标市场营销的要领和步骤

一般来说，任何企业都无法为一个广阔市场上的所有顾客服务，新创企业更是如此。因为这样一个市场上的顾客人数太多，分布太广，顾客的需求差异也很大。因此，企业不应到处与人竞争，而应采用所谓"田忌赛马"的策略，用自己的优势与别人的劣势竞争，也就是确定最有吸引力的、本企业可以提供最有效服务的细分市场，在细分市场上确立自己的经营优势。现代策略营销的核心可称为 STP 营销，即细分市场（segmenting）、选择目标市场（targeting）和产品定位（positioning）。企业经营人员对这种观念的认识要经过三个阶段。

第一，大量营销阶段。在此阶段，企业大量生产某种产品，通过众多渠道大量推销给所有的消费者。例如，美国可口可乐公司长期只生产一种饮料，一种包装，它希望这种饮料适合每一个人。这种观念认为，这样做可以大大降低成本和价格，并开拓最大的潜在市场。

第二，产品差异化营销。在此阶段，企业生产几种具有不同特点、风格、质量和尺寸的产品。其目的是向顾客提供多种产品，供不同的顾客选购。产品差异化营销的观点认为：顾客有不同爱好，而且爱好随时间推移也有变化，顾客也在寻求差异化。

第三，目标市场营销。此时企业先从整体市场中找出主要的细分市场，选定其中的一个或几个作为目标市场，并制订相应的产品计划和营销计划，使之符合每个选定的细分市场的需要。

目标市场营销的观念已为越来越多的企业所接受，它能帮助企业更好地识别市场营销机会，使企业能为每个目标市场提供适销对路的产品，调整价格、营销渠道和广告，以到达目标市场。企业可以避免分散营销力量，以便把重点放在具有最大潜力的顾客身上。

（二）目标市场营销包括三个主要步骤

第一，细分市场，其做法是根据消费者对产品的不同消费需求、不同的购买行为和购买习惯，将整体市场分割成由许多消费需求大致类同的消费者群体所组成的子市场群。市场细分的目的在于有效地分析和了解各个消费者群体的需求满足程度和变化发展的趋势，从中选择最佳目标市场，以便集中力量针对目标市场开展公司经营。细分有助于企业发掘市场机会，进而迅速进入市场。尤其是当创业初期企业的实力不足的时候，可以通过市场细分充分利用现有资源，获得竞争优势。

第二，选择目标市场，即制定衡量细分市场吸引力的标准，选择一个或几个要进入的市场。

第三，产品的市场定位，即确定企业的竞争地位及其向每个目标市场提供的产品。

（三）市场定位的原则

各个企业经营的产品不同，面对的顾客也不同，所处的竞争环境也不同，因而市场定位所依据的原则也不同。总的来讲，市场定位所依据的原则有以下四点。

1. 根据产品特点定位

构成产品内在特色的许多因素都可以作为市场定位所依据的原则，比如所含成分、材料、质量、价格等。"七喜"汽水的定位是"非可乐"，强调它是不含咖啡因的饮料，与可乐类饮料不同。"泰宁诺"止痛药的定位是"非阿司匹林的止痛药"，显示药物成分与以往的止痛药有本质的差异。

2. 根据用途定位

为老产品找到一种新用途，是为该产品创造新的市场定位的好方法。我国曾有一家生产"曲奇饼干"的厂家最初将其产品定位为家庭休闲食品，后来发现不少顾客购买是为了送礼，又将之定位为礼品。

3. 根据顾客利益定位

产品提供给顾客的利益是顾客最能切实体验到的，也可以作为定位的依据。如世界各大汽车巨头的定位也各有特色：劳斯莱斯车豪华气派；丰田车物美价廉；沃尔沃车结实耐用。

4. 根据顾客类型定位

企业常常试图将其产品指向某一类特定的使用者，以便根据这些顾客的看法塑造恰当的形象。美国米勒啤酒公司曾将其原来唯一的品牌"高生"啤酒定位为"啤酒中的香槟"，吸引了许多不常饮用啤酒的高收入妇女。后来发现，占30%的狂饮者大约消费了啤酒销量的80%，于是，该公司在广告中展示石油工人钻井成功后狂欢的镜头，还有年轻人在沙滩上冲浪后开怀畅饮的镜头，塑造了一个精力充沛的形象。在广告中提出"有空就喝米勒"，从而成功占领啤酒狂饮者市场达10年之久。

事实上，许多企业进行市场定位的原则往往不止一个，而是多个原则同时使用。因为要体现企业及其产品的形象，所以市场定位必须是多维度的、多侧面的。

（四）市场定位的方法

市场定位是一种竞争性定位，它反映市场竞争各方的关系，是为创业企业有效参与市场竞争服务的。

1. 避强定位

这是一种避开强有力的竞争对手进行市场定位的模式，创业者避开竞争强手，瞄准市场"空隙"，发展特色产品，开拓新的市场领域。有学者称之为"市场需求填空"。这种定位的优点是：能够迅速地在市场上站稳脚跟，并在消费者心中尽快树立起一定形象。由于这种定位方式市场风险较小，成功率较高，常常为多数企业所采用。

2. 迎头定位

这是一种与市场在位者"对着干"的定位方式，即创业者选择与竞争对手进行正面市场冲突，争取同样的目标顾客，彼此在产品、价格、分销、供给等方面稍有差别。实行迎头定位，创业者必须做到"知己知彼、知天知地"，应该了解市场上是否可以容纳两个或两个以上的竞争者，自己是否拥有比竞争者更多的资源和能力，是不是可以比竞争对手做得更好；同时，选择恰当的市场进入时机与地点。否则，迎头定位可能会成为一种非常危险的战术，将创业企业引入歧途。当然，也有些创业者认为这是一种更能激发自己奋发向上的定位尝试，一旦成功就能取得巨大的市场份额。

3. 重新定位

重新定位通常是指对那些销路少、市场反应差的产品进行二次定位。初次定位后，随着时间的推移，新的竞争者进入市场，选择与本企业相近的市场位置，致使本企业原来的市场占有率下降；或者，由于顾客需求偏好发生转移，原来喜欢本企业产品的人转而喜欢其他企业的产品，因而市场对本企业产品的需求减少。在这些情况下，企业就需要对其产品进行重新定位。所以，一般来讲，重新定位是企业为了摆脱经营困境，寻求重新获得竞争力和增长的手段。不过，重新定位也可作为一种战术策略，并不一定是因为陷入了困境，相反，可能是发现新的产品市场引起的。例如，某些起初专门为青年人设计的产品在中老年消费群体中也开始流行后，这种产品就需要重新定位了。

二、营销策略组合

市场环境变量将提供很多重要的信息，以决定什么是最有效的营销策略，在营销计划中，实际的短期营销决策将包括四个重要的营销变量：产品或服务、定价、分销和促销。这四个要素的总和被称为营销组合（4Ps）。尽管灵活性同样值得考虑，但创业者仍然需要一个较强的决策基础以便能对每天的营销决策提供指导。每个营销组合变量涉及的关键决策因素在表 10-1 中加以描述。

表 10-1　　　　　　　　　　营销组合变量涉及的关键决策因素

营销组合变量	关键决策因素
产品	组件或材料的质量、风格、特征，买卖的特许权、品牌、包装、规格、服务的可获得性、产品保证
定价	质量形象、定价单、数量、折扣、快速支付现额、信用条款、支付期
分销	批发商或零售商的组合使用、批发商或零售商的类型、分销渠道的数量、分销渠道的长度、地理覆盖区域、存货、交通
促销	媒体的选择、信息、媒体预算、个人销售的角色、销售促销（展示、赠券等）、公众对媒体的兴趣

（一）产品策略

这个营销组合要素是对新创企业即将上市的产品或服务的描述。对产品或服务的定义不仅要考虑它的有形特征，还必须考虑其无形特征。完整的产品概念应包含包装、品牌、价格、保证、形象、服务、交货时间、特征和风格等。

创业者的新产品开发，需要围绕产品全方位价值进行知识融合。在经济过剩的时代，产品在满足功能性与安全性的同时，应注意考虑产品的精神价值。弗朗西斯·C. 罗内曾说："人们不再是仅仅为了使脚暖和与干燥去买鞋，他们买鞋是因为鞋子使他们感受到男性气魄、女性娇美、与众不同、优雅、年轻、富有魅力、时髦。购买鞋子已成为一种感情经验，现在我们的企业与其说是推销鞋子，还不如说是推销刺激。"宝洁公司的创始人哈莱·普洛斯特说："在新产品上市之前，我们还要做一些准备工作。一定要使它上市之后一鸣惊人，造成一种夺人的声势。"

（二）定价策略

营销计划中最难的决策就是为产品或服务确定适当的价格。一个质量好而且零部件较贵的产品需要以较高的价格来维护其产品形象。但创业者还应该考虑其他很多因素，如成本、折扣、运输及毛利等。估价的问题常常与成本估计的困难联系在一起，因为它们常常反映在需求中，而需求本身又是难以预计的。根据市场研究及产品本身特点，创业者可采用不同的定价策略。

1. 高价定价策略

高价定价策略是以高价位来搜刮市场利润的一种定价策略。"拍立得"快速照相机刚上市时，销售此类照相机的只有一家公司，所以该公司先推出一种昂贵的机种，赚取大量利润后，再逐渐介绍简单型的便宜机种。高价定价策略成功的条件是：有充足的市场需求量；市场价格敏感度低，需求弹性小；良好的产品品质及功能，吸引消费者愿意出高价；高价不会吸引竞争者在短期内加入市场竞争；在小规模的生产成本下，仍有充足的利润。

2. 渗透性定价策略

渗透性定价策略是以较低的产品价格打入市场，目的是在短期内加速产品成长，期望能获得大量的市场占有率。美国得克萨斯州仪器公司是典型的例子：他们大量生产、销售自己的产品，利用经验曲线效应，将产品成本及价格不断拉低，一举占有了广大的市场，造成绝对的优势。渗透性定价策略的成功条件是：有广大足够的市场需求；高度的价格敏感度及需求弹性；大量生产能产生显著的成本经济效益；低价是减少潜在竞争者的最佳策略。

3. 组合定价策略

如果企业开发出一系列产品，且产品之间关联性很强，开发的主产品必须使用特定的专属产品或在主产品使用过程中，附属产品也必须使用本企业开发的产品。那么对这种产品的定价策略是将主产品价位降低，甚至可以降到成本以下以吸引更多的顾客，而对配置的附属品采取高价策略，以获取尽可能多的利润。这种定价策略就是组合定价策略。

4. 折扣定价策略

折扣定价策略是指企业在销售的过程中，出于促销或者其他目的，直接或间接地给中间商或最终消费者一定的价格优惠。其中，现金折扣是顾客在一定时期内付清价款，按原价给予一定折扣的形式；数量折扣是指当购买者的购买达到一定数量或金额时，企业给予一定折扣；功能性折扣是根据各类商业部门在产品销售中承担的功能不同而给予不同的折扣；季节性折扣是生产厂家为了维持季节性产品的全年均匀生产而鼓励经销部门淡季进货所给予的折扣。

5. 心理定价策略

心理定价是指企业在定价时，利用顾客心理有意识地将产品价格定高些或低些，以扩大销售。其中，尾数定价是指给产品定价时，故意保留一个零头，让消费者觉得价格是经过精密计算的，因而产生一种真实感和便宜感，从而有利于扩大销售；声望定价是指企业利用消费者仰慕名牌商品或名店的声望所产生的某种心理来制定产品的价格，故意把价格定成整数或高价；习惯定价是指对消费者已经习惯了的日常消费品的价格不轻易改动，如必须变价时，则应同时采取加强宣传等配套措施；招揽定价是指零售商利用部分顾客求廉的心理，特意将某几种商品的价格定得较低以吸引顾客，使顾客采购廉价商品，同时也选购其他正常价格的商品。

6. 差别定价策略

差别定价即企业以不同的价格向不同的消费者销售相同或类似的产品。其中，顾客差别是对不同的顾客群收取不同的价格；地点差别是对不同区域的市场确定不同的产品价格；时间差别是对不同时间里提供的产品收取不同的价格。

（三）分销渠道

这个要素的主要功能是方便顾客购买，它必须与其他市场营销组合要素相协调。例如，一个高质量的产品不仅要有较高的价格，而且应该在质量形象较好的连锁店分销。适合新创企业的销售渠道如下。

1. 直接邮购销售

对于创业者来说，可以借助邮购销售，不需要店铺，只需要一个库房和管理办公室即可。这样可以在企业创业初期的困难阶段最大限度地减少投资，节约经营费用，从而降低产品价格，提高竞争力，而且随着计算机网络办公的成熟，企业还可以用计算机存储和处理订单，既快又不需太多人手，对于创业者来说是个很好的销售渠道。

2. 网络和电话销售

互联网技术为现代销售提供了方便、快捷、低廉的销售渠道和平台。企业可以通过一些商业网站，介绍推销自己的产品，也可以建立自己的网络销售系统，实现网上销售。电话销售即借用电话来向顾客推销自己的产品，这种方式和邮购销售有异曲同工之妙。利用这种销售方式，企业只需要很少的销售人员，就可以达到较广的市场销售面，销售成本也比较低。

3. 直销

直接建立自己的销售网络。这是指在目标市场采用密集型和轰炸型销售策略。这种销售方式一般是针对市场需求巨大、面向广大消费者、利润率特别高、技术含量高的产品，比较适合初创企业在企业品牌影响力还不高、企业知名度还不大的情况下打开产品的销路。这种方式的好处是不需要花费多大的费用去打广告，却为产品打出了名气，只要质量真的不错，就会取得消费者的认可。但这种方式也存在着一些问题，如由于佣金太高容易造成商品的售价较高，削弱了竞争能力；企业用于直销员的招聘、培训、监督管理的费用较高等。

4. "捆绑式"销售

如果开发出的新产品系列是相关产品，这些产品的用途是相互配套、相互联系的，那么配套产品可以利用主要产品销售渠道。美国达罗奇制药股份有限公司生产了一种婴儿用的抗菌类新药，命名为"护肤净"，该公司除利用药品经销商、药房和超市进行销售外，还利用"美国尿布辅助设备商店协会"的销售网络，通过这个机构经销人员的推销，使千百万美国妇女都知道了该药品对杀菌和消除臭味的效用，于是打开了这一新产品的销路。

5. 广泛性和控制性相结合的销售渠道

该策略指既要利用尽可能多的中间商分销产品，又要能控制中间商的销售活动。其目的在于保证选用的销售渠道畅通无阻，保证产品质量信誉不受损害。美国可口可乐公司的销售策略可以说是这方面的典型：总公司在各国选择代理商、批发商，并授予特许经营权；按合同规定，代理商、批发商都要从该公司进口浓缩原液，按统一配方、商标、包装来销售产品。该公司只取得浓缩液的利润，而代理商、批发商可取得全面销售利润。

（四）促销策略

初创期企业在营销上的最大不足在于社会认知度比较小，企业资源比较薄弱，所以创业者要做到的就是投入小见效快，企业的销售策略应当集中在能马上吸引消费者的促销手段和保证良性循环的销售方法上。促销方式可分为人员促销和非人员促销两大类。人员促销是指推销员直接推销；非人员促销分为广告、营业推广、公共关系等。每种促销方式都有自己的优点，新创企业应该结合各种促销手段的特点，在不同的时期，针对不同的产品，整合各种促销手段，以达到最好的促销效果。

1. 商业广告

广告介绍能有效引起公众的注意，其目的在于刺激需求、扩大销售。广告是现代促销最常用也是非常有效的手段，不少创业者通过广告促销打开市场，使自己创业成功，所以创业者要肯花钱做广告。创业者在制订一个广告计划时必须考虑下列问题：确定目标、确定广告预算、制定广告战略、进行广告评估、组织广告宣传等，这样才能取得良好的预期效果。

2. 公共关系

这是新创企业树立自己良好的公众形象，增进公众的信任与支持，从而扩大销售的一种促销活动。公共关系是组织或个人同与之相关的社会公众建立相互联系的手段；是一项建立信誉、改善形象、增强组织目标与公众利益一致性的工作。例如，公共关系部发布的新产品公告可能很有新闻价值，通过公共报道将产品有关信息传递给顾客；与技术专家、中间商建立良好的沟通渠道；建立良好的政府沟通渠道；召开记者招待会、开办慈善宴席、赞助公益事业等公共活动等。

3. 人员推销

人员推销是一种通过销售员深入中间商或消费者进行直接的宣传介绍活动以推动销售的促销方式。它具有机动灵活、现场洽谈、选择性强、反馈及时等特点，推销员与顾客面对面交流，可以增强说服力，有利于培养业务单位间良好的人际关系。但与其他促销活动相比，人员促销的费用较高，推销人员的素质高低以及工作表现将直接影响到促销活动的成败，所以新创企业决定使用人员推销时必须权衡利弊，慎重从事，必须加强对销售人员的管理，如招聘、挑选、训练、指导、激励和评价等。

4. 营业推广

这是指采取特殊的手段或方法对顾客进行强烈刺激，引起顾客强烈反应、促进短期购买行为的各项促销措施。通过营业推广，企业向顾客提供特殊的优惠条件，能够引起他们的兴趣和注意，影响他们的购买决策，刺激购买行为，在短期内达成交易；可以依靠售后服务、技术培训、义务咨询等手段，促进与顾客的中长期业务联系。营业推广包括多种方式，如产品陈列和现场表演、产品展销、样品赠送、发放优惠券等。营业推广往往是为了推销积压产品，或是为了在短期内迅速收回现金和现实产品价值而采用的。因此，这种促销方式的效果也往往是短期的，如果应用不当，就可能会使顾客对产品产生怀疑，不利于长远效果。新创企业在选择此促销策略时应慎重。

总之，各种促销手段和具体的方法都有其各自的特点，新创企业在进行促销活动的时候，关键是要从自身的实力和具体情况出发，将各种促销方式进行综合应用，并且制订出营销计划安排表，以取得最佳的促销效果。表10－2是某酒店开业时的促销活动营销计划，其为打开市场进行了充分的准备。

表 10 - 2　　　　　　　　　　　某酒店开业时的促销活动营销计划

促销活动		采用与否	成本（美元）	有关活动	时间
促销材料	宣传手册	用	3000	聘请营销顾问 设计商业标志 起草内容 付印等	30 天 45 天 60 天 75 天
	促销文具	用	100	设计标志 付印	45 天 50 天
	书面通告	用	0	写草稿 传播	5 天 15 天
	名片	用	75	设计标志 付印	45 天 60 天
广告	杂志	不用			
	报纸	不用			
	其他	用	350	在《游客指南》上刊登广告	
公共关系	媒体	用	50	向期刊寄发开业通知	
直接邮寄	业务通信	不用			
	邮件	用	500	向旅行社和涉外旅游局 邮寄宣传手册	90 天
互联网	网址	用	1000	让营销顾问设计网址	90 天
	业务通信 （电子）	用		营销顾问将设计 第一份业务通信	90 天
媒体	广播	不用			
	电视	不用			

三、新顾客开发策略

新顾客开发是企业整个销售过程的基础性环节，也是新创企业生存的前提条件。新顾客开发的策略、方法很多，以下仅从企业推销人员寻找和选择新顾客的角度进行分析。

（一）地毯式访问法

地毯式访问法也叫全户走访法，它是指推销人员在不太熟悉或完全不熟悉推销对象的情况下，普遍地、逐一地访问特定地区或特定职业的所有个人或组织，从中寻找自己的顾客。地毯式访问法是以"平均法则"为基础的，即推销员所要寻找的顾客是平均地分布在某一地区或职业的所有人或组织当中的。如果推销人员的寻找是彻底的，那么总会找出一定数量的潜在顾客，其中会有一定比例的潜在顾客与推销员达成交易。假如过去的经验表明，访问的10人中有1人会买某种推销品，那么50次访问就会产生5笔交易。

采用地毯式访问法寻找顾客，推销人员首先应该根据推销品的特征，进行必要的、科学的推销工程可行性研究，确定可行的、理想的推销范围，做好必要的访问计划。例如，到大中专院校推销大中专学生使用的书籍或其他文化用品；到医院、诊所等医疗机构推销药品、医疗器材等。

地毯式访问法的优点是：推销人员可借机进行市场调查，能够较客观全面地了解顾客的需求情况，同时可以扩大企业和推销品的影响；还可以锻炼推销人员的意志，积累和丰富推销工作经验。地毯式访问法也有不足之处，首先，最大的缺点在于它的相对盲目性，其次，这种陌生拜访容易造成顾客心存戒心和冷漠，往往拒绝交流。

（二）连锁介绍法

连锁介绍法就是推销员请求现有顾客介绍未来可能的准顾客的方法。该方法的理论依据是事物普遍联系的法则，即世上的万物都按一定的方式与其他事物发生联系。连锁介绍法就是根据消费者需求和动机的相互联系与相互影响，利用各个现有顾客的社会联系，通过顾客之间的连锁介绍，寻找更多的新顾客。研究表明，在耐用品消费领域，有50%以上的消费者是通过朋友的引荐而购买商品的，有62%的购买者是通过其他消费者得到新产品信息的。

采用连锁介绍法寻找顾客，关键是推销员要取信于现有顾客，树立全心全意为顾客服务的理念，千方百计解决顾客的实际问题，使现有顾客对自己推销的产品感到满意，真正赢得现有顾客的信任，从而取得源源不断的新顾客名单。如果推销员失信于现有顾客，现有顾客就不敢或不愿为推销员介绍新顾客。研究表明，由亲朋好友及其他熟悉的人向潜在顾客推销产品，影响力高达80%，向由现有顾客推荐的新顾客推销比向没有人推荐的新顾客推销，成交率要高3~5倍。

（三）中心开花法

中心开花法又叫权威介绍法，是指推销人员在一定的推销范围内发展一些有较大影响力的中心人物或组织来消费自己的推销品，然后再通过他们的影响把该范围内的其他个人或组织变为自己的准顾客。实际上，中心开花法是连锁介绍法的一种推广运用。一般来说，中心人物或组织往往在公众中具有很大的影响力和很高的社会地位，他们常常是消费者心中的领袖或偶像，诸如政界要人、企业界名人、文体界巨星、知名学者、名牌大学、星级酒店、知名企业等。这些中心人物或组织的知名度高，且拥有很多的崇拜者，他们的购买与消费行为，能在其崇拜者心目中形成示范作用和先导作用，从而引发甚至左右崇拜者的购买与消费行为，这就是心理学中的"光晕效应"法则。

（四）广告开拓法

广告开拓法也称广告吸引法，是指推销人员利用各种广告媒介寻找顾客的一种方法。这种方法依据的是广告学原理，即利用大众宣传媒介，把有关产品的推销信息传递给广大的消费者，以刺激消费者的购买欲望，诱导消费者的购买行为。由于广告媒介不仅载体的信息量大，传递速度快，而且覆盖面广，如果一则推销广告被100万人看到或听到，就等于推销人员对100万人进行地毯式的访问，这是其他任何推销手段所无法比拟的。广告形象、生动、逼真，加之广告本身的权威性，所以广告易于被受众接受，说服力较强。

广告媒介形式多样，如印刷媒介、电子媒介、户外媒介、展示媒介等，利用广告开拓法寻找顾客，关键在于正确地选择广告媒介。选择广告媒介的基本原则是：以较少的广告费用取得较好的广告效果，最大限度地影响潜在顾客。因此，推销人员要具体结合推销品的消费对象、推销区域、推销品特性、广告费用等情况恰当地选择广告媒介，充分发挥广告作用。如推销生活消费品、营养保健品等，选择老少皆宜的电视、广播和通俗性的报纸、杂志作为广告媒介，而对于生产资料、机器设备等工业品，宜选择报刊目录、专业杂志等广告手段。

（五）委托助手法

委托助手法是指推销人员通过委托聘请的信息员或兼职推销员等有关人士寻找顾客，以便自己集中精力从事实际推销活动的一种方法。这些接受雇用、被委托寻找顾客的人士通常被称为"推销助手"或"猎犬"，因此，委托助手法也叫"猎犬法"。推销助手往往利用自身职业和工作的便利，掌握相关信息，一旦发现潜在顾客，便立即通知委托人，安排推销访问。

利用推销助手来发掘潜在客户，既可以使推销人员及时获得有效的推销情报，有利于开拓新的推销区域，发展大批新顾客，又可以节省推销费用，提高推销的经济效益。该办法最大的困难在于：在实际推销工作中，理想的推销助手往往难以找到，或者找到的推销助手同时兼职几家同类公司，势必分散推销员精力，不利于本公司产品的市场竞争。

（六）资料查询法

资料查询法是推销人员通过查阅各种现有的信息资料来寻找顾客的方法。可供推销人员查阅的资料比较有限，主要有：工商企业名录、统计资料、产品目录、工商管理公告、信息书报杂志、专业团体会员名册、电话簿、网络等。利用查阅资料的方法寻找顾客，可以降低寻找顾客的盲目性，节省寻找的时间和费用，同时还可以通过资料对潜在客户进行了解，为推销访问做好准备。但由于当今市场瞬息万变，一些资料的时效性较差，加之有些资料内容简略，信息容量小，这种寻找顾客的方法具有一定的局限性。

除以上介绍的几种常用的寻找顾客的方法外，还有一些其他的方法，如个人观察法、市场咨询法、互联网寻找法等。每种方法都各有利弊，推销人员应在实际推销活动中，结合实际，勇于创新，大胆摸索出一套高效率寻找顾客的方法为己所用。

第三节　会计报表与财务控制

在任何企业，财务管理都是一项重要的工作。所有的商业交易都应该完整地记录在企业的账簿上。正确的账簿记录和健全的财务管理制度能够及时地为创业者提供所需要的财务信息，有利于创业者作出正确的经营决策。

一、建立会计账簿

（一）会计账簿的重要性

会计账簿是把记录企业交易的过程转化成财务账目、保留交易记录的文件。企业之所以要建立会计账簿，是基于以下几个原因：一是法律上要求所有企业都必须建立某种形式的会计账簿，提供便于查询和查证的税务资料。会计账户混乱会带给企业很多审计方面的问题，有可能受到处罚甚至导致企业倒闭。二是提供便于用来进行企业分析的资料。准确的财务报告能帮助创业者在企业经营过程中了解其动向和实际变化。企业通过精确地记录账目，建立一个完整简便的核算体系，可以为企业提供最有帮助的全部信息。如果企业有一套精确的财务档案，创业者或管理者看一眼就能掌握企业的业务状况——哪个地方是收益好并有成本效应的、哪些地方需要进一步改进，这对提升企业的经营管理水平无疑有着重要意义。

（二）企业会计账簿的记录和保存

1. 企业主自己亲自做

如果企业规模比较小，而企业主自己又具备会计方面的经验和技能，那么，企业主可以自己来记账。但是，要记住：记账是需要占用时间和精力的，企业主从事这项工作的时候，就可能干不了其他事情了。这时候，企业主就应该尽快委托其他人来做会计工作。但是，企业主应该始终关注会计事务。

2. 指派一名会计助理

如果企业主聘用员工来记账，那么，他的首要任务之一就是把全部或部分记账工作交给其中一名员工。实际上许多员工都要或多或少地承担一些记账的责任，因为他们要开列售货单，或者填写现金登记簿。

3. 聘请一名全职会计

当企业发展到一定规模之后，就应该聘请具有会计执业资格的人员来担任专职会计，他们通常要比企业主更加内行。有的企业主不太愿意把会计事务委托给别人去做，他们觉得还是自己亲自"经手"账目比较放心。但是，这种事必躬亲的做法容易使自己的企业主角色和会计人员的角色混淆起来，有时候还会削弱企业主的地位。最好的解决办法是把你的想法和要求详细地列出来，让会计人员去完成你想要做的事情。

4. 委托会计公司办理

有许多会计公司向企业提供会计服务项目并收取一定的服务费，其服务内容包括：为企业准备利润表和资产负债表，以应付年度审计；为企业制作月度工资单；为企业进行每日销售情况分析；为企业提供存货控制分析报告等。

5. 设立财务会计部门

如果企业规模进一步扩大，那么，从业务发展需要出发，企业应该设立独立的财务会计部门，并委任一名会计师来主管这个部门。财务会计部门应该保存全套会计账簿，包括现金和银行存款等日记账、应收账款和应付账款等明细账，以及总分类账。同时，根据财务会计部门所要处理的信息量的大小，还可以购置一些电算化会计处理设备和专业的财务软件。

（三）小企业会计账簿记录

新企业开始动用资金，筹备运作之日就是开始记账的时候了。创业者开办企业时所发生的所有费用都是企业开办的正常成本费用。与此相对应，企业所获得的任何收入也都应该进行记录说明。每个公司都需要有一定的记录来管理其日常事务，这些记录可用来形成企业的利润表和资产负债表。

以下是会计账户的常规记录。

1. 每月工资发放记录

创业者必须清楚企业应支付的工资额。这笔账需要单独列出，记录要准确无误，而且要按一定顺序记录下来，以便核查。

2. 现金和银行存款等货币资金的流水去向、余额记录

创业者必须清楚地知道企业的现金和银行存款等货币资金的流水去向和余额，以决

定能否付清账单，这就要求对资金流入和流出进行及时记录，随时了解其支付能力。

3. 应收客户账款记录

在某些情况下，创业者也会向客户赊账。客户所赊欠的账款就叫应收账款。应收账款的记录十分重要。如果没有账簿记录，创业者就不知道这笔应收款何时到期、应收金额是多少、什么时候可以延期、何时采取措施追索逾期应收账款、如果应收账款含有利息那么何时开始计息。

4. 应付供应商账款记录

企业欠别人的账款（比如欠供货商的钱）就叫作应付账款。应付款需要及时结清，原因有两个：第一，及时结账有时候可以得到现金折扣，而逾期付款则要支付违约金；第二，及时结账有利于维护自己的信誉，有利于与贸易伙伴保持良好的业务关系。如果没有账簿记录，就可能会出现差错。

5. 存货记录

即使是一家小型零售企业，企业主也必须掌握存货情况：什么商品畅销、什么商品滞销、是否有足够的库存以备销售。当然，企业主可以把这些信息记在脑子里，但是，要想把生意做大，这是远远不够的。企业要想赚到钱，就必须对存货情况进行准确记录，并且要根据销售情况随时更新所记录的信息。

6. 纳税记录

企业主必须制作一些为纳税需要所准备的财务报表。税收是根据企业所赚取的利润来计征的。即使是一家小型零售企业，也需要制作一些财务报表，向税务机关报送。

7. 财务报表

企业主应按月制作出利润表和资产负债表，和自身相关的现金、银行存款报表、存货的进销存记录、应收应付款报表，下一月度的资金预算报表等。企业主至少应该一年完成一份关于企业经营状况的综合财务报表，就像一个人每年去做一次全面的体检一样。从销售总额方面看，企业做得如何？企业的开支项目有哪些？税前利润和税后利润分别是多少？下个年度企业主应该采取什么措施来改善企业经营状况？当企业向银行申请贷款时，创业者必须向银行提供这样一份财务报表；当创业者准备出售自己的企业时，他们必须向那些有意向购买的人说明企业的财务状况，这也需要使用财务报表。

二、财务报表

财务报表实际上就是从前面所讨论的一般性记录发展而来的，这些报表一方面是用来提供准备纳税的资料，另一方面，也是更为重要的，运用这些财务报告能帮助创业者了解企业的财务状况，辨别其相关的长处和不足。那些愿意花时间通过财务报表来了解和估算其经营状况的企业主，比那些只关心产品和服务的企业主来说要有远见得多。

下面介绍三种所有企业都必备的主要财务报表：资产负债表、利润表和现金流量表。

（一）资产负债表

资产负债表是总括反映企业存续期间某个特定日期财务状况的报表。最有效的是在每个会计年末进行统计，如果用财务软件，那么资产负债表能轻松地在会计年度结束时完成。

资产负债表是反映企业所拥有的资产和所承担的债务以及投资者或创业者在企业中所拥有的权益的一种财务报表。资产负债表好比一张静态的图片，它能反映公司财务状况的好坏，资产负债表试算平衡公式：资产＝负债＋所有者权益资产。资产是由于过去的交易和事项形成的并由企业拥有或者控制的资源，该资源预期会给企业带来经济利益。资产就是企业所拥有的所有资产的货币价值，包括企业所拥有的现金、设备、厂房和存货等。

企业资产按照流动性可分为流动资产和固定资产。流动资产是指可以在一年或者超过一年的一个营业周期内变现或者耗用的资产，包括现金、银行存款、短期投资、应收账款、存货等。固定资产是指同时具有下列特征的有形资产：为生产商品、提供劳务、出租或经营管理而持有，使用寿命超过一个会计年度。一般来说，固定资产包括土地、厂房、机器、设备和车辆等。

负债是指过去的交易或者事项形成的现时义务，履行该义务预期会导致经济利益流出企业。负债是企业所欠债权人的所有债务，如短期借款、应付账款、应交税费和抵押贷款等。企业负债又可分为短期负债和长期负债。短期负债通常是指那些需要在短期内（如 12 个月内）偿还的债务，包括应交税费、短期借款和应付账款。偿还短期负债需要动用企业的流动资产。长期负债是指那些偿还期限在 1 年以上的债务，如长期借款。

所有者权益实际上就是企业的净资产，指企业所有者在企业资产中享有的经济利益，其金额等于资产减去负债后的余额，包括业主的初始投资和留存盈余。

1. 阅读资产负债表的几个要点

（1）浏览一下资产负债表主要内容，由此，你就会对企业的资产、负债及股东权益的总额及其内部各项目的构成和增减变化有一个初步的认识。由于企业总资产在一定程度上反映了企业的经营规模，而它的增减变化、企业负债与股东权益的变化有极大的关系，当企业股东权益的增长幅度高于资产总额的增长时，说明企业的资金实力有了相对的提高；反之则说明企业规模扩大的主要原因是来自负债的大规模上升，进而说明企业的资金实力在相对降低、偿还债务的安全性亦在下降。

（2）对资产负债表的一些重要项目，尤其是期初与期末数据变化很大，或出现大额红字的项目进行进一步分析，如流动资产、流动负债、固定资产、有代价或有息的负债（如短期银行借款、长期银行借款、应付票据等）、应收账款、货币资金以及股东权益中的具体项目等。例如，企业应收账款过多，占总资产的比重过高，说明该企业资金被占用的情况较为严重，而其增长速度过快，说明该企业可能因产品的市场竞争能力较弱或受经济环境的影响，企业结算工作的质量有所降低。此外，还应对报表附注说明中的应收账款账龄进行分析，应收账款的账龄越长，其收回的可能性就越小。又如，企业年初及年末的负债较多，说明企业每股的利息负担较重，但如果企业在这种情况下仍然有较好的盈利水平，就说明企业产品的获利能力较佳、经营能力较强，管理者经营的风险意识较强，魄力较大。再如，在企业股东权益中，如法定的资本公积金大大超过企业的股本总额，就预示着企业有良好的股利分配政策。但与此同时，如果企业没有充足的货币资金作保证，那么预计该企业将会选择送配股增资的分配方案而非采用发放现金股利的分配方案。另外，在对一些项目进行分析评价时，还要结合行业的特点进行。就房地产企业而言，如该企业拥有较多的存货，那么意味着企业有可能存在着较多的、正在开发的商品房基地和项目，一旦这些项目完工，将会给企业带来很高的经济效益。

对一些基本财务指标进行计算，计算财务指标的数据来源主要有以下几个方面：直接从资产负债表中取得，如净资产比率；直接从利润及利润分配表中取得，如销售利润率；同时来源于资产负债表利润及利润分配表，如应收账款周转率；部分来源于企业的账簿记录，如利息支付能力。

2. 资产负债表中几项主要财务指标的计算及其意义

（1）反映企业财务结构是否合理的指标有：

①净资产比率 = 股东权益总额/总资产

该指标主要用来反映企业的资金实力和偿债安全性，它的倒数即为负债比率。净资产比率的高低与企业资金实力成正比，但该比率过高，则说明企业财务结构不尽合理。该指标一般应在 50% 左右，但对于一些特大型企业而言，该指标的参照标准应有所降低。

②固定资产净值率 = 固定资产净值/固定资产原值

该指标反映的是企业固定资产的新旧程度和生产能力，一般该指标应超过 75% 为好。该指标对于工业企业生产能力的评价有着重要的意义。

③资本化比率 = 长期负债/（长期负债 + 股东股益）

该指标主要用来反映企业需要偿还的及有息长期负债占整个长期营运资金的比重，因而该指标不宜过高，一般应在 20% 以下。

（2）反映企业偿还债务安全性及偿债能力的指标有：

①流动比率 = 流动资产/流动负债

该指标主要用来反映企业偿还债务的能力。一般而言，该指标应保持在 2∶1 的水平。过高的流动比率是反映企业财务结构不尽合理的一种信息，它形成的原因有可能是：

企业某些环节的管理较为薄弱，从而导致企业在应收账款或存货等方面有较高的水平；企业可能因经营意识较为保守而不愿扩大负债经营的规模；股份制企业在以发行股票、增资配股或举借长期借款、债券等方式筹得的资金后尚未充分投入营运；等等。但就总体而言，过高的流动比率主要反映了企业的资金没有得到充分利用，而该比率过低，则说明企业偿债的安全性较弱。

②速动比率 =（流动资产 - 存货 - 预付费用 - 待摊费用）/流动负债

由于在企业流动资产中包含了一部分变现能力（流动性）很弱的存货及待摊或预付费用，为了进一步反映企业偿还短期债务的能力，通常，人们都用这个比率来予以测试，因此，该比率又被称为"酸性试验"。在通常情况下，该比率应以 1 : 1 为好，但在实际工作中，该比率（包括流动比率）的评价标准还须根据行业特点来判定，不能一概而论。

（3）反映股东对企业净资产所拥有的权益的指标主要有：

每股净资产 = 股东权益总额/（股本总额 × 股票面额）

该指标说明股东所持的每一份股票在企业中所具有的价值，即所代表的净资产价值。该指标可以用来判断股票市价的合理与否。一般来说，该指标越高，每一股股票所代表的价值就越高，但是这应该与企业的经营业绩相区分，因为，每股净资产比重较高可能是企业在股票发行时取得较高的溢价所致。

（二）利润表

利润表是反映企业在某一时期内（如一个月或一年）经营成果的财务报表。这个财务报表显示企业在一个具体时间内的财务活动。与资产负债表不同的是，利润表可以被视为一个动态的画面，它显示了企业的资金来源及在一段时间之内的花费，从这个表中能找出经营管理中的不足，帮助企业制订更有效的企业经营计划，从而获得收益。

利润表应该在每个月末准备。流水账上的所有合计数将转记到利润表的相关列项上。在 12 月底（或企业的会计年度末）会得到一个有关企业一年收入和花费的清晰画面。同样，可以利用财务软件来制作企业的月或年度财务报表。

利润表中几项主要财务指标的计算及其意义：

（1）毛利率 = 毛利额/销售收入 × 100%

通过对销售毛利率的分析，可以看出销售收入是否与成本费用配比，是否存在成本费用多计或收入少计的问题，各比率中销售额变动率是最基本的，它反映企业的业务情况，其他比率的变动幅度都应以销售额变动率为参照。当计算出毛利率时，应当与企业前期或去年同期比较，与同行业毛利率比较。如果企业销售毛利不正常，一方面可能是销售收入不实造成的（如重记漏记销售收入，金额记错，以及有意弄虚作假，隐匿或虚增销售收入等）；另一方面就是销售成本（商品进价）不准（如乱挤成本、乱摊费用、多转耗料或产品成本等）。

（2）成本费用率＝成本费用/销售收入×100%

在进行比较分析时，发现费用率确实过高，就应从影响费用率的两个因素中进行分析。如，企业销售并未增加，成本费用率却上升了较多，就属于不正常变化，应从成本费用突增的项目中发现问题。检查有无将在建工程支出计入了成本费用，有无不按规定摊销费用或任意报损耗等扩大费用开支，减少当期利润的情况。对成本费用增减变动幅度较大的，应从成本、费用明细表中逐项检查分析，找出哪些项目的变化较大，影响了成本、费用的增加。

（3）销售利润率＝利润总额/销售收入×100%

在审查分析时，首先，应将本期实现利润的累计数同企业的上年同期进行比较。其次，应将企业本期利润率与上期或上年同期、同行业进行比较，在企业生产经营正常情况下，如果毛利率没有多大变化，利润率却有下降，这可能是费用的问题，应把检查的重点放在费用上；如果费用率也没有多大变化，就要看营业外收支。最后，如果企业的利润率比其他同类企业低，就说明企业经营有问题，应该从毛利率、营业外收支等各方面进行全面分析。

（4）税负率＝应纳税额/销售收入×100%

比较本年（往年）各月或各季度该指标的波动情况，分析其变动趋势是否正常，并查明异常现象和重大波动的原因。对税负率低的期间，进行重点检查。

（三）现金流量表

据调查，33%的创业者表示在筹建和经营企业时存在现金流管理方面的问题。企业失败的原因其实有1/3以上都是缺乏现金流所致。许多企业在初创时不考虑自己企业的现金流支持，而盲目增加投资，扩大生产，从而导致现金危机。因为早期的销售水平通常并不能产生足够的现金流来满足企业的经营发展所需，对企业来说完全有可能在盈利的同时由于缺少现金而倒闭。所以，对于初创企业来说，拥有足够的现金，确保持续经营是非常有必要的。

会计上所说的现金通常指企业的库存现金，而现金流量表中的"现金"还包括企业"银行存款"中随时可用于支付的部分，也包括外埠存款、银行汇票存款、银行支票存款和在途货币资金等其他货币资金。创业者必须明白现金和利润不是一回事。利润是企业的总收益和总支出之差。它体现了企业的运作效益。现金是手头持有的、能随时使用的资金，通过在一段时间内记录企业的现金流和流出量，可反映出企业资产的流动性以及能按时支付各种账款的能力。

现金流量表是一种财务文件，是以货币的形式描述的企业计划。现金流量表就如同一个预算，它以预算形式（或计划）进行内部计划和估算在一定的时间内要展开的业务，通常是指下一个财务年度需要的出入资金额。企业年底的盈利将取决于现金流入和流出的收支差额。

这个报表只涉及实际现金交易，并不与折旧、企业信誉、摊销或其他非现金费用有关联。所有的开销以手头的现金进行支付。经过周密的计划，创业者试图预算出的不仅是企业流进和流出的具体现金数目，还应包括什么时间流进或流出。一个企业应该有能力设计出其总收益来满足需要。如果不能按时出售产品以支付费用，新事业就会迅速成为历史，除非事先计划好有其他渠道的资金来源帮助企业渡过难关直至有实际收入进账。出版业就是一个典型的例子，企业会在其收到投资回报前6~9个月内非常需要资金，一旦出版商不能付款给印刷商，就不可能有书来销售，印刷商也不能仅凭出版商作出的9个月收到货款后支付的承诺就完成成品生产。为了保证企业的正常运营，出版商需要事前计划好资金来源渠道，以此渡过难关直至收到进账资金。

1. 现金流量表的编制准备

由于现金流量表所涉及的是现金的流入和流出，因此，现金流量表的编制需要事先准备好两个工作表。

（1）现金支付表。这个表格文件记录的是流出企业的现金。它明确了企业支出的各种类型和职责以及各列项目所需的现金计划。企业可能要通过进行几个不同的预算（库存的购入、直接花费、管理费用和企业主提取的资金等）来处理这个事务。这些花费通常并不好估算，新创企业需要去做大量的市场调查；如果是接管一家旧企业，就要汇总过去财务状况的信息，了解未来新创企业具体的行业走向。

（2）现金来源表。这个表格文件用来记录流入企业的现金。它能帮助创业者估算将会有多少现金流入企业和这些现金的来源。要完成这个表，需要查看手头的现金、计划收入、能清算的资产、那些可能借钱给你或给你投资的人，以及可以运用的所有者权益。这个表还会有助于企业去寻找可能用来增加可用资金的方方面面。

如果已经完成了两个参考表，就可以运用表中的资料编制一个综合的现金预算表。这样就可以预算出一年需要多少资金，并完全掌握这些现金来自何处。流动资金计划的下一步是把一年的时间再分段到月份，并预测什么时候需要现金，使整个财政年度能平稳度过。为了完成这项工作需要做现金预算。月度现金预算是评估企业每个月预期可以收到或需要支出多少现金的一种财务预测工具。做好月度现金预算可以帮助创业者规避现金短缺风险。

2. 现金流量分析

企业的现金流量由经营活动产生的现金流量、投资活动产生的现金流量和筹资活动产生的现金流量三部分构成。分析现金流量及其结构，可以了解企业现金的来龙去脉和现金收支构成，评价企业经营状况、创现能力、筹资能力和资金实力。

（1）经营活动产生的现金流量分析：

①将销售商品、提供劳务收到的现金与购进商品、接受劳务付出的现金进行比较。在企业经营正常、购销平衡的情况下，二者比较是有意义的。比重大，说明企业的销售利润大，销售回款良好，创现能力强。

②将销售商品、提供劳务收到的现金与经营活动流入的现金总额进行比较，可大致说明企业产品销售现款占经营活动流入的现金的比重有多大。比重大，说明企业主营业务突出，营销状况良好。

③将本期经营活动现金净流量与上期进行比较，增长率越高，说明企业成长性越好。

（2）投资活动产生的现金流量分析。当企业扩大规模或开发新的利润增长点时，需要大量的现金投入，投资活动产生的现金流入量补偿不了流出量，投资活动现金净流量为负数，但如果企业投资有效，将会在未来产生现金净流入用于偿还债务，创造收益，企业不会有偿债困难。因此，分析投资活动现金流量，应结合企业目前的投资项目进行，不能简单地以现金净流入还是净流出来论优劣。

（3）筹资活动产生的现金流量分析。一般来说，筹资活动产生的现金净流量越大，企业面临的偿债压力就越大，但如果现金净流入量主要来自企业吸收的权益性资本，则不仅不会面临偿债压力，资金实力反而会增强。因此，在分析时，可将吸收权益性资本收到的现金与筹资活动现金总流入进行比较，所占比重大，就说明企业资金实力增强，财务风险降低。

（4）现金流量构成分析。首先，分别计算经营活动现金流入、投资活动现金流入和筹资活动现金流入占现金总流入的比重，了解现金的主要来源。一般来说，经营活动现金流入占现金总流入比重大的企业，经营状况较好，财务风险较低，现金流入结构较为合理。其次，分别计算经营活动现金支出、投资活动现金支出和筹资活动现金支出占现金总流出的比重，它们能具体反映企业的现金用于哪些方面。一般来说，经营活动现金支出比重大的企业，其生产经营状况正常，现金支出结构较为合理。

小链接 10-2

"君子爱财，取之有道"详解

"君子爱财，取之有道"这句古训源自中国古代文化，强调的是在追求财富的过程中应该遵循正当的道德原则和法律法规。这句话的核心意义在于，一个有道德的人在追求个人利益时，必须确保其方式方法的正当性和合法性。这不仅是个人品德的表现，也是社会和谐稳定的基础。

1. 道德原则的重要性

在现代社会，经济活动日益频繁，每个人都在追求更好的物质生活。然而，"君子爱财，取之有道"提醒我们，财富的积累应当建立在个人诚信和合法行为之上。这包括遵守商业道德、不欺诈、不侵权、不偷盗等。这些基本的道德规范，不仅保护了个人和社会的利益，也维护了市场经济的正常秩序。

2. 法律法规的遵守

合法性是获取财富的基础。任何脱离法律框架的经济行为都可能带来严重的后果。因此，了解并遵守相关的商业法律法规，成为现代商业活动中不可或缺的一部分。这要求企业和个人在交易、合同签订、税款缴纳等各方面都必须遵循法律规定，确保经济行为的合法性。

3. 社会责任与利益平衡

追求财富的同时，一个有责任感的个体或企业还应考虑其行为对社会的影响。例如，企业应在追求利润的同时，也要关注环境保护、员工福利和社区发展等。这种在利益和社会责任之间的平衡，是"君子爱财，取之有道"理念的现代诠释。通过这种方式，不仅能够实现企业的可持续发展，也能对社会作出积极贡献。

三、新创企业的财务控制

新创企业和成长阶段的小公司成败的关键之一，就是正确、严格的财务控制。许多融资非常顺利的公司，其商业计划书非常完善，产品或服务满足了市场的某一类需求，销售组织效率很高，市场营销颇为有效，定价也十分合理，但是失败了，其关键原因在于缺乏财务控制。

新创企业及成长阶段的小公司必须对各种支出加以规划和严格控制。创业者必须对公司的财务关键控制点作出相应的对策，这不仅将有助于增加企业的销售额，更重要的是，公司能够从收入中获得利润和现金。寻找财务关键控制点，首先要考虑公司大部分收益、资金源于何处、花费于何处，并且从以下方面实施财务控制。

（一）财务控制制度

1. 不相容职务分离制度

这要求新创企业合理设置财务会计及相关工作岗位，明确职责权限，形成相互制衡机制。不相容职务包括：授权批准、业务经办、会计记录、财产保管、稽核检查等职务。例如，有权批准采购的人员不能直接从事采购业务，从事采购业务的人员不得从事入库业务。

2. 授权批准控制制度

这要求新创企业明确规定涉及财务会计及相关工作的授权批准的范围、权限、程序和责任等内容，单位内部的各级管理人员必须在授权范围内行使职权和承担责任，经办人员也必须在授权范围内办理业务。例如，采购人员必须在授权批准的金额内办理采购业务，超出此金额必须得到主管的审批。

3. 会计系统控制制度

新创企业应依据《会计法》和国家统一的会计制度，制定适合本单位的会计制度，明确会计工作流程，建立岗位责任制，充分发挥会计的监督职能。会计系统控制制度包括企业的核算规程、会计工作规程、会计人员岗位责任制、财务会计部门职责、会计档案管理制度等。良好的会计系统控制制度是使企业财务控制得以顺利进行的有力保障。

（二）现金流量预算与控制

企业财务管理首先应该关注现金流量，而不是会计利润。新创企业应该通过现金流量预算管理来做好现金流量控制。对于初创、早期或成长阶段的企业来说，现金流是极其重要的。要根据年度现金流量预算制定出分时段的动态现金流量预算，对日常现金流量进行动态控制。现金流量预算的编制遵循"以收定支，与成本费用相匹配"的原则，采用零基预算的编制方法，按收付实现制来反映现金的流入流出。经过企业上下反复汇总、平衡，最终形成年度现金流量预算。

（三）财务风险控制

财务风险主要是指举债给企业收益带来的不确定性。对于处于创业早期或成长期的公司来说，它们需要大量的运营资本来支付快速增长的应收账款和存货，举债经营成为企业发展的途径之一。有效利用债务可以大大提高企业的收益，当企业经营好、利润高时，高负债会带来企业的高增长。但企业举债经营会对企业自有资金的盈利能力造成影响，由于负债要支付利息，债务人对企业的资产有优先的权利，因此，万一公司经营不善，或有其他不利因素，则资不抵债、破产倒闭的危险就会加大。例如，爱多公司因其内部股东矛盾被媒体报道后，银行马上停止了其4000万元的贷款，供货商也纷纷上门讨债，爱多陷入了资金短缺的漩涡，最终走向了衰败。因此，新创企业必须正确客观地评估控制财务风险，采取稳步发展的财务策略。

（四）销售与应收账款控制

企业必须建立销售与收款控制业务的岗位责任制，明确相关部门和岗位的职责、权限，确保办理销售与收款业务的不相容岗位相互分离、制约和监督。销售部门负责应收账款的催收，财务部门应当督促销售部门加紧催收。对催收无效的逾期应收账款可通过法律程序予以解决。

在市场竞争日趋激烈的今天，一方面，新创企业不得不部分甚至全部以信用形式进行业务交易，经营中应收账款比例难以降低。许多大企业认为可以延迟支付小企业或新创企业的欠款，因为小企业或者新创企业几乎没有讨价还价的能力。另一方面，许多新创企业或者处于早期发展阶段的企业通过给那些因为风险问题而在别处贷不到款的客户更大的个人信誉度（以个人信誉来担保的应收账款）来获得业务。但这种做法风险很大，许多初创期企业由于未能及时收回欠款或者没有收回欠款而破产。因此，应收账款是一个重要的财务控制点。

控制好应收账款应注意处理好三个方面的问题。

1. 客观评价客户资信程度

做好客户的信用调查，对赊销金额的用户的资产状况、财务状况、经营能力、以往业务记录、企业信誉等进行实地调查，根据调查结果来评定其信用等级，建立赊销信用等级档案。新创企业必须根据客户的资信程度来制定给予客户的信用标准，制定相应信用政策。通常可以从信用品质、偿还能力、资本、抵押品和经济状况五个方面来评价客户的资信程度。新创企业可以根据对客户资信程度的分析对客户进行排序，选择资信程度好的客户，而拒绝那些资信程度差的客户。

2. 建立合理的信用标准

企业一旦决定赊销，就要按赊销客户的还款能力和信用等级确定赊销金额的多少和期限的长短。对每笔赊销账目的应收账款进行监控，账目标明 0～30 天还款、30～60 天还款、60～90 天还款以及 90 天以上还款（一般赊销期不应超过三个月）。企业要采取合理的信用标准，如果信用标准较高，将使许多客户因信用品质达不到所设标准而被企业拒之门外，其结果尽管有利于降低应收账款成本，但却会影响企业市场竞争能力和销售收入的扩大；相反，如果企业采取较低的信用标准，那么虽然有利于企业扩大销售、提高市场竞争力和销售收入，但是会增加应收账款风险。企业切忌盲目追求销售量而忽视应收账款的增加。

3. 想办法收回过期的应收账款

企业赊销行为发生后，对所发生的应收账款企业和客户要进一步强化管理，对应收账款进行跟踪管理和再分析。企业可以按照资金价值从大到小的顺序对不同客户的应收账款进行分类排序，首先列出尚未偿付款项最大的客户，即使其所欠款的期限控制在 0～30 天；应收账款中尚未偿付款额最小的客户被列在最后。企业应根据排序制订不同的催款计划，定期向赊销客户寄送对账单和催缴欠款通知书，或者拨打催款电话，同时要对有经营性业务往来的赊销客户进行单独管理。

（五）成本费用控制

企业应建立成本费用业务的岗位责任制，明确相关部门和岗位的职责、权限，确保办理成本费用业务的不相容岗位相互分离、制约和监督。在费用审批方面，新创企业通常由创业者本人实行"一支笔"审批。应建立严格的对成本费用业务的授权批准制度，明确审批人对成本费用的授权方式、权限、程序、责任和相关控制措施，规定经办人办理成本费用业务的职责范围和工作要求。企业还应根据成本费用预算内容，分解成本费用指标，落实成本费用责任部门，考核成本费用指标的完成情况，制定奖惩措施，实行成本费用责任追究制度。

本 章 要 点

初创企业应该对新产品有一个客观的认识，根据自己的实力来决定自己所提供的新产品，进而对新产品开发的方式及开发的程序进行决策。一般来说，任何企业都无法为一个广阔市场上的所有顾客服务，新创企业更是如此。因此，企业应该用自己的优势与别人的劣势竞争，也就是确定最有吸引力的、本企业可以提供最有效服务的细分市场，在细分市场上确立自己的经营优势。现代策略营销的核心可称为 STP 营销，即细分市场（Segmenting）、选择目标市场（Targeting）和产品定位（Positioning）。在营销计划中，实际的短期营销决策将包括四个重要的营销变量：产品或服务、定价、分销和促销。这四个要素的总和被称为营销组合（4Ps）。所有的商业交易都应该完整地记录在企业的账簿上。正确的账簿记录和健全的财务管理制度能够及时地为创业者提供所需要的财务信息，有利于创业者作出正确的经营决策。

讨 论 思 考 题

1. 新创企业如何在资源有限的情况下有效进行技术创新？有哪些创新管理方法可以提高创新成功率？

2. 企业应如何平衡产品开发的速度与质量，确保快速进入市场的同时，维持产品的竞争力？

3. 在开发过程中，如何通过最小可行产品（MVP）策略获得用户反馈，从而指导产品的迭代与优化？

4. 面对快速变化的技术趋势和市场需求，企业如何制定技术路线图以确保长期的产品竞争优势？

5. 在进入新市场时，企业应如何选择目标市场和细分客户群体，确保产品能够迅速获得市场认可？

6. 新创企业在品牌尚未建立的情况下，应如何设计低成本但有效的市场营销策略来提升市场知名度？

7. 新创企业应如何设计和实施内部财务控制系统，以确保资金合理运用并防止财务风险的发生？

本章知识拓展

企业止损力

企业止损力的实质是设定某种下限，而不是任由其恶化下去，及时止损是没有办法时的最好办法，当然设置止损点既是一项技术也是一门艺术。企业的止损决策是一件逆向而为的事，也是一件相机抉择的事。也就是说，你在作止损决策时要把事情反着来想、提前来想，而不是到了跟前再抱佛脚；同时还要具备快速决策的能力而不是拖泥带水。所以止损点的选择不同于企业的其他决策，既讲究技术性又强调艺术性，无定势定法。以下是我们通过实地调研发现的企业经常采用的六种止损方法：方法一，个人直觉法；方法二，简单指标法；方法三，时间节点法；方法四，逆向判断法；方法五，预估时间法；方法六，S 曲线指标判断法。

下面以时间节点法为例，说明如何用止损力来给企业设限。时间节点止损法是一种通过设立关键时间节点考核指标来判断是否止损的方法。比如按 3 个月节点或按 18 个月创新周期法则设置不同阶段，检查每个阶段是否达到标准。如果上一个阶段没有达标，就要谨慎决策是否往下继续。具体的指标由企业家根据实际情况选定，如用户月活量或客户规模到多少，销售收入到多少，影响力怎么样？必须有明确的标准，达到目标了就继续投入，并确定下一个止损点，达不到目标就要考虑止损。

以大唐网络为例，大唐网络在推动内部孵化创业团队时，就采用过"369"模式。凡是在大唐网络云孵化平台上的内创业团队，要做到 3 个月产品上线，6 个月完成试点，9 个月完成融资。达不到这些时间点硬性要求的团队就要考虑退出云孵化平台。9 个月后如果创业项目落地了，则前期投入资源折算成创业公司所占股份。这种方式让大唐网络本身具有的丰富的技术资源快速转化为产业化成果走向市场，内创业项目团队拿到 A 轮融资的比例较高。

资料来源：王书灵．柯达破产对企业战略转型带来的启示［J］.管理观察，2012（15）.

第十一章　新创企业能力分析

第一节　企业盈利能力分析

　　盈利能力是指企业获取利润的能力。利润是企业内外有关各方都关心的中心问题、利润是投资者取得投资收益、债权人收取本息的资金来源，是经营者经营业绩和管理效能的集中表现，也是职工集体福利设施不断完善的重要保障。因此，企业盈利能力分析十分重要。盈利能力是投资者取得投资收益、债权人收取本息的资金来源，是经营者经营业绩的体现，也是职工集体福利设施不断完善的重要保障。因此，盈利能力分析十分重要。

一、盈利能力分析的目的

　　盈利能力通常是指企业在一定时期内赚取利润的能力。盈利能力的大小是一个相对的概念，即利润相对于一定的资源投入、一定的收入而言。利润率越高，盈利能力就越强；利润率越低，盈利能力就越差。企业经营业绩的好坏最终可通过企业的盈利能力来反映。无论是企业的经理人员、债权人，还是股东（投资人）都非常关心企业的盈利能力，并重视对利润率及其变动趋势的分析与预测。

　　从企业的角度来看，企业从事经营活动，其直接目的是最大限度地赚取利润并维持企业持续稳定地经营和发展。持续稳定地经营和发展是获取利润的基础；而最大限度地获取利润又是企业持续稳定发展的目标和保证：只有在不断地获取利润的基础上，企业才可能发展；同样，盈利能力较强的企业比盈利能力较弱的企业具有更大的活力和更好的发展前景；因此，盈利能力是企业经营人员最重要的业绩衡量标准和发现问题、改进企业管理的突破口。对企业经理人员来说，进行企业盈利能力分析的目的具体表现在以下两个方面。

（一）利用盈利能力的有关指标反映和衡量企业经营业绩

企业经理人员的根本任务，就是通过自己的努力使企业赚取更多的利润。各项收益数据反映着企业的盈利能力，也表现了经理人员工作业绩的大小。用已达到的盈利能力指标与标准、基期、同行业平均水平、其他企业相比较，则可以衡量经理人员工作业绩的优劣。

（二）通过盈利能力分析发现经营管理中存在的问题

盈利能力是企业各环节经营活动的具体表现，企业经营得好坏，都会通过盈利能力表现出来。通过对盈利能力的深入分析，可以发现经营管理中的重大问题，进而采取措施解决问题，提高企业收益水平：

对于债权人来讲，利润是企业偿债的重要来源，特别是对长期债务而言。盈利能力的强弱直接影响企业的偿债能力。企业举债时，债权人势必审查企业的偿债能力，而偿债能力的强弱最终取决于企业的盈利能力。因此，分析企业的盈利能力对债权人也是非常重要的。

对于股东（投资人）而言，企业盈利能力的强弱更是至关重要的。在市场经济下，股东往往会认为企业的盈利能力比财务状况、经营能力更重要。股东们的直接目的就是获得更多的利润，因为对于信用相同或相近的几个企业，人们总是将资金投向盈利能力强的企业；股东们关心企业赚取利润的多少并重视对利润率的分析，是因为他们的股息与企业的盈利能力是紧密相关的；此外，企业盈利能力增加还会使股票价格上升，从而使股东们获得资本收益。

二、盈利能力分析的内容

盈利能力的分析是企业财务分析的重点，其根本目的是通过分析及时发现问题，改善企业财务结构，提高企业偿债能力、经营能力，最终提高企业的盈利能力，促进企业持续稳定地发展。对企业盈利能力的分析主要指对利润率的分析。因为尽管对利润额的分析可以说明企业财务成果的增减变动状况及其原因，为改善企业经营管理指明了方向，但是，由于利润额受企业规模或投入总量的影响较大，一方面使不同规模的企业之间不便于对比；另一方面也不能准确地反映企业的盈利能力和盈利水平。因此，仅进行利润额分析一般不能满足各方面对财务信息的要求，还必须对利润率进行分析。

利润率指标从不同角度或从不同的分析目的看，可有多种形式。在不同的所有制企业中，反映企业盈利能力的指标形式也不同。在这里，我们对企业盈利能力的分析将从以下几方面进行。

（一）与投资有关的盈利能力分析

与投资有关的盈利能力分析主要对总资产报酬率、净资产收益率指标进行分析与评价。

（二）与销售有关的盈利能力分析

商品经营盈利能力分析即利用损益表资料进行利润率分析，包括收入利润率分析和成本利润率分析两方面内容。而为了搞好利润率因素分析，有必要对销售利润进行因素分析。

三、企业盈利能力分析的指标

企业盈利能力分析可从企业盈利能力一般分析和股份公司税后利润分析两方面来研究。

反映企业盈利能力的指标，主要有销售利润率、成本费用利润率、总资产利润率、资本金利润率、权益利润率。

1. 销售利润率

销售利润率（Rate of Return on Sale）是企业利润总额与企业销售收入净额的比率。它反映企业销售收入中，职工为社会劳动新创价值所占的份额。其计算公式为：

销售利润率 = 利润总额/销售收入净额 × 100%

该项比率越高，表明企业为社会新创价值越多，贡献越大，也反映企业在增产的同时，为企业多创造了利润，实现了增产增收。

2. 成本费用利润率

成本费用利润率是指企业利润总额与成本费用总额的比率。它是反映企业生产经营过程中发生的耗费与获得的收益之间关系的指标。计算公式为：

成本费用利润率 = 利润总额/成本费用总额 × 100%

该比率越高，表明企业耗费所取得的收益越高，这是一个能直接反映增收节支、增产节约效益的指标。企业生产销售的增加和费用开支的节约，都能使这一比率提高。

3. 总资产利润率

总资产利润率（Rate of Return on Total Assets）是企业利润总额与企业资产平均总额的比率，即过去所说的资金利润率。它是反映企业资产综合利用效果的指标，也是衡量企业利用债权人和所有者权益总额所取得盈利的重要指标。其计算公式为：

总资产利润率 = 利润总量/资产平均总额 × 100%

资产平均总额为年初资产总额与年末资产总额的平均数。此项比率越高，表明资产利用的效益越好，整个企业获利能力越强，经营管理水平越高。

4. 资本金利润率和权益利润率

资本金利润率是企业的利润总额与资本金总额的比率，是反映投资者投入企业资本金的获利能力的指标。计算公式为：

资本金利润率 = 利润总额/资本金总额 × 100%

这一比率越高，说明企业资本金的利用效果越好，反之，则说明资本金的利用效果不佳。

企业资本金是所有者投入的主权资金，资本金利润率的高低直接关系到投资者的权益，是投资者最关心的问题。当企业以资本金为基础，吸收一部分负债资金进行生产经营活动时，资本金利润率就会因财务杠杆原理的利用而得到提高，提高的利润部分，虽然不是资本金直接带来的，但也可视为资本金有效利用的结果。它还表明企业经营者精明能干，善于利用他人资金，为本企业增加盈利。反之，如果负债资金利息太高，使资本金利润率降低，则应视为财务杠杆原理利用不善的表现。

这里需要指出，资本金利润率指标中的资本金是指资产负债表中的实收资本，但是用来作为实现利润的垫支资本中还包括资本公积、盈余公积、未分配利润等留用利润（保留盈余），这些也都属于所有者权益。为了反映全部垫支资本的使用效益并满足投资者对盈利信息的关心，更有必要计算权益利润率。

权益利润率（Rate of Return on Equity）是企业利润总额与平均股东权益的比率。它是反映股东投资收益水平的指标。

计算公式为：

权益利润率 = 利润总额/平均股东权益 × 100%

股东权益是股东对企业净资产所拥有的权益，净资产是企业全部资产减去全部负债后的余额。股东权益包括实收资本、资本公积、盈余公积和未分配利润。平均股东权益为年初股东权益额与年末股东权益额的平均数。

该项比率越高，表明股东投资的收益水平越高，获利能力越强。反之，则表明收益水平不高，获利能力不强。

权益利润率指标具有很强的综合性，它包含了总资产和净权益比率、总资产周转率和（按利润总额计算的）销售收入利润率这三个指标所反映的内容。各指标的关系可用公式表示如下：

股东权益利润率 = 利润总额/平均股东权益 = （总资产/平均股东权益）×（销售收入/总资产）×（利润总额/销售收入）

为了反映投资者可以获得的利润，上述资本金利润率和股东权益利润率指标中的利润额，也可按税后利润计算。

第二节　企业营运能力分析

企业营运能力（analysis of enterprises' operating capacity），主要指企业营运资产的效率与效益。企业营运资产的效率主要指资产的周转率或周转速度。企业营运资产的效益通常是指企业的产出量与资产占用量之间的比率。企业营运能力分析就是要通过对反映企业资产营运效率与效益的指标进行计算与分析，评价企业的营运能力，为企业提高经济效益指明方向。

根据营运能力分析的含义与目的，企业营运能力分析的内容主要包括以下几方面：

一、全部资产营运能力分析

全部资产营运能力分析就是要对企业全部资产的营运效率进行综合分析。全部资产营运能力分析包括以下几个方面。

（一）全部资产营运能力的指标计算与分析

企业全部资产营运能力，主要是指投入或使用全部资产所取得的产出的能力。由于企业的总产出，一方面从生产能力角度考虑，可用总产值表示，另一方面从满足社会需要角度考虑，可用总收入表示，因此，反映全部资产营运能力的指标主要指全部资产产值率、全部资产收入率和全部资产周转率。

1. 全部资产产值率的计算与分析

全部资产产值率是指企业占用每百元资产所创造的总产值，其计算公式为：

全部资产产值率 = 总产值/平均总资产 × 100%

在一般情况下，该指标值越高，说明企业资产的投入产出率越高，企业全部资产运营状况越好。

还可用另一指标表示，即百元产值资金占用，其计算公式为：

百元产值占用资金 = 平均总资产/总产值 × 100%

该指标越低，反映全部资产营运能力越好。对该指标的分析，可在上式基础上，从资产占用形态角度进行分解，即：

百元产值占用资金 = 平均总资产/总产值 × 100% = 流动资产/总产值 + 固定资产/总产值 + 其他资产/总产值

依据上式，可分析全部资产产值率或百元产值占用资金变动受各项资产营运效果的影响。

2. 全部资产收入率的计算与分析

全部资产收入率是指占用每百元资产所取得的收入额，其计算公式是：

全部资产收入率＝总收入／平均总资产×100%

该指标反映了企业收入与资产占用之间的关系。通常，全部资产收入率越高，反映企业全部资产营运能力越强，营运效率越高。企业总产值往往既包括完工产品产值，又包括在产品产值；既包括已销售的商品产值，又包括库存产品产值。在市场经济条件下，企业产品只有销售出去，收入实现才是真正意义的产出。

对全部资产收入率的分析，正是要考虑收入与产值的关系。其因素分解式是：

全部资产收入率＝总收入／平均总资产×100%＝（总产值／平均总资产）×（总收入／总产值）×100%＝全部资产产值率×产品销售率

可见，企业要取得较高的资产收入率，就一方面要提高全部资产产值率，另一方面要提高产品销售率。

3. 全部资产周转率分析

全部资产收入率从周转速度角度看，也称全部资产周转率（总资产周转率），其计算与全部资产收入率相同，即：

全部资产周转率＝总周转额（总收入）／平均总资产

在全部资产中，周转速度最快的应属流动资产，因此，全部资产周转速度受流动资产周转速度影响较大。从全部资产周转速度与流动资产周转速度的关系，可确定影响全部资产周转率的因素如下：

全部资产周转率＝（销售收入／平均流动资产）×（平均流动资产／平均总资产）＝流动资产周转率×流动资产占总资产的比重

可见，全部资产周转率的快慢取决于两大因素：一是流动资产周转率，因为流动资产的周转速度往往高于其他类资产的周转速度，加速流动资产周转，就会使总资产周转速度加快，反之则会使总资产周转速度减慢；二是流动资产占总资产的比重，因为流动资产周转速度快于其他类资产周转速度，所以，企业流动资产所占比例越大，总资产周转速度就越快，反之则越慢。

（二）全部资产营运能力综合对比分析

全部资产营运能力综合对比分析，就是要将反映全部资产营运能力的指标与反映企业流动资产和固定资产营运能力的指标结合起来进行分析。依据各类指标之间的相互关系进行综合对比分析，主要包括以下几方面的内容。

1. 综合对比分析反映资产占用与总产值之间的关系

反映二者关系的有三个指标，即固定资产产值率、流动资产产值率、全部资产产值率。它们可说明资产在生产过程的利用效果。从静态上对比这三个指标，可分别反映固定资产、流动资产及全部资产利用效果的大小；从动态上对比这三个指标，可反映总产值增长与固定资产增长、流动资产增长、全部资产增长的关系，以及资产结合的变化情况。

2. 综合对比分析反映资产占用与收入之间的关系

反映二者之间关系的有三个指标，即固定资产收入率、流动资产周转率、全部资产收入率或周转率，它们可正确评价各项资产营运效益的大小和资产周转速度的快慢。从静态上对比，可反映各项资产收入率的水平及其差距；从动态上对比，可反映固定资产、流动资产及全部资产与销售收入增长的关系。

3. 将全部资产营运能力与全部资产盈利能力结合起来分析

全部资产营运能力主要考察"资产周转率"，关注企业在单位资产规模下产生的产值或收入规模。全部资产盈利能力主要考察"资产获利水平"，通常以总资产收益率（ROA）或其他盈利指标（如销售净利率、资产报酬率等）来衡量。

若总资产周转率高，但盈利能力弱：说明企业的产值或收入规模相对可观，但利润空间较小，需重点关注成本结构、定价策略或市场竞争压力等。

若盈利能力强，但总资产周转率低：说明企业单位产品或服务利润率较高，但资产的使用效率或业务规模扩张存在瓶颈，需关注是否有闲置资产、投资回报周期过长等情况。

若两者都较好：说明企业在经营管理中兼顾了规模扩张和成本控制，实现了整体较高的资产收益水平。

二、流动资产营运能力分析

流动资产营运能力分析的内容包括三个方面。

（一）全部流动资产周转率的计算与分析

流动资产周转率，既是反映流动资产周转速度的指标，也是综合反映流动资产利用效果的基本指标，它是一定时期流动资产平均占用额和流动资产周转额的比率，是用流动资产的占用量和其所完成的工作量的关系，来表明流动资产的使用经济效益。

1. 流动资产周转率计算

流动资产周转率的计算，一般可以采取以下两种计算方式：

流动资产周转次数 = 流动资产周转额/流动资产平均余额

流动资产周转天数（周转期）= 计算期天数(360)/流动资产周转天数 = 流动资产平均余额 × 计算期天数/流动资产周转额

流动资产的周转次数或天数均表示流动资产的周转速度。流动资产在一定时期的周转次数越多，亦即每周转一次所需要的天数越少，周转速度就越快，流动资产营运能力就越好；反之，周转速度越慢，流动资产营运能力就越差。

从上述公式可知，流动资产周转期的计算，必须利用"计算期天数""流动资产平均余额""流动资产周转额"三个数据。对于计算期天数，为了计算方便，全年按 360 天计算，全季按 90 天计算，全月按 30 天计算。对于流动资产平均余额的确定，一要注意范围，周转率不同，流动资产的范围就不同；二要注意用平均占用额而不能用期末或期初占用额。周转额一般指企业在报告期中有多少流动资产完成了，即完成了从货币到商品，再到货币这一循环过程的流动资产数额。它可用销售额来表示，既可用销售收入，也可用销售成本表示。因此，企业全部流动资产周转率的计算公式是：

全部流动资产周转次数 = 销售收入/全部流动资产平均余额

全部流动资产周转天数 = 全部流动资产平均余额×计算期天数/销售收入

或：全部流动资产垫支周转次数 = 销售成本/全部流动资产平均余额

全部流动资产垫支周转天数 = 全部流动资产平均余额×计算期天数/销售成本

2. 流动资产周转率分析

进行流动资产周转率因素分析，首先应找出影响流动资产周转率的因素。根据流动资产周转率的计算公式，可分解出影响全部流动资产总周转率的因素如下：

流动资产周转次数 = 销售收入/流动资产平均余额 = （销售成本/流动资产平均余额）×销售收入/销售成本 = 流动资产垫支周转次数×成本收入率

可见，影响流动资产周转次数的因素，一是垫支周转次数；二是成本收入率。流动资产垫支周转次数准确地反映了流动资产在一定时期可周转的次数；成本收入率说明了企业的所费与所得之间的关系。当成本收入率大于 1 时，说明企业有经济效益，此时流动资产垫支周转次数越快，流动资产营运能力越好；反之，如果成本收入率小于 1，说明企业所得弥补不了所费，这时流动资产垫支次数加快，反而不利于企业经济效益的提高。

确定这两个因素变动对流动资产周转次数的影响，可用连环替代法或差额计算法，公式是：

流动资产垫支周转次数影响 = （本期流动资产垫支周转次数 – 基期流动资产垫支周转次数）×基期成本收入率

成本收入率变动的影响 = 本期流动资产垫支周转次数×（本期成本收入率 – 基期成本收入率）

在流动资产周转次数分析基础上，进一步对流动资产垫支周转次数进行分析，影响流动资产垫支周转次数的因素可从以下分解式中得出：

流动资产垫支周转次数 = 销售成本/流动资产平均占用额 = （销售成本/平均存货）×平均存货/流动资产平均占用额 = 存货周转次数×存货构成率

运用差额计算法可确定存货周转次数和存货构成率变动对流动资产垫支周转次数的

影响程度。

（二）各项流动资产周转情况分析

1. 企业存货周转情况分析

存货周转率是指企业在一定时期内存货占用资金可周转的次数，或存货每周转一次所需要的天数。因此，存货周转率指标有存货周转次数和存货周转天数两种形式：

存货周转次数 = 销售成本/平均存货

其中：平均存货 = （期初存货 + 期末有货）/2；存货周转天数 = 计算期天数/存货周转次数 = 计算期天数×平均存货/销售成本

应当注意，存货周转次数和周转天数的实质是相同的。但是其评价标准不同，存货周转次数是个正指标，因此，周转次数越多越好（但过高的周转率也可能说明企业管理方面存在其他的一些问题）。影响存货周转率的因素很多，但它主要受材料周转率、在产品周转率和产成品周转率的影响。这三个周转率的计算公式分别是：

（1）材料周转率 = 当期材料消耗额/平均材料库存

（2）在产品周转率 = 当期完工产品成本/平均在产品成本

（3）产成品周转率 = 销售成本/平均产成品库存

这三个周转率的评价标准与存货评价标准相同，都是周转次数越多越好，周转天数越少越好。通过不同时期存货周转率的比较，可评价存货管理水平，查找出影响存货利用效果变动的原因，不断提高存货管理水平。

在企业生产均衡和产销平衡情况下，存货周转率与三个阶段周转率之间的关系可用下式表示：

存货周转天数 = 材料周转天数×材料消耗额/总产值生产费 + 在产品周转天数 + 产成品周转天数

运用因素分析法可确定出各因素变动对存货周转率的影响。

2. 企业应收账款周转情况分析

应收账款周转情况分析主要应通过对应收款周转率的计算与分析进行说明。应收款周转率的计算公式是：

应收账款周转率 = 赊销收入净额/应收账款平均余额

其中：赊销收入净额 = 销售收入 - 现销收入 - （销售退回 + 销售折让 + 销售折扣）

应收账款平均余额 = （期初应收账款 + 期末应收账款）/2，为未扣除坏账准备的应收账款余额。

应收账款周转率可以用来估计应收账款变现的速度和管理的效率。回收迅速既可以节约资金，也说明企业信用状况好，不易发生坏账损失；一般认为周转率越高越好。反映应收账款周转速度的另一个指标是应收账款周转天数，或应收账款平均收款期：其计算公式为：

应收账款周转天数 = 计算期天数（360）/应收账款周转次数 = 应收账款平均余额 × 360/赊销收入净额

按应收账款周转天数进行分析，则周转天数越短越好。

影响该指标正确计算的因素有：第一，季节性经营的企业使用这个指标时不能反映实际情况（淡季应收账款水平偏低）；第二，大量使用分期付款结算方式；第三，大量地使用现金结算的销售；第四，年末大量销售或年末销售大幅度下降。这些因素都会对该指标计算结果产生较大的影响。财务报表的外部使用人可以将计算出的指标与该企业前期指标、行业平均水平或其他类似企业的指标相比较，判断该指标的高低，但仅根据指标的高低分析不出上述各种原因。

3. 营业周期分析

营业周期是指从取得存货开始到销售存货并收回现金为止的这段时间。营业周期的长短取决于存货周转天数和应收账款周转天数。营业周期的计算公式如下：

营业周期 = 存货周转天数 + 应收账款周转天数

把存货周转天数和应收账款周转天数加在一起计算出来的营业周期，指的是需要多长时间能将期末存货全部变为现金。一般情况下，营业周期短，说明资金周转速度快，管理效率高，资产的流动性强，资产的风险降低；营业周期长，说明资金周转速度慢，管理效率低，风险上升。因此，分析研究企业的营业周期，并想方设法缩短营业周期，对于增强企业资产的管理效果具有重要意义。

（三）流动资产周转速度加快效果分析

流动资产周转速度加快，一方面可使一定的产出所需流动资产减少，另一方面可使一定的资产所取得的收入增加。

1. 加速流动资产周转所节约的资金

加速资产周转所节约的资金就是指企业在销售收入一定情况下，由于加速流动资产周转所节约的资金。其计算公式为：

流动资产平均占用额 = 赊销销售收入/流动资产周转次数

流动资产节约额 = 报告期销售收入 ×（1/基期流动资产周转次数 − 1/报告期流动资产周转次数）

上式计算结果为正数时，表示流动资产节约；当其计算结果为负数时，说明企业流动资产周转缓慢，流动资产浪费。

流动资产由于加速周转而形成的节约额，可以分为绝对节约和相对节约两种形式；

流动资产绝对节约，是指企业由于加速流动资产，因而可以从周转中拿出一部分资金支付给企业的所有者或还给债权人。流动资产相对节约是指企业由于加速流动资产周转，可以在不增资或少增资的条件下扩大本企业的生产规模，因而有可能不需要或减少由债权人或所有者对企业的新投资，可见，流动资产绝对节约和相对节约的区别只在于运用的情况不同，后者是以节约的资金提供本企业扩大再生产之用，而前者则是以所节约的资金退出企业经营。区别与计算流动资产绝对节约额和相对节约额可分三种情况进行：

（1）全部节约额都是绝对节约额。如果企业流动资产周转速度加快，而销售收入不变，这时所形成的节约额就是绝对节约额。

（2）全部节约额都是相对节约额。如果企业流动资产周转加速，而实际占用流动资产大于或等于基期占用流动资产，这时所形成的流动资产节约额就是相对节约额。

（3）同时具有绝对节约额和相对节约额。如果企业流动资产周转加速，同时销售收入增加，流动资产占用额减少，这种情况下形成的流动资产节约额就同时具有绝对节约额和相对节约额；它们的计算公式是：

绝对节约额 = 报告期流动资产占用额 − 基期流动资产占用额

相对节约额 = 流动资产总节约额 − 绝对节约额

当然，把流动资产节约分析中的各种条件反过来，得到的就是流动资产的浪费额，它同样存在着绝对浪费额和相对浪费额。

2. 加速流动资产周转所增加的收入

加速资产周转所增加的收入是指在企业流动资产占用额一定的情况下，由于加快流动资产周转速度所增加的销售收入。其计算公式是：

销售收入增加额 = 基期流动资产平均余额 ×（报告期流动资产周转次数 − 基期流动资产周转次数）

上式计算结果为正数时，销售收入增加额为加速流动资产周转所增加的销售收入；计算结果为负数时，则是流动资产周转速度缓慢所减少的销售收入。

三、固定资产营运能力分析

固定资产营运能力分析的内容包括：

（一）固定资产利用效率分析

1. 固定资产产值率分析

固定资产产值率，是指一定时期内总产值与固定资产平均总值之间的比率，或每百元固定资产提供的总产值。其计算公式是：

固定资产产值率＝总产值/固定资产平均总值

公式中的分母项目是采用固定资产原值还是采用固定资产净值，目前有两种观点。一种观点主张采用固定资产原值计算，理由是：固定资产生产能力并非随着其价值的逐步转移而相应降低，比如，一种设备在其全新时期和半新时期往往具有同样的生产能力；再则，用原值便于企业不同时间或不同企业进行比较，如果采用净值计算，则失去可比性。另一种观点主张采用固定资产净值计算，理由是：固定资产原值并非一直全部都被企业占用着，其价值小的磨损部分已逐步通过折旧收回，只有采用净值计算，才能真正反映一定时期内企业实际占用的固定资金。实际上，单纯地采用哪一种计价方法都会难免有失偏颇。为了既从生产能力又从资金占用两个方面来考核企业的固定资产利用水平，只有同时采用原值和净值两种计价标准，才能从不同角度全面地反映企业固定资产利用的经济效益。

公式表示每百元固定资产提供多少产值，提供得多，表明固定资产利用效果高，反之就低。总产值与固定资产的关系还可用另一指标表示，即百元产值固定资金占用，其计算公式为：

百元产值占用固定资金＝平均固定资产总值/总产值×100%

公式表示每百元产值占用多少固定资产。占用少，固定资产利用效果就高，反之就低。固定资产产值率是一个综合性指标，受多种因素的影响，在众多的因素中，固定资产本身的因素最为重要。全部固定资产原值平均余额中，生产用固定资产占多少，以及在生产用固定资产中生产设备占多少，都会影响到固定资产的利用效果。将固定资产产值率进行如下分解：

固定资产产值率＝总产值/固定资产平均总值＝（总产值/生产设备平均总值）×（生产设备平均总值/生产用固定资产平均总值）×（生产用设备平均总值/固定资产平均总值）＝生产设备产值率×生产设备占生产用固定资产的构成率×生产用固定资产构成率

从分解后的公式中可以看出：生产设备产值率反映生产设备能力和时间的利用效果，它的数值大小直接影响着生产用固定资产的利用效果，进而影响全部固定资产的产值率。生产设备占生产用固定资产的比重和生产用固定资产占全部固定资产平均总值的比重，反映了企业固定资产的结构状况和配置的合理程度，其比重越大，则全部固定资产产值率就越高。因此，在分析固定资产产值率时应从固定资产的配置和利用两个方面进行。特别是要提高生产设备的利用效果，不断提高其单位时间的产量，才能提高固定资产产值率。

固定资产产值率的分析是以实际数与计划数、上期实际数或历史最好水平进行比较，从中找出影响该指标的不利因素，由此对企业固定资产利用效果作出评价。

必须说明，固定资产产值率是一个比较综合的指标，容易计算。在考核固定资金利用效果中具有一定的作用。但是，也应该看到这个指标的局限性，由于按工厂法计算的总产值在有些情况下不能真实地反映企业的生产成果，这也就连锁影响了固定资产产值率指标的正确性。

2. 固定资产收入率分析

固定资产收入率，也称固定资产周转率或每百元固定资产提供的收入，是一定时期所实现的收入同固定资产平均占用总值之间的比率，其计算公式如下：

固定资产收入率＝销售收入/固定资产平均总值（或固定资产平均净值）

固定资产收入率指标的数值越高，就表示一定时期内固定资产提供的收入越多，说明固定资产利用效果越好。因为收入指标比总值和销售收入更能准确地反映经济效益，因此，固定资产收入率能更好地反映固定资产的利用效果。

固定资产收入率的分析可根据下列因素分解式进行：

固定资产收入率＝（总产值/固定资产平均总值）×（总收入/总产值）＝固定资产产值率×产品销售率

可见，企业要取得较高的固定资产收入率，一方面要提高全部固定资产产值率，另一方面要提高产品销售率。

（二）固定资产变动情况分析

固定资产变动分析主要是对固定资产的更新、退废及增长情况进行分析，分析时主要通过以下几个指标进行：

1. 固定资产增长率

固定资产增长率是指一定时期内增加的固定资产原值对原有固定资产数额的比率。计算公式为：

固定资产增长率＝（期末固定资产总值－期初固定资产总值）/期初固定资产总值×100%

固定资产的增长应结合具体原因进行分析，看其增长是否合理。一般来说，企业增加生产设备，生产也会相应增长，这样才能保证固定资产使用的经济效益。如果是非生产用固定资产，那么也应考虑企业的经济承受能力。

2. 固定资产更新率

固定资产更新率是指一定时期内新增加的固定资产原值与期初全部固定资产原值的比率。计算公式为：

固定资产更新率＝本期新增固定资产原值/年初固定资产原值×100%

固定资产更新率反映了企业现有固定资产中，经过更新的资产占多大比重，也反映了固定资产在一定时期内更新的规模和速度。在评价企业固定资产更新的规模和速度时，也应结合具体情况进行分析，企业为了保持一定的生产规模和生产能力，对设备进行更新是合理的，但如果更新设备只是为了盲目扩大生产，就不合理了。

3. 固定资产退废率

固定资产退废率是指企业一定时期内报废清理的固定资产与期初固定资产原值的比率。计算公式为：

固定资产退废率 = 本期退废的固定资产原值/期初固定资产原值×100%

企业固定资产的退废应与更新相适应，这样才能维持再生产。退废数额中不包括固定资产盘亏和损坏的数额。

4. 固定资产损失率

固定资产损失率是指企业一定时期内盘亏、毁损的固定资产所造成的损失数与期初固定资产原值的比率，计算公式为：

固定资产损失率 = 本期盘亏、毁损固定资产价值/期初固定资产原值×100%

固定资产损失率反映企业固定资产盘亏及毁损而造成的固定资产损失程度。在分析时，应查清原因，分清责任，并根据分析结果采取相应的改进措施，以减少、杜绝盘亏毁损现象。

5. 固定资产净值率

固定资产净值率是指一定时期内固定资产净值总额与固定资产原值总额的比率。计算公式为：

固定资产净值率（折余价值）= 固定资产净值/固定资产原值×100%

固定资产净值率高，说明企业技术设备的更新较快。固定资产净值率低，说明企业技术设备陈旧。

小链接 11-1

怎样做到情绪调节

张一鸣有次在采访中说，创业者最好的状态，是在轻度喜悦和轻度沮丧之间。

硅谷元老级创业者、天使投资人本·霍洛维茨（Ben Horowitz）在《创业维艰》一书中回忆起早年的创业经验，坦陈他在 8 年的 CEO 经历中，只有 3 天是晚上睡得着觉的。"坚定"是支撑他走过最艰难时刻的唯一法门。他说，创业公司的 CEO 不应该计算成功的概率，而是坚信破局方法始终存在，也需要坚信自己能够找到，在无路可走时，也要有选择最佳路线的能力。

2018 年，特斯拉位于加利福尼亚州和内华达州的工厂两度发生火灾，生产暂时陷入停滞，马斯克也因为外界铺天盖地的安全质疑，瞬间被卷入舆论中心。

这位 CEO 在每周的工作时长 80～90 小时的巨大压力之下，反应迅速。立刻敦促上报工人受伤情况，并随后在内部邮件中宣布将亲自前往工厂车间，执行和受伤员工同样的工作，以便更好地找出事故原因。在公司的危急关头。行动才是良药。解决问题应该始终是创业者的行为核心。迅速的反应和落到实处的同理心。不仅加快了外部舆论平息，也安抚了因事故频发而心存芥蒂的员工。

创业并不一定一直充满焦虑和剧烈的内心起伏，实则在喜悦和沮丧的平衡之间，我们对事情走向的决定权，总是比想象中更多。

资料来源：华映资本．最牛的创业者，每天都在轻度喜悦和轻度沮丧之间［EB/OL］．［2019-04-09］．https：/mp. weixin. qq. com/s/pWcDxoDCMJmanEg6ciT8BQ.

第三节　企业偿债能力分析

企业的偿债能力是指企业用其资产偿还长期债务与短期债务的能力。企业有无支付现金的能力和偿还债务能力，是企业能否生存和健康发展的关键。偿债能力是企业偿还到期债务的承受能力或保证程度，包括偿还短期债务和长期债务的能力。

企业偿债能力，静态来讲，就是用企业资产清偿企业债务的能力；动态来讲，就是用企业资产和经营过程创造的收益偿还债务的能力。企业有无现金支付能力和偿债能力是企业能否健康发展的关键。企业偿债能力分析是企业财务分析的重要组成部分。

企业的偿债能力分析指标包括五个方面。

一、流动比率

流动比率表示每 1 元流动负债有多少流动资产作为偿还的保证。它反映公司流动资产对流动负债的保障程度。

公式：流动比率 = 流动资产合计/流动负债合计

一般情况下，该指标越大，表明公司短期偿债能力强。通常，该指标在 200% 左右较好。1998 年，沪深两市该指标平均值为 200.20%。在运用该指标分析公司短期偿债能力时，还应结合存货的规模大小、周转速度、变现能力和变现价值等指标进行综合分析。如果某一公司虽然流动比率很高，但其存货规模大，周转速度慢，就有可能造成存货变现能力弱，变现价值低，那么，该公司的实际短期偿债能力就要比指标反映的弱。

二、速动比率

速动比率表示每 1 元流动负债有多少速动资产作为偿还的保证，进一步反映流动负债的保障程度。

公式：速动比率＝（流动资产合计－存货净额）/流动负债合计

一般情况下，该指标越大，表明公司短期偿债能力越强，通常该指标在100%左右较好。

在运用该指标分析公司短期偿债能力时，应结合应收账款的规模、周转速度和其他应收款的规模，以及它们的变现能力进行综合分析。如果某公司速动比率虽然很高，但应收账款周转速度慢，且它与其他应收款的规模大，变现能力差，那么该公司较为真实的短期偿债能力要比该指标反映的差。

由于预付账款、待摊费用、其他流动资产等指标的变现能力差或无法变现，所以，如果这些指标规模过大，那么在运用流动比率和速动比率分析公司短期偿债能力时，还应扣除这些项目的影响。

三、现金比率

现金比率表示每1元流动负债有多少现金及现金等价物作为偿还的保证，反映公司可用现金及变现方式清偿流动负债的能力。

公式：现金比率＝（货币资金＋短期投资）/流动负债合计

该指标能真实地反映公司实际的短期偿债能力，该指标值越大，反映公司的短期偿债能力越强。

四、资本周转率

资本周转率表示可变现的流动资产与长期负债的比例，反映公司清偿长期债务的能力。

公式：资本周转率＝（货币资金＋短期投资＋应收票据）/长期负债合计

一般情况下，该指标值越大，表明公司近期的长期偿债能力越强，债权的安全性越好。由于长期负债的偿还期限长，所以，在运用该指标分析公司的长期偿债能力时，还应充分考虑公司未来的现金流入量，经营获利能力和盈利规模的大小。如果公司的资本周转率很高，但未来的发展前景不乐观，即未来可能的现金流入量少，经营获利能力弱，且盈利规模小，那么，公司实际的长期偿债能力将变弱。

五、利息支付倍数

利息支付倍数表示息税前收益对利息费用的倍数，反映公司负债经营的财务风险程度。

公式：利息支付倍数＝（利润总额＋财务费用）/财务费用

一般情况下，该指标值越大，表明公司偿付借款利息的能力越强，负债经营的财务风险就越小。1998年沪深两市该指标平均值为36.57%。由于财务费用包括利息收支、汇兑损益、手续费等项目，且还存在资本化利息，所以在运用该指标分析利息偿付能力时，最好将财务费用调整为真实的利息净支出，这样反映公司的偿付利息能力最准确。

小链接11-2

"瑞幸咖啡"财务造假

瑞幸咖啡作为中国新兴的连锁咖啡品牌，以其快捷、便利的商业模式和优质的咖啡产品赢得了消费者的广泛喜爱。然而，就在其业务飞速发展的时候，一起震惊业界的财务造假事件浮出水面。

事件始于2020年1月，瑞幸咖啡突然宣布自查发现公司COO刘剑以及部分员工存在财务造假行为，涉及虚增收入、成本、费用等多个方面。随后，瑞幸咖啡在公告中详细披露了造假细节，包括通过虚构交易、篡改合同等方式虚增收入，以及通过虚增广告费、租金等方式虚增成本。这一消息立即引发了市场的广泛关注，瑞幸咖啡的股价也应声下跌，最大跌幅81.3%，2020年4月7日，瑞幸咖啡宣布停牌，在完全满足纳斯达克要求的补充信息之前，交易将继续暂停。事件曝光后，瑞幸咖啡迅速采取了行动，包括解雇涉事员工、报警等。同时，公司也积极配合相关部门的调查，并承诺将加强内部控制，防止类似事件再次发生。然而，这一事件对瑞幸咖啡的品牌形象和市场地位造成了严重的冲击，消费者对公司的信任度大幅下降。

回看其财务报表，可以看到其虚增销售额，用虚报广告费用掩盖收入窟窿，以此传达未来可期。

	2018年第一季度	2018年第二季度	2018年第三季度	2018年第四季度	2019年第一季度	2019年第二季度	2019年第三季度
主营收入	0.09575	1.005	1.927	3.468	3.611	6.592	11.45
其他业务收入	0.03379	0.2099	0.4813	1.186	1.174	2.5	3.962
营业收入	0.1295	1.215	2.408	4.654	4.785	9.091	15.42
营业成本	0.2964	1.757	3.242	5.785	5.582	8.373	11.98
毛利	-0.1669	-0.5420	-0.8340	-1.131	-0.7967	7183	3.432
营业费用	1.085	2.892	4.022	5.301	4.474	7.615	9.34
营业利润	-1.252	-3.434	-4.856	-6.432	-5.271	-6.897	-5.909
净利润	-1.322	-3.33	-4.849	-6.682	-5.518	-6.813	-5.319
销售净利率	-1020.85%	-274.07%	-201.37%	-143.57%	-115.32%	-74.94%	-34.49%

	瑞幸咖啡	星巴克
盈利能力		
销售毛利率	11.45%	67.83%
营运能力		
应收账款周转率（次）	216.09	33.72
存货周转率（次）	16.13	18.10
总资产周转率（次）	0.51	1.22
应收账款周转天数	1.25	10.68
存货周转天数	16.74	19.89
总资产周转天数	530.66	294.53
偿债能力		
流动比率（倍）	4.23	0.92
速动比率（倍）	4.09	0.67
经营业务现金净额/流动负债	-0.75	0.82

对比2019年9月末，星巴克（277.3亿元）与瑞幸（80.29亿元）的部分财务指标可以得出以下结论。

盈利能力很低：星巴克2019年9月29日毛利率为67.83%，而瑞幸只有11.45%。验证了瑞幸大量促销、低价销售的情况。

营运能力：可以看出瑞幸的应收账款比较少，所以周转率很高，但总资产周转率比较低，从侧面表现出其盈利能力其实不如星巴克。

偿债能力：瑞幸的资产流动比率、速动比率都比星巴克高，说明流动资产很多，流动负债较少。但是经营业务现金净额/流动负债比较低，这说明经营活动能贡献的现金流很少，这一点很危险，可能危及企业的生存。

资产结构：瑞幸接近80%为流动资产，而星巴克流动资产只有27%。瑞幸的门面店铺比星巴克还多，难道这些场地设备都是租的吗？

负债结构：瑞幸流动负债占总负债率接近94%，星巴克约为25%。你确定这样财务压力不会很大？而且正如前面所说现金流又严重不足，这势必会需要大量融资，陷入一种拆东墙补西墙的境况。

资料来源：孙伊宁，马春英. 瑞幸咖啡财务造假案例研究［J］. 山西农经，2020（19）.

本章要点

企业盈利能力分析的主要目的是通过相关指标反映和衡量企业的经营业绩，并发现经营管理中存在的问题。盈利能力强的企业能够赚取更多的利润，各项收益数据不仅表现了企业的盈利能力，也表现了经理人员的工作业绩。通过将企业的盈利能力指标与标准、基期、同行业平均水平或其他企业进行比较，可以衡量经理人员工作业绩的优劣。

营运能力分析关注的是企业各项资产的运营效率，包括流动资产和固定资产等。高营运能力意味着企业能够更有效地使用其资产来生成收入。营运能力分析涉及流动资产和固定资产的使用效率，通过分析资产的周转速度和效率，可以评估企业的管理效率和资产利用效果。

偿债能力分析是企业用其资产偿还长期和短期债务的能力。偿债能力强意味着企业有足够的资产来覆盖其债务，降低了财务风险。偿债能力分析包括短期偿债能力和长期偿债能力两个方面，短期偿债能力主要通过流动比率和速动比率等指标来衡量，而长期偿债能力则涉及企业的盈利能力和所有者资本的积累。

讨论思考题

1. 企业如何通过产品组合优化和成本控制来提升毛利率和净利率？

2. 企业的盈利能力如何受到行业竞争格局和市场需求波动的影响？如何应对这些外部因素？

3. 除了销售收入增长，企业还能通过哪些方式（如提高运营效率）来增强长期盈利能力？

4. 企业应如何管理存货水平以保持高效的生产运营，而不影响销售和交付能力？

5. 如何优化应收账款的周转速度，既能保障客户关系又能提高资金流动性？

6. 在提升营运能力的过程中，企业应如何权衡固定资产的投入与其带来的营运效率提升？

7. 企业如何通过资本结构优化和合理的融资安排，确保在不降低盈利能力的前提下维持较强的偿债能力？

8. 在评估企业短期偿债能力时，除了流动比率和速动比率，企业还应关注哪些关键财务指标？

9. 企业应如何通过现金流管理来增强偿债能力，以防止资金短缺导致的财务困境？

本章知识拓展

长寿企业的特征

著名学者阿里·德赫斯（Arie deGeus）借用生物学、生态学、认知心理学、神经学、免疫学、行为学等方面的知识，把有活力的企业看作一种有机体，需要免疫系统来维持健康，需要神经系统来辨别环境和作出反应，需要运动系统来协调各部分的活动，需要社会系统来交流和学习。他从自己在皇家荷兰壳牌集团公司38年的工作经验以及对世界上长寿公司的观察研究中，总结了长寿企业的四个特征。

1. 环境变化的敏感性

长寿企业均能与时俱进，随环境的变化作出敏锐快速的反应，以便在战略规划中学习、调整、适应。适者生存是市场竞争的不二法则。市场环境千变万化，风险和不确定性时刻相随，创业者必须敏锐和准确地去感受和把握它，然后快速作出市场反应，这既是长寿企业的特征，也是企业长寿的秘诀。

2. 社会责任的认同性

长寿企业均能正确认识企业的本质，把股东、员工、顾客、供应商和经销商看作利益共同体，这样就能把健康、持续的企业发展建立在坚实的社会基础之上；同时，企业对员工的认同感必将带来员工对企业的归属感，巨大的凝聚力将使在企业面临危机时能逢凶化吉，面临挫折时也能转危为安。也就是说，每个员工都关心企业的发展，接纳企业文化的价值观，每一代管理者都把自己看成这个链条上的重要一环。

3. 内部管理的宽容性

长寿企业的内部管理，尤其是在"集权分权"和"业务开拓"这两个方面，表现出很强的宽容性。在权力分配方面，这些公司都避免过度集权化的管理，以调动下属部门和下属员工的积极性、主动性、创造性；而且最高管理层都力图摆脱日常经营事务的纠缠，把精力集中于对经营环境的分析判断、内部资源的整合和战略进程的控制。在经营业务遴选方面，这些公司独具慧眼，善于发现小业务的巨大潜力，允许其创新并加以扶持，直至其成为公司新的经济增长点。

4. 财务运行的稳健性

长寿企业常常表现出财务政策的偏保守性，注重财务运行的稳健性。这些公司在各种投资中能保持平和心态，不狂躁、不赌博、不急于求成；能够做到科学地"冒险"，知道取得什么样的公司业绩该冒什么样的风险，尽量避免冒毁灭性的风险；这些公司在财务运行过程中信奉"企业的资源非但不能透支，而且还要留有余地"的哲学，以应对可能出现的突发事件；这些公司对现金流量的关心胜过对利润的关心，深知现金流量是企业的血液，决定着企业的生死存亡。

资料来源：贺尊. 创业学 ［M］. 北京：中国人民大学出版社，2023.

参 考 文 献

[1] 内森·弗，保罗·阿尔斯特伦. 有的放矢：NISI 创业指南 [M]. 七印部落，译. 武汉：华中科技大学出版社，2014.

[2] 诺姆·沃瑟曼. 创业者的窘境 [M]. 七印部落，译. 武汉：华中科技大学出版社，2017.

[3] 史蒂夫·布兰克. 四步创业法 [M]. 七印部落，译. 武汉：华中科技大学出版社，2012.

[4] 阿玛尔·毕海德. 新企业的起源与演进 [M]. 魏如山，译. 北京：中国人民大学出版社，2004.

[5] 埃里克·莱斯. 精益创业：新创企业的成长思维 [M]. 吴彤，译. 北京：中信出版社，2012.

[6] 埃里克·施密特，等. 重新定义公司：谷歌是如何运营的 [M]. 靳婷婷，译. 北京：中信出版社，2015.

[7] 本·霍洛茨基. 创业维艰：如何完成比难更难的事 [M]. 杨晓红，钟丽婷，译. 北京：中信出版社，2015.

[8] 彼得·德鲁克. 创新与企业家精神 [M]. 蔡文燕，译. 北京：机械工业出版社，2009.

[9] 彼得·蒂尔，布莱克·马斯特斯. 从 0 到 1：开启商业与未来的秘密 [M]. 高玉芳，译. 北京：中信出版社，2015.

[10] 布鲁斯·巴林格，杜安·爱尔兰. 创业管理：成功创建新企业 [M]. 杨俊，薛有志，等译. 北京：机械工业出版社，2010.

[11] 布鲁斯·巴林杰. 创业计划书：从创意到方案 [M]. 陈忠卫，等译. 北京：机械工业出版社，2016.

[12] 海迪·内克，帕特里夏·格林，坎迪达·布拉什. 如何教创业：基于实践的百森教学法 [M]. 薛红志，等译. 北京：机械工业出版社，2015.

［13］贾森·弗里德，戴维·海涅迈尔·汉森．重来：更为简单有效的商业思维［M］．李喻愆，译．北京：中信出版社，2010．

［14］杰弗里·蒂蒙斯，小斯蒂芬·斯皮内利．创业学［M］．周伟民，吕长春，译．北京：人民邮电出版社，2005．

［15］杰弗里·摩尔．跨越鸿沟：颠覆性产品营销圣经［M］．赵娅，译．北京：机械工业出版社，2009．

［16］卡尔·施拉姆，烧掉你的商业计划书：不按常理出牌的创业者才能让企业活下去［M］．李文远，译．杭州：浙江大学出版社，2018．

［17］克莱顿·克里斯坦森，等．与运气竞争：关于创新与用户的选择［M］．靳婷婷，译．北京：中信出版社，2018．

［18］克莱顿·克里斯坦森．创新者的窘境［M］．胡建桥，译．北京：中信出版社，2010．

［19］伦纳德·施莱辛格，等．创业：行动胜于一切［M］．郭霖，译．北京：北京大学出版社，2017．

［20］罗伯特·巴隆，斯科特·谢恩．创业管理：基于过程的观点［M］．张玉利，等译．北京：机械工业出版社，2005．

［21］莫瑞亚．精益创业实战［M］．张玳，译．北京：人民邮电出版社，2013．

［22］史蒂夫·布兰克，鲍勃·多夫．创业者手册：教你如何构建伟大的企业［M］．新华都商学院，译．北京：机械工业出版社，2013．

［23］斯科特·沙恩．寻找创业沃土［M］．奚玉芹，金永红，译．北京：中国人民大学出版社，2005．

［24］斯图尔腾·瑞德，萨阿斯·萨阿斯瓦斯，等．卓有成效的创业［M］．新华都商学院，译．北京：北京师范大学出版社，2015．

［25］孙陶然．创业36条军规［M］．北京：中信出版社，2015．

［26］唐纳德·库拉特科．公司创新与创业［M］．李波，等译．北京：机械工业出版社，2013．

［27］亚历山大·奥斯特瓦德，等．价值主张设计：如何构建商业模式最重要的环节［M］．余锋，等译．北京：机械工业出版社，2015．

［28］亚历山大·奥斯特瓦德，伊夫·皮尼厄．商业模式新生代［M］．王帅，毛心宇，严威，译．北京：机械工业出版社，2011．

［29］伊查克·爱迪思．企业生命周期［M］．赵睿，等译．北京：中国社会科学出版社，1997．

［30］伊迪丝·彭罗斯．企业成长理论［M］．赵晓，译．上海：上海三联书店，上海人民出版社，2007．

[31] 约翰·马林斯. 如何测试商业模式：创业者与管理者在启动精益创业前应该做什么 [M]. 郭武文，叶颖，译. 北京：机械工业出版社，2016.

[32] 李志能，郁义鸿，罗伯特·希斯瑞克. 创业学 [M]. 上海：复旦大学出版社，2000.

附录 查询分析操作指南

一、研发部门数据查询分析

（一）查看经营状况

在公司场景中点击"研发部"，在弹出窗口中选择"经营状况"，可以查看到公司已设计的所有产品的配置情况，以及该产品的研发进度情况。

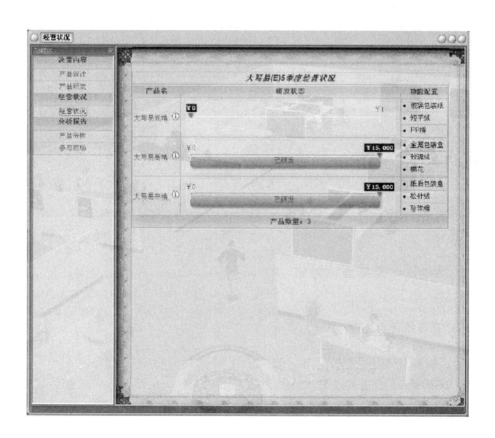

（二）查看分析报告

选择"分析报告—产品分析"，在上面的产品品牌类别选择需要对比查看的产品，下面会对比列出选中的产品品牌各产品的原料构成情况。

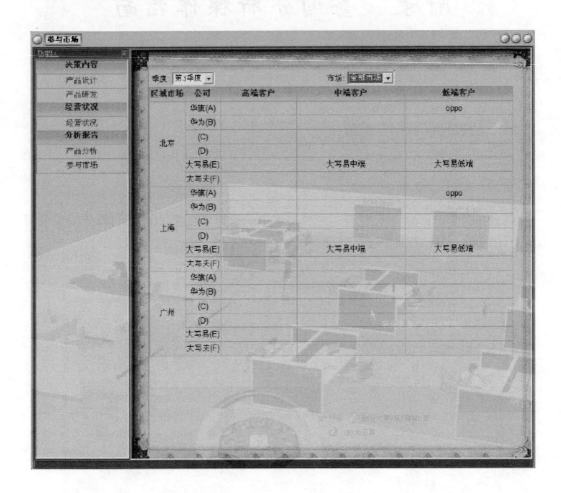

二、市场部门数据查询分析

（一）查看经营状况

在公司场景中点击"市场部"，在弹出窗口中选择"经营状况"，可以查看到公司在各个区域市场的开发进度及完成情况。

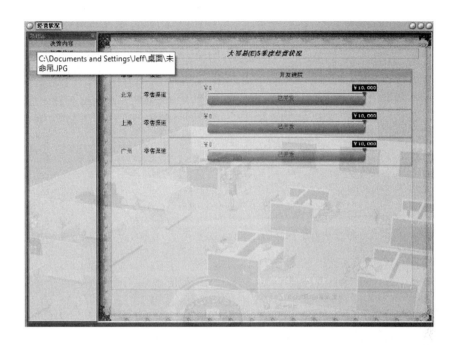

（二）查看分析报告

1. 产品评价

选择"分析报告—产品评价"，选择要查看的季度、市场、渠道、消费群体，可以查看到各区域市场各消费群体对公司产品的评价分数。

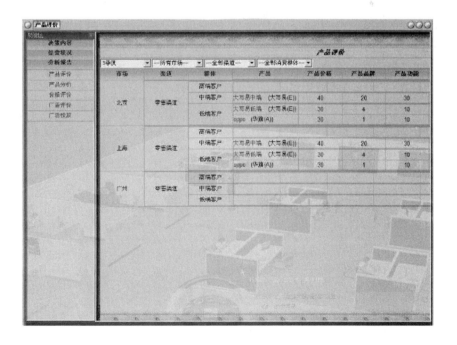

2. 产品分析

选择"分析报告—产品分析",选择要查看的产品品牌,可以查看到不同产品品牌的原料构成对比资料。

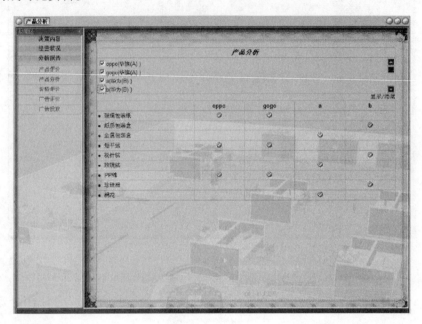

3. 价格评价

选择"分析报告—价格评价",选择要查看的产品品牌及季度,可以查看到不同产品品牌在市场上报价的消费者评价分数。

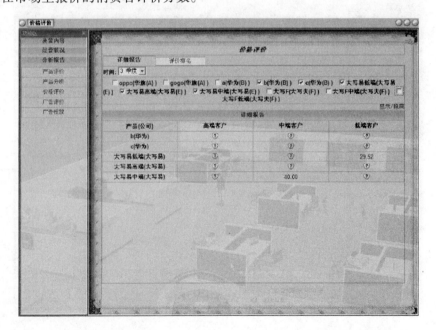

选择"评价排名"页面，设定要查看的季度及消费群体类别，查看所有品牌的分数排名。

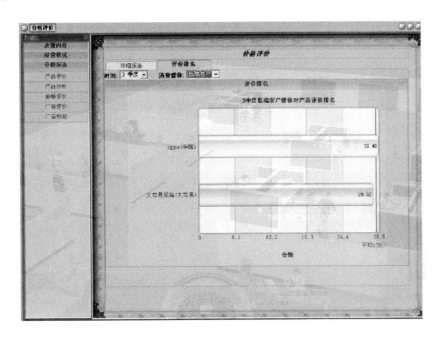

4. 广告评价

选择"分析报告—广告评价"，选择要查看的产品品牌及季度，可以查看到不同产品品牌在市场上广告投放的消费者评价分数。

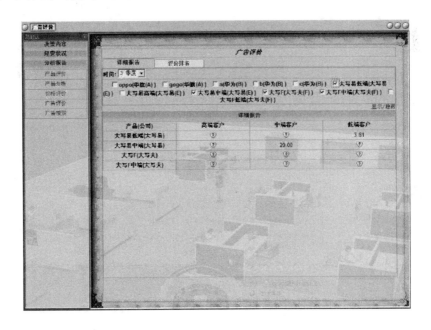

5. 广告投放

选择"分析报告—广告投放",选择要查看的产品品牌,可以查看到消费者对不同产品品牌在市场上投放广告的评价分数。

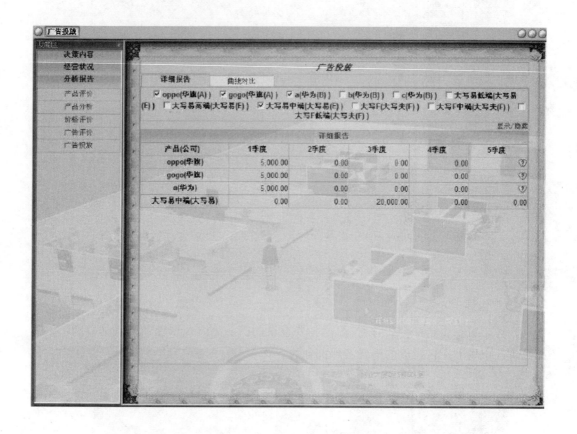

三、销售部门数据查询分析

(一)查看经营状况

1. 销售状况

在公司场景中点击"销售部",在弹出窗口中选择"经营状况—销售状况",并选择要查看的季度数,可以查看到公司各产品在市场上的销售情况。

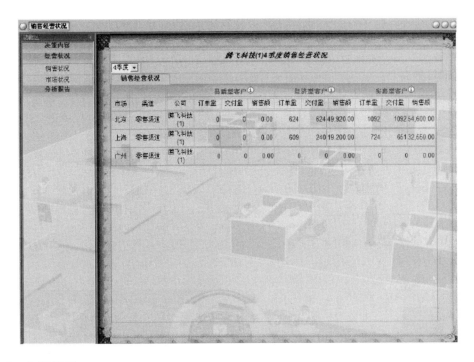

2. 市场状况

在公司场景中点击"销售部"，在弹出窗口中选择"经营状况—市场状况"，可以查看到公司在各个市场上的销售能力分布情况。

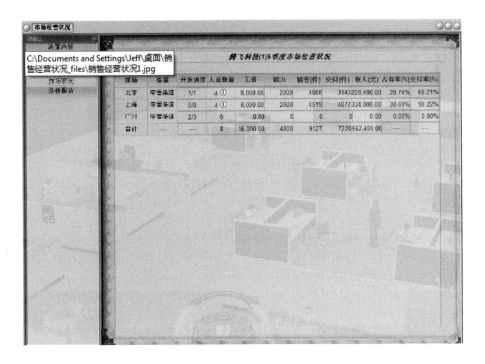

（二）查看分析报告

1. 市场分布

在公司场景中点击"销售部"，在弹出窗口中选择"分析报告—市场分布"，选择要查看的经营期间，可以查看到公司在指定季度期间内的各细分市场的占有率情况。

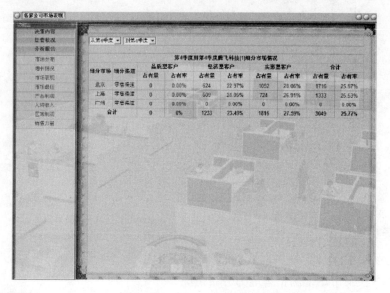

2. 增长情况

在公司场景中点击"销售部"，在弹出窗口中选择"分析报告—增长情况"，选择要查看的经营期间，可以查看到公司在指定季度期间内的各细分市场的增长率情况。

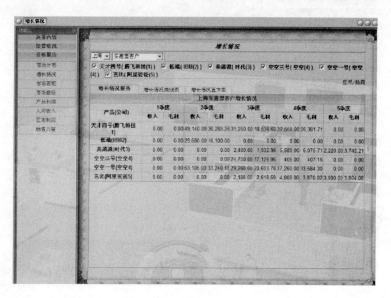

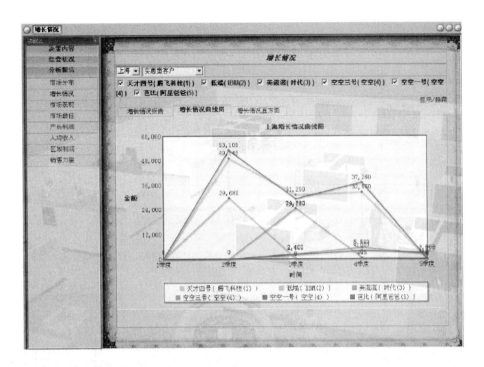

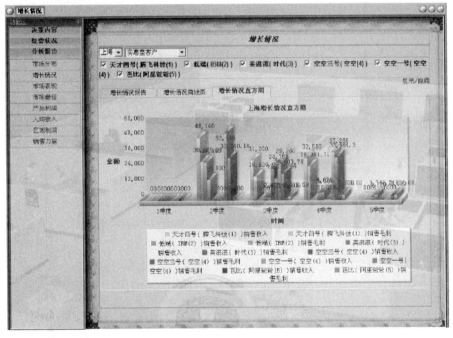

3. 市场表现

在公司场景中点击"销售部"，在弹出窗口中选择"分析报告—市场表现"，选择要查看的经营期间、市场区域、销售渠道、消费者类别等，可以查看到公司各产品在相关市场的占有率情况。

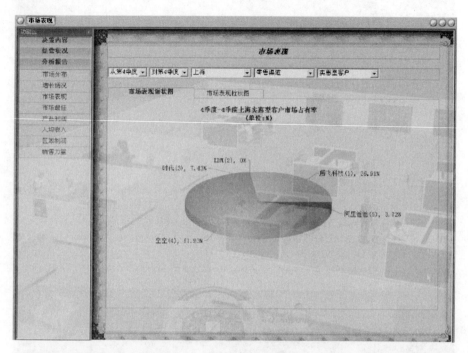

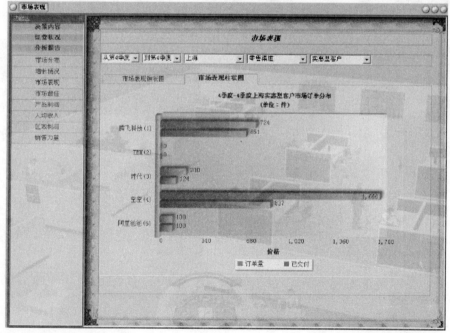

4. 市场最佳

在公司场景中点击"销售部",在弹出窗口中选择"分析报告—市场最佳",选择要查看的经营期间，可以查看到在指定季度期间内的各细分市场表现最好的公司情况。

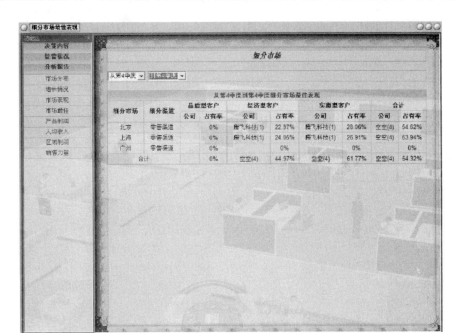

5. 产品利润

在公司场景中点击"销售部"，在弹出窗口中选择"分析报告—产品利润"，选择要查看的季度，选择要对比分析的产品品牌，可以查看到不同产品的盈利能力对比。

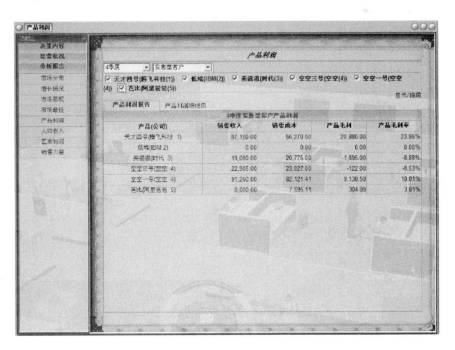

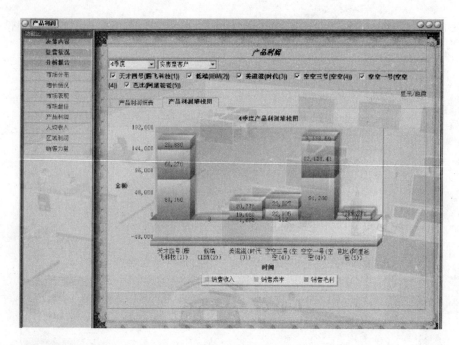

6. 人均收入

在公司场景中点击"销售部"，在弹出窗口中选择"分析报告—人均收入"，选择要查看的经营期间，选择要对比分析的产品品牌，可以查看到产品在不同市场上的人均销售情况。

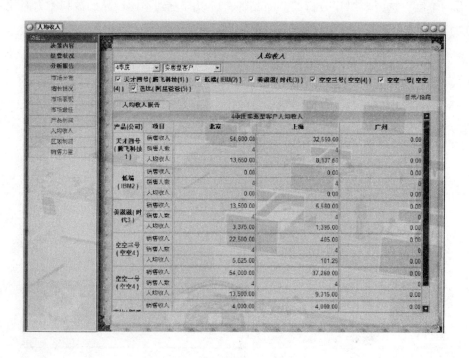

7. 区域利润

在公司场景中点击"销售部",在弹出窗口中选择"分析报告—区域利润",选择要查看的季度和产品品牌,可以查看到产品在不同区域市场上的盈利能力。以下两个子页面选择分别以表格和图形方式显示具体的表现。

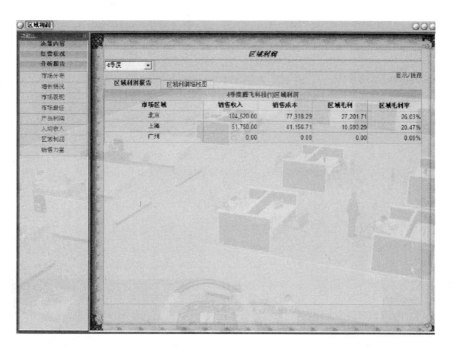

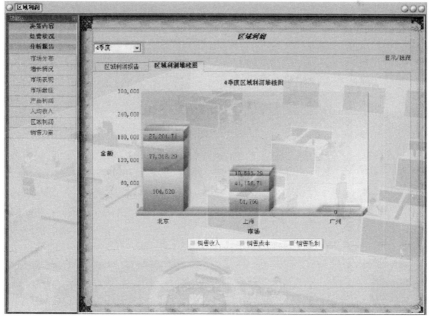

8. 销售力量

在公司场景中点击"销售部"，在弹出窗口中选择"分析报告—销售力量"，选择要查看的季度，可以查看到所有区域市场上销售人员的配置情况及销售能力的分布情况。

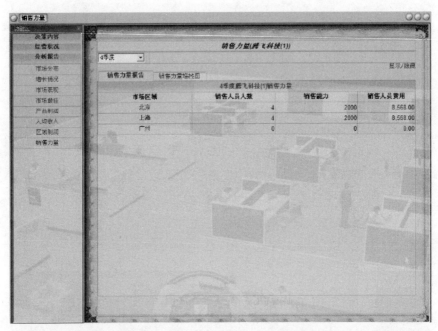

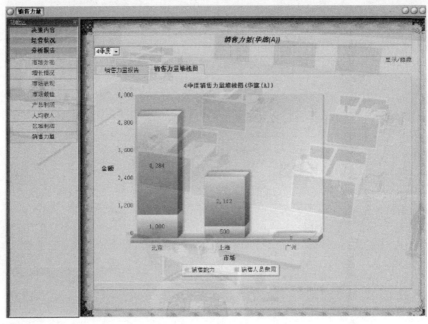

四、制造部门数据查询分析

（一）查看经营状况

在公司场景中点击"制造部"，在弹出窗口中选择"经营状况"，可以查看到公司生产制造部门的厂房、设备、工人等分布信息。

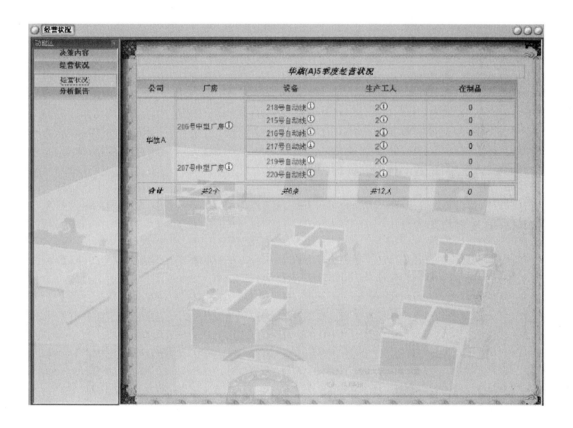

（二）查看分析报告

在公司场景中点击"制造部"，在弹出窗口中选择"分析报告—资质认证"，可以查看到公司在各项认证方面的投入及完成情况。

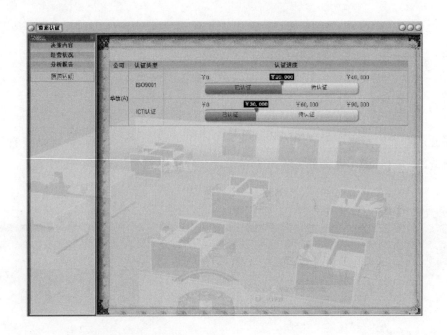

五、人力资源部门数据查询分析

（一）查看经营状况

在公司场景中点击"人力资源部"，在弹出窗口中选择"经营状况"，可以查看到人力资源部门相关信息。

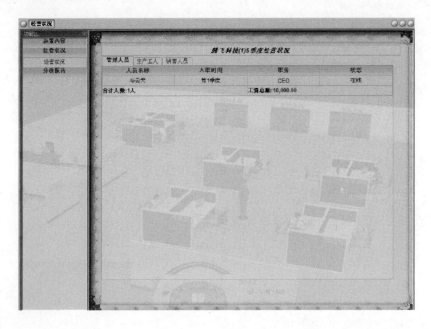

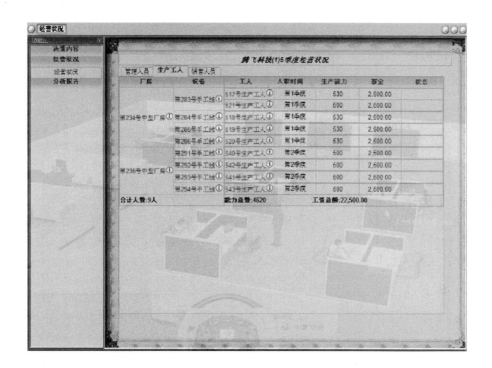

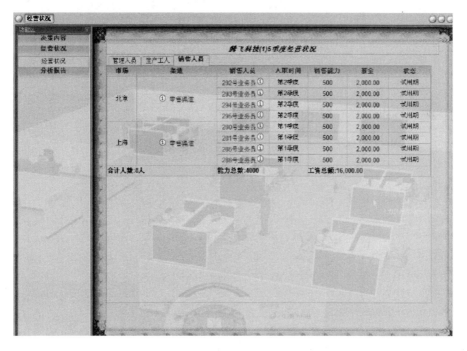

（二）查看分析报告

1. 人员分析

在公司场景中点击"人力资源部"，在弹出窗口中选择"分析报告—人员分析"，可以查看到人力资源部所有人员的分布情况。

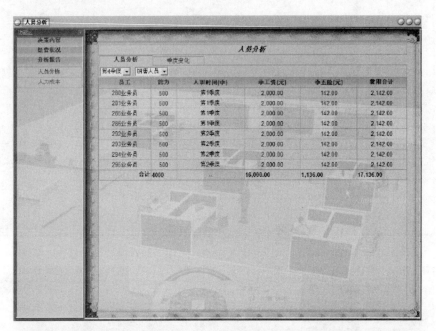

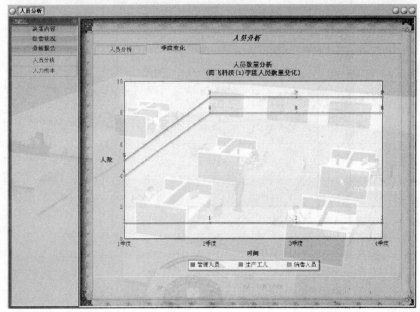

2. 人力成本

在公司场景中点击"人力资源部",在弹出窗口中选择"分析报告—人力成本",可以查看到人力资源部所有人员的人力成本支出分布情况。

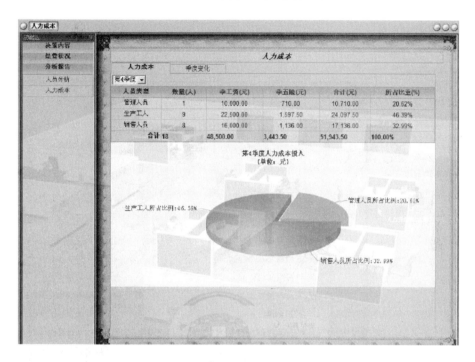

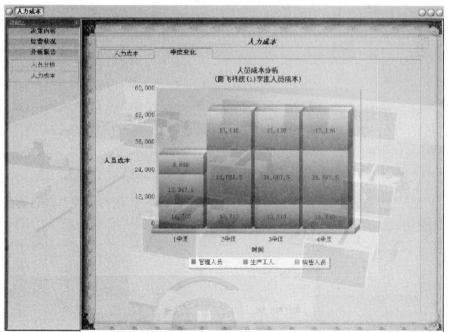

六、财务部门数据查询分析

在公司场景中点击"财务部"，在弹出窗口中选择"经营状况"，可以查看到财务部门相关信息。

财务部 -- 网页对话框

决策内容
经营状况

经营状况
分析报告
趋势分析
相关法律法规

1(1)5季度经营状况

基本费用　应收账款　应付账款　预付账款　银行借款

1(1)5度基本费用

现金余额 2,625.16

项目	值	项目	值
本期公司注册费	0.00	累计公司注册费	3,000.00
本期所得税	0.00	累计所得税	58,451.17
本期增值税	0.00	累计增值税	100,881.32
本期营业税	0.00	累计营业税	0.00
本期教育附加税	0.00	累计教育附加税	3,026.44
本期地方教育附加税	0.00	累计地方教育附加税	2,017.63
本期城建税	0.00	累计城建税	7,061.69
本期行政费用	0.00	累计行政费用	33,000.00
本期招聘费用	0.00	累计招聘费用	5,100.00
本期工资费用	0.00	累计工资费用	72,000.00
本期医疗保险	0.00	累计医疗保险	8,280.00
本期养老保险	0.00	累计养老保险	16,000.00

七、总经理数据查询分析

（一）管理驾驶舱

在公司场景中点击"总经理"，在弹出窗口中选择"管理驾驶舱—财务管理"，可以查看到公司关键财务绩效指标的数据及行业平均值。

（二）查看经营绩效

1. 综合表现

在公司场景中点击"总经理"，在弹出窗口中选择"经营绩效—综合表现"，可以查看到公司总体经营绩效评价分数与排名情况。综合表现是最终各公司的排名分数。

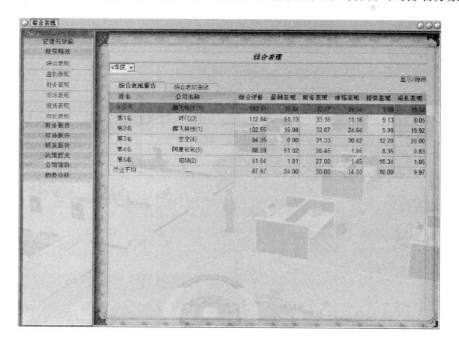

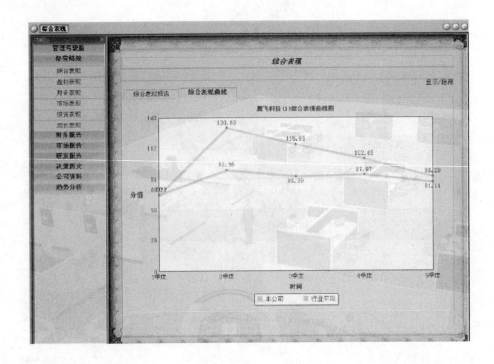

2. 盈利表现

在公司场景中点击"总经理"，在弹出窗口中选择"经营绩效—盈利表现"，可以查看综合评价分数中的盈利表现分数情况。

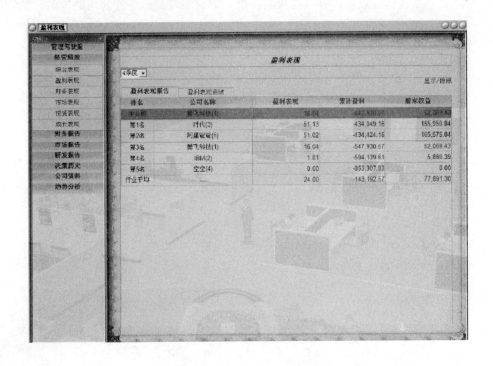

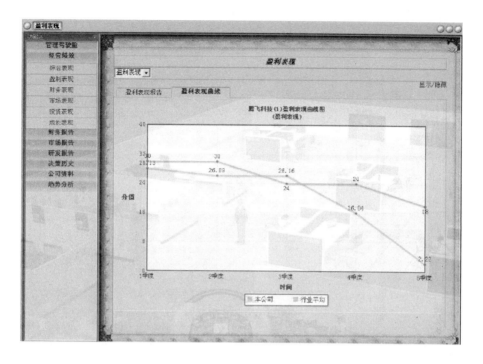

3. 财务表现

在公司场景中点击"总经理",在弹出窗口中选择"经营绩效—财务表现",可以查看综合评价分数中的财务表现分数情况。

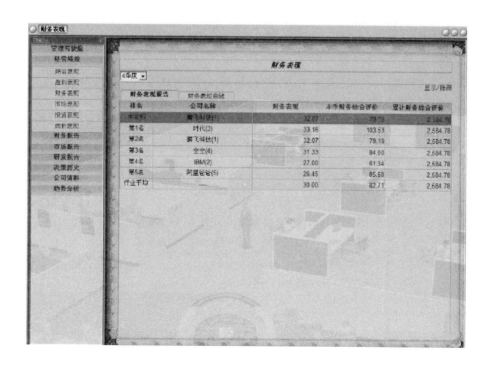

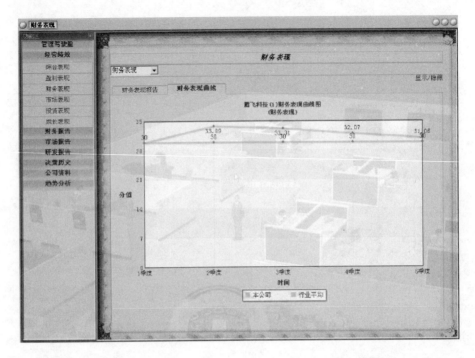

4. 市场表现

在公司场景中点击"总经理"，在弹出窗口中选择"经营绩效—市场表现"，可以查看综合评价分数中的市场表现分数情况。

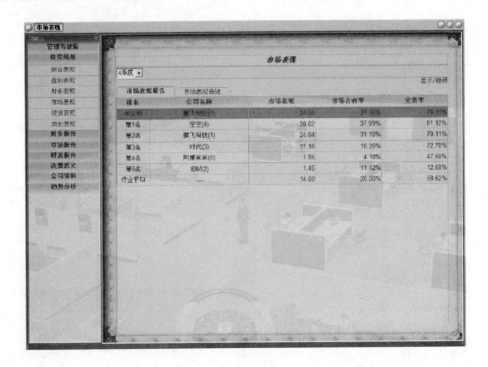

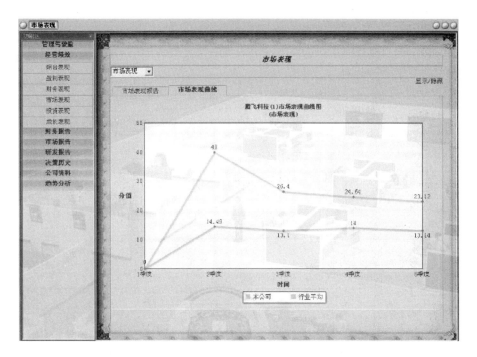

5. 投资表现

在公司场景中点击"总经理"，在弹出窗口中选择"经营绩效—投资表现"，可以查看综合评价分数中的投资表现分数情况。

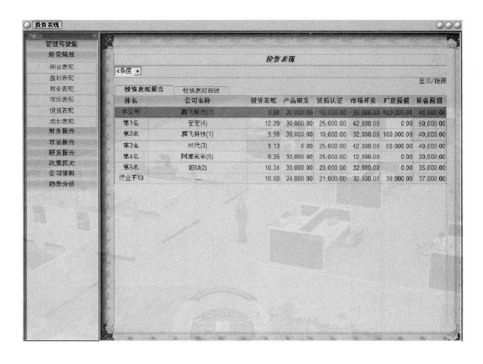

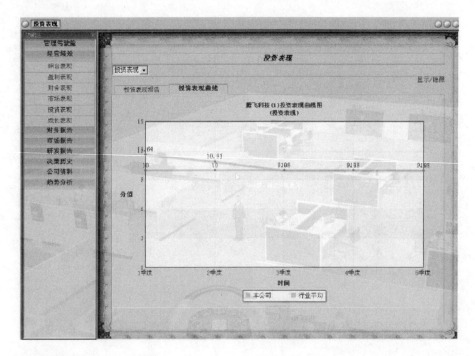

6. 成长表现

在公司场景中点击"总经理"，在弹出窗口中选择"经营绩效—成长表现"，可以查看综合评价分数中的成长表现分数情况。

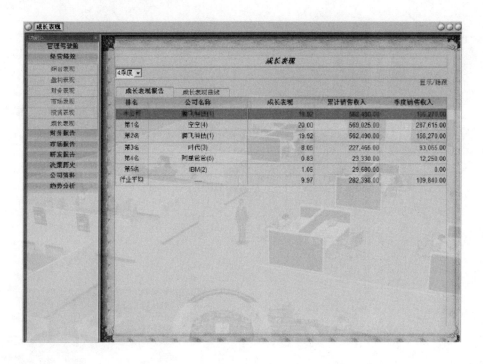

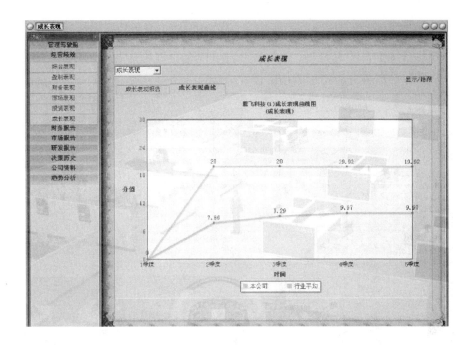

（三）查看财务报告

1. 财务报表

在公司场景中点击"总经理"，在弹出窗口中选择"财务报告—财务报表"，可以查看任一季度的三张财务报表。

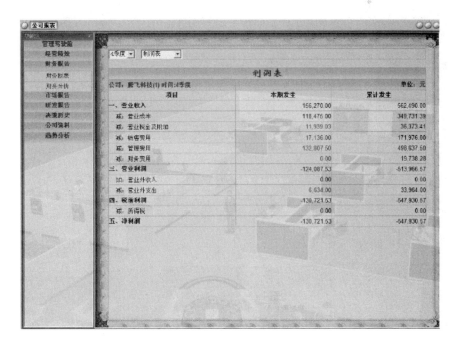

2. 财务分析

在公司场景中点击"总经理"，在弹出窗口中选择"财务报告—财务分析"，可以查看到任一季度的财务分析指标数值，以及综合财务评价分数。

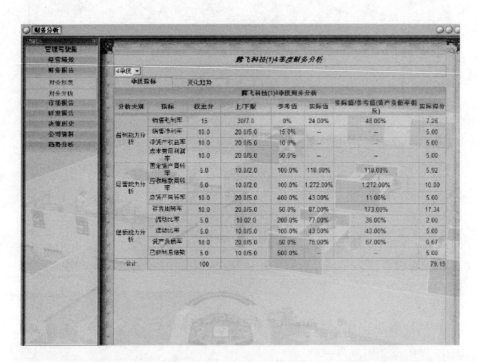

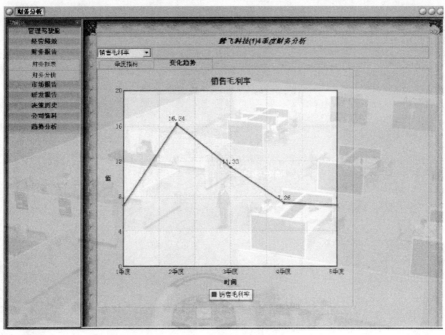

（四）查看市场报告

1. 市场开发

在公司场景中点击"总经理"，在弹出窗口中选择"市场报告—市场开发"，可以查看到目前公司在各个市场上的人员配置情况，以及在该市场的收入与占有率状况。

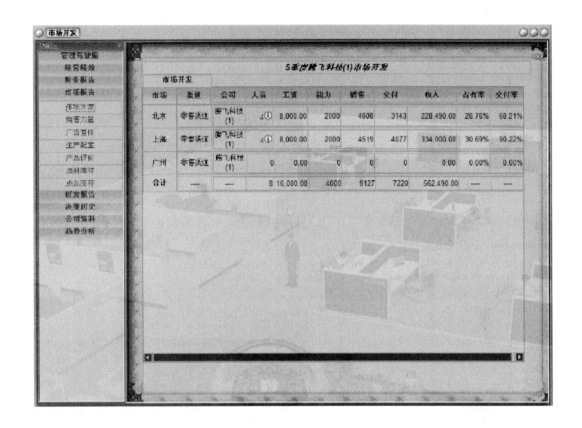

2. 销售力量

在公司场景中点击"总经理"，在弹出窗口中选择"市场报告—销售力量"，可以查看到任一季度公司在各个市场上的销售人员数量与销售能力情况。

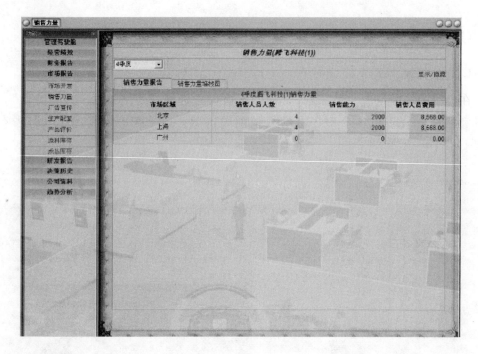

3. 广告宣传

在公司场景中点击"总经理"，在弹出窗口中选择"市场报告—广告宣传"，可以查看到任一季度公司针对每一品牌产品所投放的广告宣传情况。

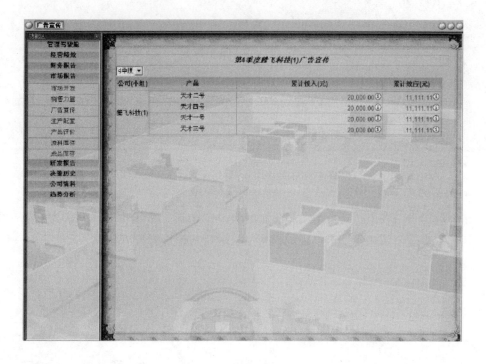

（五）查看生产报告

1. 生产配置

在公司场景中点击"总经理"，在弹出窗口中选择"生产报告—生产配置"，可以查看到当前公司所拥有的厂房与设备情况。

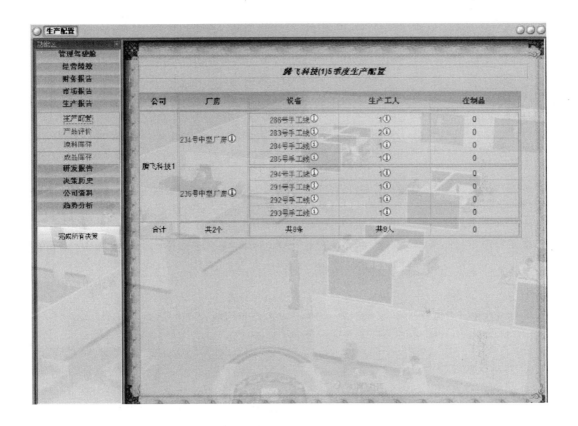

2. 产品评价

在公司场景中点击"总经理"，在弹出窗口中选择"生产报告—产品评价"，可以查看到任一季度公司产品在各个市场各个群体中的评价情况。

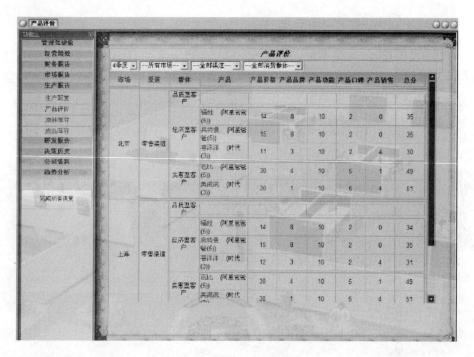

3. 原料库存

在公司场景中点击"总经理",在弹出窗口中选择"生产报告—原料库存",可以查看到任一季度公司在目前所拥有的所有原料库存品种及数量等信息。

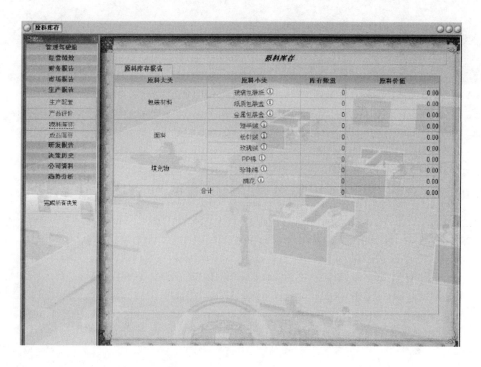

4. 成品库存

在公司场景中点击"总经理"，在弹出窗口中选择"生产报告—成品库存"，可以查看到任一季度公司在目前所拥有的所有成品库存品种及数量等信息。

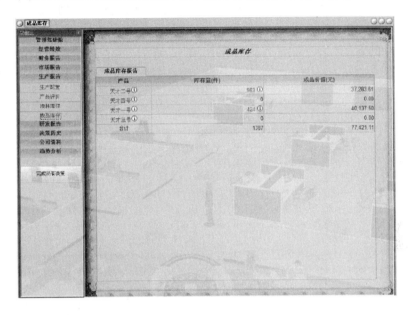

（六）查看研发报告

在公司场景中点击"总经理"，在弹出窗口中选择"研发报告—产品研发"，可以查看到公司目前所设计开发的所有产品品牌的配置情况及研发状态。

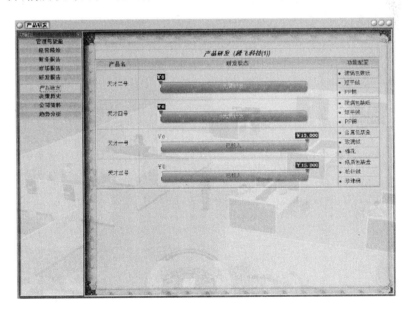

（七）查看决策历史

在公司场景中点击"总经理"，在弹出窗口中选择"决策历史—历史决策"，可以查看到公司在各个季度所做的所有决策任务汇总及详细的数据变化情况。

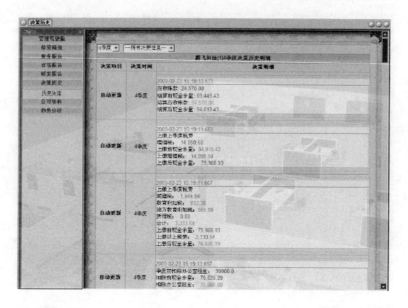

（八）查看趋势分析

在公司场景中点击"总经理"，在弹出窗口中选择"趋势分析"，可以查看到公司各项经营指标在各个季度的发展趋势情况。

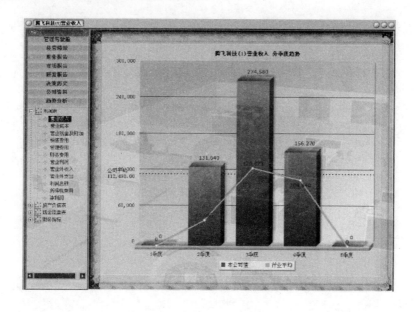